U0059773

素描福爾摩沙

甘爲霖台灣筆記

Sketches From Formosa

甘為霖牧師 Rev. William Campbell 原著

林弘宣 許雅琦 陳珮馨 譯 阮宗興 校註

前衛出版
AVANGUARD

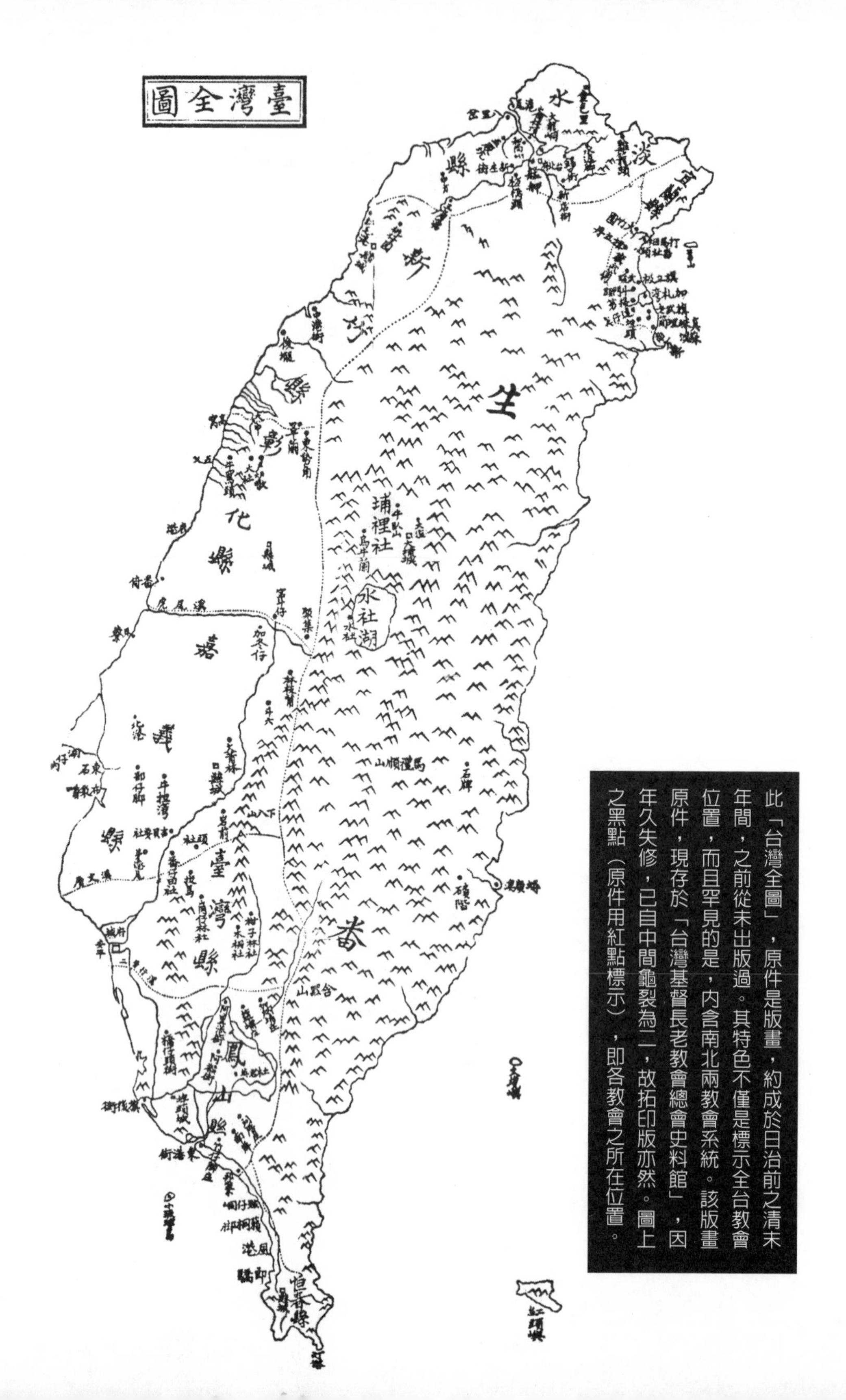

此「台灣全圖」，原件是版畫，約成於日治前之清末年間，之前從未出版過。其特色不僅是標示全台教會位置，而且罕見的是，內含南北兩教會系統。該版畫原件，現存於「台灣基督長老教會總會史料館」，因年久失修，已自中間龜裂為二，故拓印版亦然。圖上之黑點（原件用紅點標示），即各教會之所在位置。

Join本土新悦讀 讀本土書的感覺真好

感念

台灣經典寶庫3

《素描福爾摩沙》

承台北建成扶輪社

Eric等台灣有志共同

認養贊助出版

永誌感謝與讚美

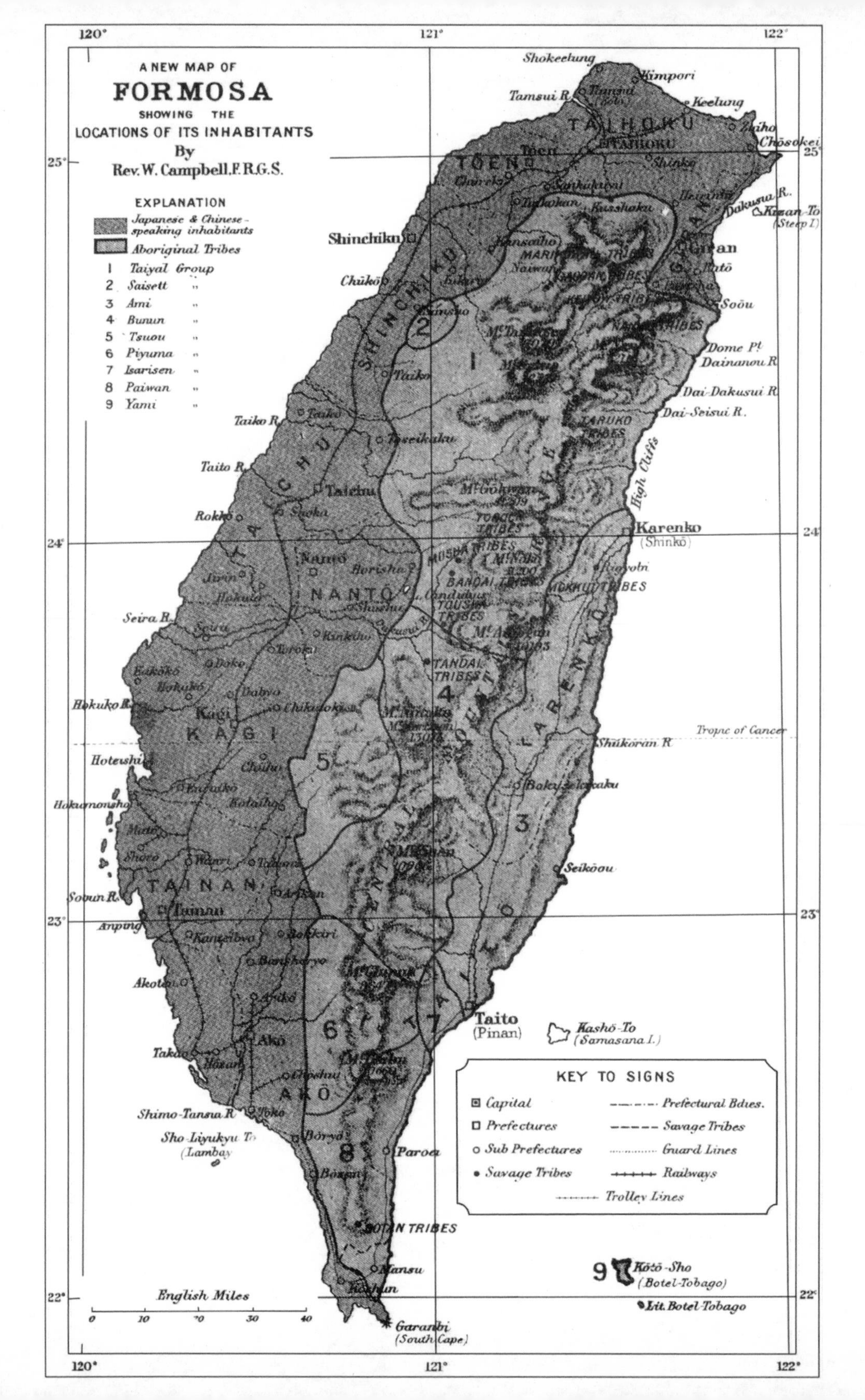
A NEW MAP OF
FORMOSA
SHOWING THE
LOCATIONS OF ITS INHABITANTS
By
Rev. W. Campbell, F.R.G.S.
EXPLANATION
Japanese & Chinese-speaking inhabitants
Aboriginal Tribes
1 Taiyal Group
2 Saisett "
3 Ami "
4 Bunun "
5 Tsuou "
6 Piyuma "
7 Isarisen "
8 Paiwan "
9 Yami "
KEY TO SIGNS
Capital
Prefectures
Sub Prefectures
Savage Tribes
Prefectural Bdies.
Savage Tribes
Guard Lines
Railways
Trolley Lines
English Miles
0 10 20 30 40
120° 121° 122°
25° 24° 23° 22°
Tropic of Cancer
Shokeelung
Kimpori
Tamsui R.
Keelung
TAIHOKU
Chōsokei
TŌEN
Dakusui R.
Steep I.
Shinchiku
Giran
Chikō
SHINCHIKU
Soōu
Dome Pt
Dainanou R.
Dai-Dakusui R.
Dai-Seisui R.
TARUKO TRIBES
Taiko R.
High Cliffs
Taito R.
Taichu
TAICHU
Rokko
Karenko
(Shinkō)
NANTO
MUSHA TRIBES
BANDAI TRIBES
MOKKUI TRIBES
TOUSHA TRIBES
Seira R.
TANDAI TRIBES
Hokuko R.
Kagi
KAGI
Hoteishi
Shūkoran R.
Hokomonsho
TAINAN
Tainan
Sobun R.
Anping
Seikōou
Akotei
Akō
AKŌ
Takao
Taito
(Pinan)
Kashō-To
(Samasana I.)
Shimo-Tansui R.
Sho-Liyukyu To
(Lambay)
Paroa
BOTAN TRIBES
Garanbi
(South Cape)
Kōtō-Sho
(Botel-Tobago)
Lit. Botel-Tobago

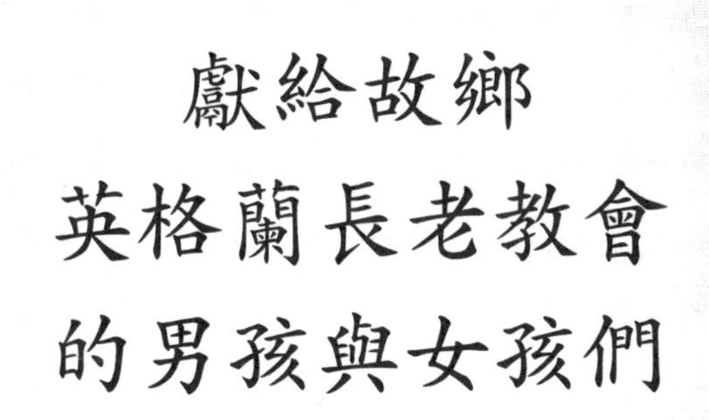

獻給故鄉
英格蘭長老教會
的男孩與女孩們

～來自一位在福爾摩沙傳教
服務已第四十四個年頭的朋友

此刻，我們需要的不是更多的基督徒，而是信仰更堅定的基督徒；不是基督教會的拓展，而是在靈性上加強那些既存的、徒有其表的基督教會的品質。真正的信仰復興，將顯現在排除那些不斷地妨礙、背叛教會的表面信徒；最後留守在教會的，將是那些能堅持對抗誘惑的人。已荒廢的基督精兵訓練必須恢復；所有傳教士都必須謹記在心，他們的工作重點在於質，而非在於量。

——詹姆士・丹尼校長，牧範學博士
（Principal James Denney, D.D.）

作者序

Preface

本書的部分段落，曾經以附錄的形式，收錄在我那本紀錄早期荷蘭傳教士在福爾摩沙傳教事業的著作（即《台灣佈教之成功》）。另外，其他的兩、三篇，之前也曾經限量發行過。但本書的全部內容，都由我重新編寫過，並且加入很多新的資料。至今，在這個鮮為人知卻十分重要的太平洋島嶼上，英國長老教會的事工已經邁入第五十個年頭，我希望這本書能成為記錄這項事業的一個見證。

在翻閱本書時，我那些年輕的教友將會聚焦於當中有趣的事件，至於其他的讀者，可能包括一些不習慣閱讀此類書籍的朋友，或許能在其中發現有用的知識以及持續的趣味。無論如何，我希望本書能夠提供機會，讓讀者認識到一個傳教士——他可以說是卸下了尊貴的英格蘭人身分及「教士白領」——娓娓道來的種種親身經歷：關於他的工作方式、所碰見的困難與鼓舞，以及最重要的，上帝如何透過軟弱的器皿，來完成祂自己偉大與榮耀的目的。

甘為霖（William Campbell）

1915年5月 台南，福爾摩沙

目次

作者序 / vii

1 初到福爾摩沙 1
2 短暫的假期 9
3 引領至豐饒之地 18
4 熟番 22
5 拜訪北部教會 36
6 1874年，日本帶來的麻煩 64
7 嘉義城的種種經歷 69
8 鞏固各地教會 77
9 白水溪的驚險脫逃 86
10 另一趟往北的旅程 93
11 信教者的爭論 103
12 霧番獵頭族 106
13 遭「百萬大軍」攻擊 109
14 蠻族男孩的血腥包裹 111
15 「周社分」的食人事件 112
16 發現人腦糕 113
17 離開埔里社的旅途 114
18 過大安溪 117
19 在大甲附近落水 119

20 掉入深溝 120
21 麟洛平原上遭追捕 121
22 老鼠當早餐 122
23 猴子當晚餐 123
24 靠番薯和蟲維生 125
25 做果醬的唯一經驗 127
26 寶財：「我會把東西全部吃光」 129
27 萬有引力偷了蠟燭 131
28 心存感激的中國病患 133
29 加拿大宣教會 137
30 法國封鎖福爾摩沙 145
31 放逐到廈門的愉快時光 150
32 開拓澎湖群島 158
33 彰化遇險記 172
34 魯凱族熱烈歡迎 182
35 到偏遠地方傳教 194
36 撒在荊棘和好土上的種子 202
37 「聖經販售員」李豹的報告 216
38 講壇上的學生卓老生 219
39 烏牛欄的就任典禮 223
40 語言問題和文獻 229

41 福爾摩沙教會的讚美詩 232
42 島上的婦孺 236
43 盲人教育及事工 244
44 回顧與前瞻 252
45 英日同盟 278
46 歐洲人的公正 282
47 日本殖民時期 291
48 早期荷蘭傳教會的事工 323
49 現今基督教運動之處境 350
50 對已逝者的追悼 355

附錄一 來台傳教士名單 368
附錄二 福爾摩沙傳道會的教會調查（1914年） 372
附錄三 英國長老教會歷年宣教成果 374
附錄四 南部傳教志業人口統計（從1877年起） 375
附錄五 以七種福爾摩沙方言所書寫的主禱文 377
附錄六 與福爾摩沙有關的官方文件 381
《素描福爾摩沙》校註後記/阮宗興 383
索引 399

1. 初到福爾摩沙

Arrival in The Island

我在「自由教會神學院格拉斯哥分校」（Free Church College, Glasgow）完成神學課程之後，於1871年6月取得當地中會的特許。7月19日，在戴維森牧師（Rev. Dr. Thain Davidson）所帶領的艾靈頓（Islington）教會中，倫敦中會莊嚴地冊封我爲第一位海外宣教師，宣教的地點是台灣府（Taiwan-fu，也叫府城，即今台南），也就是當時福爾摩沙的首府。

我從杜嘉德先生（Carstairs Douglas）[1] 那兒習得一些當地語言後，在9月7日從利物浦（Liverpool）搭船出發，當時我熟識的朋友中，只有藍迪牧師（Rev. R. H. Lundie）來送行。10月底，我終於抵達了香港（Hong Kong），我得在那裡改搭另一種小型汽船。有人告訴我，我搭乘的那艘船的船長，他除非喝個半醉，不然無法好好地駕駛。此事的一個證據是，當船一出港後，船長就丟出兩組拳擊手套，但我堅持不跟他到甲板上打個一、兩回合，讓他相當不悅。他對我釋出的唯一善意，就是我在廈門（Amoy）要跟他分手的時候，說他擔心我會成爲島

註

1. 杜嘉德牧師（Rev. Carstairs Douglas, 1830-1877），蘇格蘭人，1855年受派至中國廈門，極力鼓吹對台宣教，曾編《廈英大辭典》。

上野蠻人的一塊嫩肉。

當時從廈門到福爾摩沙並沒有汽船可搭，我只好成了唯一搭乘小帆船橫渡海峽的乘客。我想，我當時的體驗與約拿（Jonah）[2] 很像，因爲上帝派遣而來的強風，讓我們那條又破陋又難聞的船隻，在海上搖晃到了極點。另一樁小狀況是，在我們離開廈門，往東行沒多久之後，便撞上了一艘捕魚的船隻。我至今依稀可以聽見，那些可憐的溺水漢人的喊叫聲。

● 打狗港的入口【取自《從地面到天空 台灣在飛躍之中》】

註

2. 參《舊約》〈約拿書〉。

● 接駁陸海交通的竹筏【取自《從地面到天空 台灣在飛躍之中》】

當我快要接近打狗（Takow，即今高雄）時，有艘竹筏冒險前來載我。過了幾分鐘，我隨身的行李被拋過去了。我自己則沿著繩索往下滑，奮力一跳，緊緊抓牢竹筏上的桿子。對這兩位槳手來說，要成功划到港口，實在是個艱鉅的任務，因爲湍急的波浪所激起的浪花，一直不留情面地往我們身上飛濺過來。我終於在傍晚時分上了岸，整個人疲憊至極，但得到的唯一消息卻是：我那些打狗的同工們，此時正在三十哩外的教會訪問。好在有英國皇家海軍「侏儒號」（H.M.S. Dwarf）的巴克船長（Commander Bax）[3]，他在隔天早上好心地載我到台灣府的安平（An-peng）港。

註

3. 關於英艦侏儒號船長巴克與宣教師李庥、甘為霖、馬偕等建立「親友」關係之事，詳見賴永祥《教會史話（六）》，〈英艦侏儒號的訪台〉一文。

當地的基督徒很快就得知我已平安到達的消息。當我事後知道，年老的吳文水長老（Elder Bun）[4]爲了我的平安抵達，以及爲了祈求我能在教會和基督福音的帶領下，順利完成工作，因而聚集眾人來感恩祈禱時，我眞是感到無比的快樂與欣慰。同時，看到神是如此保守看顧著馬雅各醫師（Dr. Maxwell）[5]的醫療工作，而李庥牧師（Mr. Ritchie）[6]也不定期到這裡來巡視，我感到滿心感謝，大受鼓舞。

● 溫和敬虔的吳文水長老
【取自《台灣盲人教育之父》】

關於台灣府，其砌磚的城牆約有十五呎厚，二十五呎高，周長大概五哩，四個大門都設有高大的崗哨，主要的寺廟和衙門（即文武官

註

4. 吳文水（1806-1879），又稱文伯（Bun-peh）或文長老，中國福建漳州人。1865年隨馬雅各醫生來台宣教，原為雜役，後成為台灣第一位傳道者。1875年退休後，返回漳州，成為第一位領取退休俸的本土傳道。
5. 馬雅各醫師（Dr. James Laidlaw Maxwell, 1836-1921），於1865年5月28日抵台，為英國長老教會派台首位宣道師，創辦台灣第一所西式醫館，開啓台灣現代醫療之先鋒，1871年離台返英。
6. 李庥牧師（Rev. Hugh Ritchie, 1840-1879），於1867年7月14日偕妻抵台灣打狗，為英國長老教會派駐台灣的首任牧師。1879年9月29日，因熱病病逝於台灣府。其詳細生平與事蹟刊載於同年《使信月刊》（*The Messenger*）11月號。請參閱：《使信全覽》（台南：台灣教會公報社，複刻本，2006年），Vol. 26, 1878-1879, pp. 207-210。

● 台灣府大北門【取自《台灣回想》】

員的所在地）佔用了城內的大量空間。台灣府真是個亟需進行都市改造計畫的地方。當然，這裡也有令人愉悅的散步時光，有些店家的外觀還相當吸引人，但整體而言，這裡的街道是既狹窄又曲折，不僅路面崎嶇不平，而且還瀰漫著異味。

沿途中，幾乎每樣事物都能引起外來遊客的注意。路邊的乞丐相當悲慘，其中很多人都患了痲瘋病，他們坐在路邊，就像在工作一樣，露出身上的潰傷，盡最大的努力來激發鄉人的憐憫。然而，這些過路人雖然比他們幸運，卻不見得有多一點的同情心。走在路上，常常可以遇到一副可憐虛弱模樣的佛教和尚。比起我曾造訪過的其他中國城市，在台灣府似乎更常見到讀書人。他們總是穿著藍色長袍，大模大樣地走著，在自傲中也流露出對外國人士的敵意。

一般民眾的客氣寒暄，倒是值得一提。在這兒，不像在泉州（Chin-chiu）和漳州（Chiang-chiu）那樣，沒有人會輕視我們這些外來者，或對我們品頭論足一番。無疑地，1868年英國領事對福爾摩沙所採取的行動，與這種態度有很大的關係。當時英國駐台灣的代理領事吉必勳先生（Acting-Consul Gibson），他用最直接的方式，堅持英國商人和傳教士在經商或宣教時，應該得到保護，於是衝突很快就平息了，甚至連那些最激烈反對的人都釋出了善意。因此，在這個還未信主的社會裡，我們看見了宣教的大好機會。這是多麼令人振奮啊！神必藉著我們的生活和事工，來帶領這些人進入神的榮耀，經驗耶穌的救贖。

我們的教會是一棟不太大的長方形建築，位於台灣府一條繁忙的街道上，人們可以從面向街道的大門進入。我們在做禮拜時，大門都是敞開的。當禮拜進行時，教堂外廳總有一大群鄉民簇擁著，他們想聽聽看裡面在說些什麼，有些人就只是呆呆地看著會眾對空蕩蕩的房子唱歌祈禱。他們是被傳道師的講道聲所吸引，整場禮拜下來，就在外面來來回回地走著。我們往往會看到乞丐、僧侶、小店員、苦力和各式各樣的人，擠來擠去，急切地想多瞭解這全新的宗教。低矮的木頭屏障，將禮拜堂隔出內外兩部分。禮拜堂內部比較大，有排列整齊的座位，供男性會眾和即將受洗者使用。更裡面一點，在桌子旁邊擺了幾張椅子，是爲恭守聖餐所擺設的。在兩旁，高架上垂掛藍色的布縵，用以分隔出第三區，這處最內部的區域，是女性會眾的座位。帷幕的中間，擺置了一個開放式的講壇，這就是我摯愛的同事在聖靈引導下講道的地方。

● 福爾摩沙中部的馬禮遜山（即今玉山）【原書附圖】

在禮拜堂東北方大約十分鐘的路程處，有好幾棟中式平房，那裡就是傳教士的住所、醫院和學生宿舍，同樣位於城牆之內。這些平房是向地方上的一支望族世家租借來的。房子旁是一塊大空地，上面有枝葉茂密的榕樹，檳榔樹和橘子樹也隨處可見。對於這些建築，及其花園、庭院、走廊、臥房和各式數不清的附屬建築，我就不再一一詳述了。有個庭院內有水源充裕的涼水井，另一個庭院則是給受訓中的傳道師使用，還有一個庭院可以讓傭人和當地訪客住宿。醫院（內含小禮拜堂、手術室及診療室）足夠容納五十到六十位求診病人。我有兩個房間，位在面對大門的主要建築的右側，左側的房間則爲德馬太醫師（Dr. Dickson）[7]所用，他是我在台灣府唯一的同事。馬雅各醫師在幾個月前離開了，他因爲身體欠安而無法返回福爾摩沙。

從我們屋子旁的城牆上看過去，有極佳的視野。往東望向廣闊的平原，上面除了稀疏的幾條路，以及一、兩間廟外，便是一大片遼闊的甘蔗園。再往內陸一點，土地依舊豐饒，但崎嶇的地形並不適合農耕。從台灣府東方數哩起，地勢開始攀高，經歷一層層不斷上升的山巒後，最終在雄偉的馬禮遜山巔（Mount Morrison，即今玉山）達到最高峰，「馬禮遜山之名，深受基督傳教士的喜愛，當傳教士在它的山腳下，艱苦奔波於那些被貶抑的異教徒間時，這個名字鼓舞了他們的士氣。」

● 馬禮遜山的原住民【原書附圖】

此時，我比以往更加感激主遣我來到這塊土地。當地人對我的友善接待，深深地打動了我，我也看到了令人滿懷希望的種種跡象。雖然在這塊區域上，宣教工作只開始進行了兩年，但已有超過三百個人，正在努力往天國之路邁進，當中有些人正處於痛苦的誘惑之中，有些人甚至面臨迫害乃至死亡的威脅。願主扶助他們，願已完成的良善，很快就變爲豐沛大雨前夕的雨滴。

註

7. 德馬太醫師（Dr. Matthew Dickson，在台時間1871-1879），是英國長老教會駐台第二位醫療宣教師。隨其學醫者為蘇甲寅。

2. 短暫的假期

Having a Brief Holiday

我在台灣府待了三個多月後，啓程前往打狗，陪伴李庥牧師巡視他負責的教區，然後經由去年年底我探訪過的四個山區教會，回到了台灣府。我的福佬話老師沒有和我一起旅行，但是有一位澎湖來的年輕人，名叫林兼金（Lim Kiam-kim）[1]，幫助我繼續學習福佬話。我在距離打狗約三哩左右，就迅速地感覺到令人愉快的變化了。城市帶給人的那種又熱又溼的沉悶感，瞬間消失，此時，光是一瞥猴山（Ape's Hill，即今壽山）和潟湖的美景，就像是上天賜予的禮物一樣。眼前的海洋和陣陣吹來的涼爽微風，爲我那台灣府的頭幾個月的生活，提供了最佳的調劑。

● 英國長老教會派駐台灣的首任牧師——李庥牧師【取自《台灣盲人教育之父》】

註

1. 林兼金，字講兌，澎湖南寮人，其父為生員，乃書香世家。初，李庥聘其為漢文老師。曾派駐「大社」、「嘉義」等教會為傳教師，後病逝澎湖。

我到達打狗後的隔日，就送傳單到各個商業地區，宣佈我會舉行接下來的英語安息日禮拜。但在所有的港內船隊，以及十幾戶歐洲人住所中，只有四個人回覆了我的邀請。我很擔心，我們在東方的同鄉若要充分履行宗教義務，會面臨不少的困難。如果社區發展得夠大，通常當地都會聘請一位英語牧師，並且也會妥善地安排商業日程，所謂安息日，就如同聖經上的意義一樣，是個眞正休息的日子。但是偏遠的小地方就沒有定期的禮拜了，商業活動也經常在安息日進行，與平常沒什麼兩樣，結果周遭異教的環境，很容易產生致命且有害的影響。當然，主的恩典在任何時候都是充足的，但事實仍然是：在像打狗這種地方，需要超乎尋常的勇氣和自我犧牲，才能成爲合格的信徒。

頭幾天，我和李庥牧師前往東港（Tang-kang）和竹仔腳（Tek-a-kha，即今屏東縣林邊鄉）傳教。東港在打狗南方十二哩左右，是個很大的鄉鎮，位在東港溪的河口。1870年，傳教事業在那裡開始，那些把命運交付給我們的當地居民，對基督的認知和信仰表白，雖然沒有很快的進步，但無疑有穩定的增長。在我們造訪期間，居民才剛從祝融之災恢復過來。火勢讓人措手不及，足足燒毀了兩百間商店和住宅（包括教堂在內）後才控制住。所幸，打狗的歐洲居民和其他教會的弟兄們提供了實際的援助。在我們到達的那天晚上，許多群眾聚集過來，仔細聆聽李庥牧師誠摯的話語。

竹仔腳這個村落，在東港東方五哩遠處，我們在那裡度過安息日，寄住在小教堂附近的房子裡。有六十多個成人和許多孩子來參加禮拜，之後很多人還留下來聆聽教義解釋，也分到了少量的藥品，用來治療熱病和其他疾病。如果用我們蘇格蘭的說法，這些人都是屬於小佃農階層。大部分的人雖然都是文盲，但是都有中上程度的智力。我非常享受這次的造訪，很高興能遇見誠摯熱情的弟兄，並接受他們盛情的款待。那天，一些裹小腳的女性還大老遠走來做禮拜。

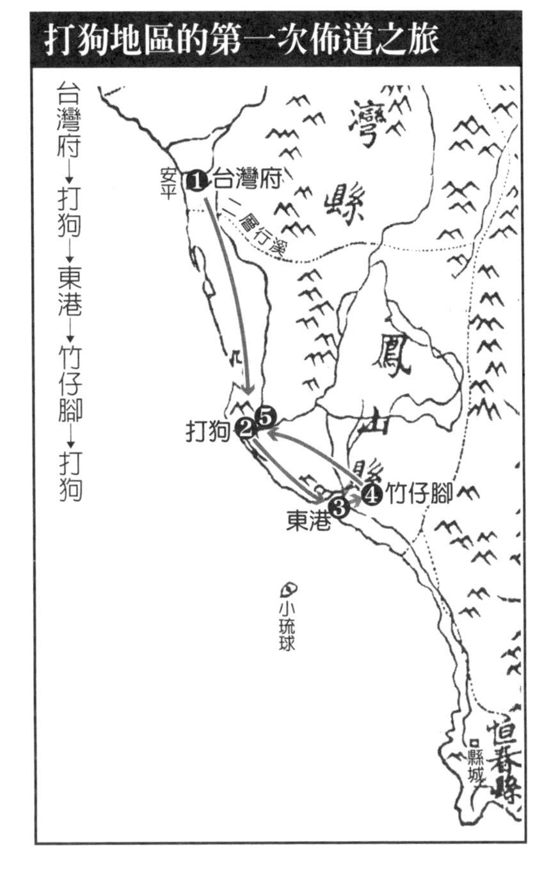

我們回到打狗後，發現葉漢章牧師（Iap Han-chiong）[2] 來訪。他是廈門當地美國歸正教會（American Reformed Church）的牧師，前來此地稍作歇息，並察看福爾摩沙教會的情況。當然，他以受人敬重的傳福音人身分，受到了誠摯的歡迎。葉先生擔任牧師好多年了，生性沉靜，能力過人，

註

2. 葉漢章牧師（1832-1912），中國福建廈門人，曾協助台灣宣教事工，其子葉「永福」（Eng-hok，音譯）在阿里港開設藥房。他亦擅長作詞作曲，在現行長老教會《聖詩》中，收錄的〈此時禮拜將要息〉（516首），即出自他的手筆。1895年6月號之《使信月刊》（*The Messenger*）有其照片。請參閱：《使信全覽》（台南：台灣教會公報社，複刻本，2006年），Vol. 34, 1894-1895, p. 140。

對其同胞總能發揮強大的影響力。葉牧師陪伴我們進行第二次的旅程，也盡他所能地在各方面協助我們。

我們啓程後不久，便到了四面皆有城牆的埤頭（Pi-thau，即今高雄縣鳳山市），在當地的教會過夜。這裡的信眾最近經歷了一段艱辛的歷程：教堂被無法無天的暴徒拆毀了兩次；一位當地的傳道師，僅僅因爲虔誠地信奉基督，就在埤頭監獄裡被關了七週[3]。但目前的情況似乎一片大好。我和幾位數年前曾受到嚴重迫害的人談話後，發現他們都是謙遜、誠懇的人，令我印象深刻。只要有這些人的加入，任何的信仰團體都會添增光彩。他們說，現在的地方行政首長採取高壓的手段，所以連以前反基督教的人，都開始對這種要求世人以公平、同情相對待的宗教產生了興趣。他們還說，人們總是踴躍出席禮拜天的禮拜，其中有些人只是出於好奇，另些人則懷著自私和世俗的目的，但還是有些人產生了崇敬的心理，因此逐漸具有基督的樣式。

我們下一個停駐點是阿里港（A-li-kang，即今屏東縣里港鄉），位於埤頭北方十二哩遠。我們在那裡度過了安息日，而我們敬愛的漢人

註

3. 此「埤頭事件」的傳道師，即為高長（1837-1912），中國福建晉江縣人，於1866年與陳齊、陳清和、陳圍四人一齊洗禮，同為台灣最早之基督徒。其後代名醫名牧衆多，影響台灣教會史甚鉅。另，關於此事件之詳情，據《教務教案檔》〈欽命總理各國事務衙門清檔福建英國教案〉，摘錄如下：「同治七年8月17日，英國阿禮國照會稱……有傳教華人高長赴禮拜堂，行至埤頭街市，見有一瘋婦，並多人皆聲言此婦係傳教人與伊檳榔茶喫，以致如此。有一壯勇問高長是天主教人否，高長答出不是天主教，是耶穌教人。壯勇一聞此言，遂將高長群毆甚重，高長逃入鄰近房屋，復將高長拉出毆打，搶去衣服，又逃入附近官衙，若非逃入官衙，該壯勇等必將高長毆死，該衙門官員訊問此案……雖然如此，而該官反將高長收禁。」

● 埤頭禮拜堂内景【取自《南部台灣基督長老教會設教七十週年紀念寫真帖》】

同工葉牧師，受到當地弟兄們最熱情的歡迎。他在早上禮拜所做的講道，似乎產生了極大的影響力。我注意到，擁擠的群眾個個全神貫注，聆聽他那振奮人心的長篇講道。這也難怪，因爲這個傳教者，對坐在他面前的人們的信仰、習俗與當前需要，具有相當豐富的知識。聽他演說的時候，我不禁浮現這樣的念頭：中國各地都應該要有受過良好教育的本地神職人員。像葉牧師這樣的神職人員，能夠因地制宜，這是其他外國傳教士無法做到的。此外，他也能克服寄居本地的我們所無法解決的眾多難題。下午舉行聖餐禮拜，由李庥牧師主持，約有五、六十個成人出席，一同分享聖餐。李庥牧師適切的講道很容易理解。同時，這也是個值得紀念的時刻，因爲親愛的主把力量分給我們，用精神感召我們，使我們獲得無可言喻的感恩與喜樂。

禮拜一早上，我們往東北走了十六哩，再度進入山區。我確信，往後我在此地的神職工作，一定會因爲主的恩典榮耀而發展順利。我們一到木柵（Bak-sa，即今高雄縣內門鄉），馬上就要執行受洗人員的資格審查。這項重責大任花了大半個禮拜，非常耗神，但也很有趣。我們從清晨開始工作，直到傍晚才結束，一天頂多只能審查九到十個人。最讓我感到驚喜的是，有這麼多人在這裡，並且每個人都有充足的受洗理由，似乎每個人都應該登上受洗名單。有些人是李庥牧師早已熟識的，成爲「聖禮典」的成員也有好一段時間了，至少他們對救贖都有清楚且直接的認知（head-knowledge）。幾經思量，我們決定三位男性和十一位女性可以在下個安息日成爲教會的一員，當地的長老對他們的行爲舉止都很滿意。

● 木柵教會前景【取自《南部台灣基督長老教會設教七十週年紀念寫真帖》】

我在柑仔林（Kam-a-na，即今高雄縣內門鄉溝坪村）的審查經驗非常愉快。我們問問題時，以評審的角度來看，所得到的答案很簡單，卻很動人，如果要追索其來源，「不是從血氣生的，不是從情慾生的，也不是從人意生的，乃是從神生的」。他們不加修飾的答覆，至今仍縈繞在我的耳際。「受洗無法救贖，而是要信仰主，且依靠祂的工，才會得救。受洗是希望公開信服祂，逐漸瞭解其教義。」

禮拜天在木柵的禮拜，約有五百個人參加，有許多柑仔林的弟兄出席，一同見證另一群人進入耶穌有形的救恩之門，並從我們敬重的漢人同工口中得到教導。他主持上午的禮拜和受洗儀式，李庥牧師則在下午分配聖餐。當晚，木柵瀰漫著愉快的氣氛。主把祂的救贖傳達給我們，我們也臣服於主的美善。

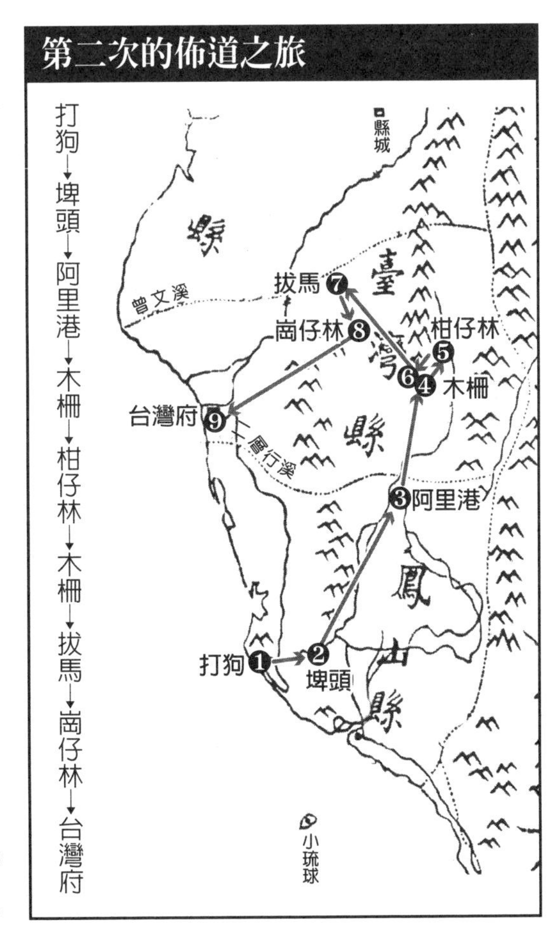

第二次的佈道之旅

我們禮拜一到了拔馬（Poah-be，即今台南縣左鎮鄉左鎮村）。我們確信，在此，萬能主大能的靈也與平埔番（Pi-po-hwan）的原住民同在，令我們深感安心。四位男性與六位女性通過了洗禮審查。很遺憾地，一位年

● 崗仔林教會全景【取自《南部台灣基督長老教會設教七十週年紀念寫真帖》】

長的弟兄渴望受洗，但他對「聖靈」的理解仍相當不足，也完全不清楚聖經裡的「罪」，以及透過救贖才得赦免之事。任何人都會爲這個可憐的老人感到遺憾。他似乎以爲，洗禮的聖水可以帶來神奇的改變，所以他對於未能入選受洗名單的不滿和驚訝之情，也就表露無遺。我們安息日在拔馬舉行了大型的集會。

我們造訪的下一站是崗仔林（Kong-a-na，即今台南縣左鎭鄉崗林村），在那裡審查了十三個信徒，其中有三位通過，成爲教會的一份子。和以往相比，這裡的狀況變得較差，主要的原因是，沒有適任的傳道師能夠持續待在這裡。所有可用的人員都在其他教堂服務，必須要等到三位目前正在城市受訓的年輕人，他們在知識上有一定的進展後，才能補上這個遺缺。在此之前，我們只好讓成立較久的教堂先承受一些暫時的損失。

我們造訪完崗仔林之後，就是分別的時候了。葉牧師要回中國，李麻牧師要回打狗，我則要往西行，回到台灣府總部。我們互道珍重的時候，對於主召喚我們而來的工作，都變得更有信心。

3. 引領至豐饒之地

Brought into a Wealthy Place

我滿心感激，能在台灣府及山區的四個教會主持分配聖餐。

在台灣府，有兩男兩女加入了信仰告白的行列。他們已聽了兩年的講道，信仰知識和個人行爲都受到肯定，所以在文長老的提案之下，會議決議誠摯地接納他們。

「爺」（Ia，音譯）弟兄以前是個邪惡的人，總是迫害主的跟隨者，犯了各式各樣的罪行。現在，他卻爲守安息日，週日不做生意，而引來不小的麻煩。鄰居不斷地激怒他，但他卻表現出謙讓與容忍。他在認識基督教教義方面，也有很大的進步。「王倚」（Ong Kia，音譯）則是一個相當年輕的人。他來自泉州，在杜嘉德牧師的廈門佈道會上，首次對基督教留下深刻的印象，雖然他當時還未能體會心靈平安的喜樂。我們已經觀察他一年多了，而他的表現，尤其在最近這六個月，都相當良好，他對信仰的忠誠値得相信。他很聰明，能讀漢文聖經，將來極有可能是教會中最受器重的人。

至於另外兩位姊妹，她們對聖經的知識，足以證明平日勤勉讀經。其中一位姊妹的丈夫是盲人，她住在離教會約三哩遠的地方，但安息日的聚會卻從不缺席。她之前參加過馬雅各醫師主持的病院傳教，那也是她第一次接觸聖靈。另一位受洗者也經歷過聖靈感動的事蹟。當得知會議決定接納她們的消息時，她們表現出深深的感動。

這四位會友在1873年9月23日上午，在德馬太醫師講道結束後，由教會成員莊重地接納入會。整個下午的禮拜由我獨挑大樑。我從〈彼得前書〉三章18節擷取經文，可以說，我很少能這麼深切地體會到，主願意派遣如此卑微的人，來實現祂那偉大光耀的目的，這是多麼甜美的確信啊！有很多感興趣的聽眾聚集在外堂，而內堂的會眾似乎也聖靈充滿。這是我第一次主持洗禮儀式，第一次邀請會眾一同觀看這個神聖的典禮，讓我們再次想起聖子依聖父的旨意，為我們而死。我想，今天這個場合是集結許多人的禱告而成的，而更偉大的事即將成就。

我們在四個山區教會所做的事也大同小異，只有幾件事值得提一下。在木柵，有七個人願意接受受洗測試，然而只有三位姊妹通過並能接受洗禮。其中一位健康欠佳，她的丈夫在好幾年前離開她，現在她跟隨主，已經超過一年半。其他兩人雖然不甚聰穎，但她們學著讀《新約》，小會員[1] 認為她們兩個應該被接納。

在柑仔林，我們從五人中選出一位受洗。這婦人的家庭遭逢不幸，在一年多內，她的四個孩子相繼過世。這兩群會眾在木柵一起領受聖餐，大約五百人齊聚在新建立的會堂。在聖餐禮拜中，我們可以感受到神與我們同在。在此，我也附帶一提，當地會友下午的奉獻，約有十元之多。

註

1. 「教會任職者」包含牧師、長老與執事，或其他同工，但「小會員」僅指牧師、長老。

在拔馬，八人之中有三人被接納受洗，分別是「乾主」（Kan Tsu，音譯）和他的妻子「桂枝」（Kui Ki，音譯），還有一個叫「李珠」（Li Tsu，音譯）的年輕姊妹。前兩位的表現，足以證明他們對聖經相當熟悉，尤其「桂枝」的應答更是令人滿意。長老說，這三位都是非常溫和且行爲良好的人。

在崗仔林，有七位前來受問道理（受洗前接受口頭測試），但這次我們沒有接納任何一個人。這些人中，有些從未看過聖餐禮拜，即便旁人清楚地解釋此儀式之意涵，可是，在他們尚未明白，人必須在基督裡「因信稱義」之前，就算他們能說出什麼是聖餐禮拜的意涵，亦屬無用。當然，我們也試著向他們解釋拯救之道的難易之處。早上和下午的禮拜都聚集很多人，很多拔馬的會友也到崗仔林來，互相交流。在這裡的感覺眞好，所有晚間出席感恩禮拜的人，都再次感受到上帝的慈愛。

回顧這一季數間小禮拜堂面目一新的聖餐禮拜，我們心中充滿感激。雖然跟之前相較，受洗人數少了一些，但會員名冊的增加，並不是宣教進展的唯一指標。很有可能在教會之外，發生了重要的預備性運動，而且教育方面的工作也正在推進當中，當前的受洗人數並無法反映出這方面的情況。

眞正令我感到惋惜的是，還有許多人以不正確、甚至迷信的眼光，來看待洗禮這件事。他們以爲洗禮就是終點，認爲只要費盡心力到達洗禮這一刻，後續的努力就可以停止，然後等著看會有什麼好事降臨。有些人更荒謬地認爲，洗禮的水就能帶來祝福，殊不知這些恩典只有上主能賞賜。

書寫至此，我不希望讓人誤會，以爲我們感到沮喪，或發生了任何重大疏失。我只是希望藉此來提醒，當我們沉浸在和平當中，發現許多人願意接近教會，並且對新宗教的迅速推廣感到興奮之餘，我們應該更加謹慎，努力讓一切的宣教活動，都能夠在適當的控制下進行。「在天上和地上的一切權柄都歸我……我將永遠與你同在，直到永遠。」在這裡，我們必得到力量，得著安慰，得著希望。在宣教上不需害怕，一時的抗拒可能會發生，甚至迫害也可能會發生，但不要讓這些事動搖我們。主必看顧祂的人民，不會在需要的時候離棄他們。

4. 熟番

The Sek-hwan Aborigines

1872年10月14日，德馬太醫師和我離開台灣府，前往我們在熟番[1]間的教會，他們居住在北彰化地區。我們一行共十八個人，大都是來自大社（Toa-sia，即今台中縣神岡鄉大社村）和內社（Lai-sia，即今苗栗縣三義鄉鯉魚潭）的弟兄。

我們沿途有很多機會做戶外佈道，並且分發了大量的基督教書籍和小冊子，這部分的工作最爲有趣。在我們經過人口較多的城鎮時，常有數百人把我們團團包圍，用心傾聽我們訴說主把祂的獨子送到人世，替我們贖罪的故事。我們一停留在路旁的旅社過夜，群眾便馬上聚集過來，非要聽我們說說此行的目的才肯離開。我很高興見到這些漢人行爲謙恭有禮，甚至在某些地方，他們還備有茶水、水果、糖果蜜餞，和用精選豬油做成的糕點，盛情款待我們。

我們走了將近一百哩的路程後，於17日中午抵達大社的教堂。當地信徒熱情招待我們，上一次牧師來訪是在3月，所以他們十分期待我們的到來。在十三位想要受洗的慕道者中，只有兩位可能「接

註

1. 已開化的原住民叫熟番及平埔番，未開化的原住民叫生番。

納」：一位是傳道師的太太，另一位是個老婦人，雖然後者回答問題時，時常口吃，但她的個性端正，眾人稱頌，所以我們願意接受她。相較於審查南部的平埔番原住民，我們在此地的審查工作遇到一個大困難：很多年紀較大的居民都不太懂福佬話，他們只懂得某種當地的土語。教堂所有的禱告儀式都用福佬話進行，但是村民之間的溝通，大多還是使用他們比較容易理解的熟番話。

禮拜一早上，我們一小隊人馬前往內社。我們在最初的幾哩路，經過一處丘陵地區，然後遇見一片荒蕪的鵝卵石地，在此渡過幾條小溪，又乘坐大竹筏涉過一條急流。

內社座落於一個優美的山谷中，北距大社十二哩遠，與分隔已開化原住民和野蠻人的山脈，約步行一小時的路程。野蠻人有時深夜會在熟番的村莊外圍出現，因此每個村莊都必須用柵欄圍起來，以避免野蠻人的突襲。當男性村民外出撿拾柴火，或從事任何戶外活動時，都會隨身攜帶武器。

對於內社弟兄們在心靈成長上的努力，我們必須衷心感謝。去年，這座堅固的小教堂幾乎光靠他們的費用就已經造好。我們停留期間，每晚都有超過一百個大人在教堂裡敬拜上帝，並聽我們揭示神的世界。前來受洗的二十三個人裡，多達十三個人被認可，成爲教會的一份子。我也欣喜地看見，兒童的基督教教育並沒有被忽略，許多小孩子已經能夠閱讀「白話字新約聖經」。在學習閱讀羅馬拼音的班級裡，有幾個聰穎的年輕人，或許他們將來會成爲優秀的學校教師，或是福音的傳佈者。

很遺憾地，我們已約定好在安息日晚上到大社，所以無法整天待在內社，但早上的兩場簡短禮拜相當有幫助。第一場禮拜，德馬太醫師在十三位受洗人面前，講述《聖經》〈羅馬書〉十章1至4節[2]。稍後，會眾重新集合，我試著講述「耶穌被出賣那夜」。看著這些爲數眾多且深感興趣的人們，實在很難想像，僅僅在兩年之前，這個村落的名字甚至還不爲外人所知，在我面前的人們，當時都盲目地崇拜著異教的神祇。我們能親眼見證這裡所發生的改變，長途跋涉的一切辛勞都值得了。

我們要離開時，當地的弟兄們十分不捨。由於此地距離總部十分遙遠，而且台灣府只有一位神職人員（也就是我），所以每年的探訪之旅不會超過兩次。這次我們在那裡停留時，對每個人都很有幫助。當我們要離開之際，全部的居民都出來列隊歡送，一路排到村子門口，許多人眼中還泛著淚光。他們不斷向我們揮手，直到我們走出他們視線之外，並使盡一切方式，來展現他們深沉的感謝之意。這趟內社初體驗，我想短期內是很難遺忘了。這個可愛的地方與世隔絕，不受外界污染，在當地許多貧窮的家庭內，將來福爾摩沙上將傳頌的事業已經展開了。「舉目向田觀望，莊稼已經成熟了。」

我們趕了一段路之後，及時抵達大社進行晚上的禱告，並主持受洗儀式。這個原住民村落的情況，和內社比起來，沒有那麼令人滿意。並非這裡的人們不做禮拜，或是不願意成爲教會的一份子，而是在讓他們瞭解基督教會的本質和功能方面，進展得十分緩慢。當地的小官員與耆老，似乎是在經過一番考量之後，才決定要支持基督教。他們認爲，追隨外籍傳教士的指引並不會有損失，這些外籍傳教士不

註

2. 「弟兄們，我多麼熱切盼望我的同胞能夠得救……他們不明白上帝的義，想自找門路。其實，基督已經終止了法律，使一切信他的人得以成為義人。」

但具有影響力，也比身邊的漢人更有同情心。這種理論可以解釋，爲什麼年輕人很容易就接受了基督教，以及許多人即使對基督教的教義一竅不通，仍然強烈地要求受洗。無論如何，我們所要求的是個別的「告白」，反對任何單純的盲從，或驟然接受基督教。信徒必須對於神性有更清楚的瞭解，更知道什麼是罪，簡單來說，就是「萬軍之耶和華說：不是依靠勢力，不是依靠才能，乃是依靠我的靈，方能成事。」[3] 但這裡還是有鼓舞人心的事。我們不當忘記，事情已經有了好的開始，在每個主日時，我們的助手都對著將近兩百位的人們，傳遞上帝的訊息。

禮拜二早上，我們離開大社，向東出發，準備到中部的另外三間教堂，繼續牧會的任務。要前往埔里社（Po-li-sia，即今南投縣埔里）平原，需要兩天艱苦的路程，必須穿越偏遠且無人居住的地區，有多群獵頭族在當中四處遊蕩，因此有五十八位熟番的弟兄，自願攜帶槍枝和長刀來擔任我們的保鏢。我一開始婉拒他們的好意，但是他們馬上否認武器的眞正用途，只說那是沿途用來捕捉大型獵物用的。我後來就不再反對了，因爲我們對眞正的情況，實在所知不多。而且，我們以這種備戰方式來旅行，也得到某位中國官吏的認同，因爲他就是看上有這群護衛隊，才加入我們的隊伍。

行進的隊伍排成一縱隊，大家走起路來好像在打仗似的。前幾哩路程是東南方向，不久之後，我們便遠離民宅，開始深入到內陸。我們爬過山丘，越過叢林和小河，似乎漫無目的地亂走。由於沒有舊路

註

3.《舊約》〈撒迦利亞書〉四章6節。

● 武裝的獵頭族【取自《福爾摩沙紀事》】

可循，打前鋒的人必須拿刀替我們開出一條路來。我們得耗費相當大的力氣才能兜在一塊，但此時最偉大的人性發揮作用，大家都樂於彼此幫助。曾經有一度，我們必須分成小隊，在湍急的河流中挺胸並進；又有一次，我們必須越過一塊相當傾斜的大石，此時稍一失足，都會把我們甩到山下的深潭裡。再往前走，我們開始穿越峽谷，上頭繁密的樹葉幾乎隔絕了午時艷陽的所有光芒。福爾摩沙此地壯闊的美景，實在難以用筆墨形容一二。茂盛蔥綠的植物、大片爬藤蔓生的森林，以及青草如茵的廣闊原野，全都杳無人跡，一片靜謐孤寂，留給我們非常深刻的印象，並至少讓一行人中的我，見識了絕妙壯麗的景致。

日落時我們便停下來過夜，健壯的伙伴們把槍枝架起來，他們各司其職，發揮最大的功效。有些人清理地面，以做爲舒服的大床，

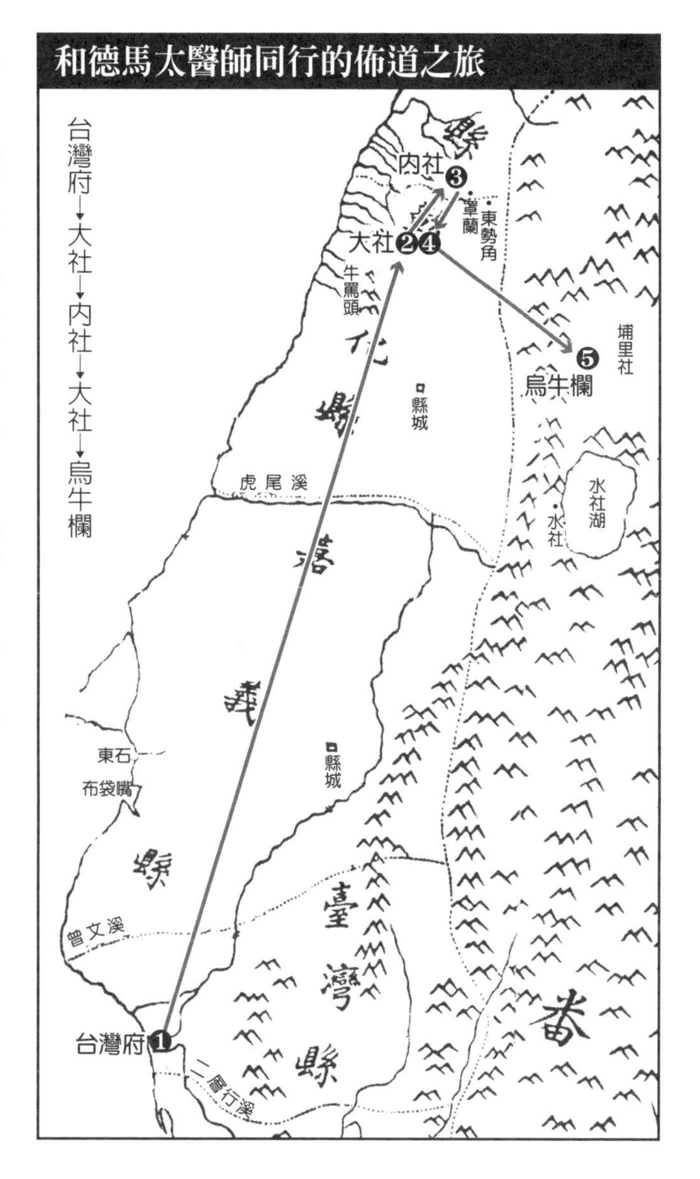

和德馬太醫師同行的佈道之旅

有些人採集一堆堆的樹葉和乾柴枝，還有些人用小手網在小溪和鄰近的池子捕魚。我們升起的三大堆營火迅速照亮了山谷，頓時舒適不少。兩堆營火用來炊煮食物，第三堆營火則是預備用來烤剛捕到的魚。我們這頓食物雖然儉樸，卻吃得津津有味，並體會到當中的感恩之情。之後，我們愉快地談了一下話，還說了兩、三個關於野蠻人的恐怖故事。此時我們正坐在他們的領域內。但很快地，我們便聚在一起進行晚上的禱告，因爲在場沒有人會用他們較熟悉的熟番話來帶領，全程就都使用福佬話來進行。當晚大家輪流守夜，我們在開闊的天空底下，舒服地睡了五個小時。

隔天，我們一早就出發，並盡可能地往前邁進。但到了中午，我們發現晚上又得待在山裡過夜了。這次，我們必須在特別危險的原住民領域內，卸下裝備歇息。我選擇在大樹底下睡覺，心裡想著，怎樣才不會遭滿佈於福爾摩沙各地的巨蛇攻擊。當晚的糧食和晚上禱告的準備事宜，比起前晚要來得簡單。由於身體疲累、徹夜的蟲鳴，以及偶爾傳來的野蠻人或動物越過森林發出的聲響，使我們睡得很少。隔天天色才剛微亮，我們又起身出發了。

要爬上眼前高大的山頂是件難事，甚至連下山的路途也有幾件小意外發生。所有的一切，都讓我想起以前爬上本尼維斯山（Ben Nevis）[4]頂峰的經驗，不過至少當時本尼維斯山還有小徑可循。我想我到現在還能聽見，當我們離開山腳之後，那陣讓人膽顫心驚的呼嘯聲。呼嘯聲來自不遠處，很像是集合的聲音，或是野蠻人進行可怕的屠殺時所發出的信號。那一刻，大家都靜止不動，槍也取下，默默地禱告，祈禱主會插手幫忙。直到看見我們的弟兄從叢林中出現，看見他們因爲見到朋友而展現出無比的歡欣時，我們才鬆了一口氣。原來是有一個打獵行伍告訴他們，我們已動身出發，並建議他們出來引導我們。很高興有他們的一路帶領，讓我們到達了埔里社的第一個教會——烏牛欄（Aw-gu-lan，又稱歐蘭，即今埔里鎮愛蘭里）。

這裡要簡介一下埔里社。這個名字是用來指稱一個廣大、美麗且水源充足的平原，位於將福爾摩沙分成南北兩部分的巍峨山脈的中心。由於連接的道路崎嶇蜿蜒，埔里社約在彰化城東方三十哩路程。

註

4. 在蘇格蘭西境，英國第一高峰。

此處的居民幾乎都是熟番，是屬於台灣兩大已開化的原住民的一支，另一支則是平埔番。我們在南部的教堂，有六座就是建在平埔番的居地上。埔里社平原散佈著三十三個小村莊和部落，我們探訪了其中的二十九個村落。我從跟他們的對談中得知，目前當地快速成長的人口約達到六千人左右。關於埔里社面積和人口的任何確切資料，都必須沿著山腳下的路線，一一在各村中和有見識的人交談後，才有辦法得知。有一些漢人小販厭惡傳教士，故意散佈不實的謠言，讓我和兩位當地的傳道師忙了一個多禮拜。我們因此獲得的關於當地部落語言、風俗和人口分佈的資料，不僅相當有趣，對將來工作的推展也相當有用。

基督教最近才被引進埔里社地區，其機緣如下：必麒麟先生（Pickering），這位打狗某家商行的商務代表，約兩年前曾到過大社，在那裡待了幾天。他向大社的幾個病人提及，台灣府有一位外籍醫師醫術高明，而且樂於幫助別人。不久，就有一群長途跋涉的陌生人來到我們的醫院門口，尋求協助。其中有一個叫做開山（Khai-san）[5] 的埔里社居民，因為有親戚住在大社而得知此事，此時

● 著名的台灣通——必麒麟
【取自《Pioneering in Formosa》】

註
5. 開山，全名為潘開山武干，為埔里地區之首信者。

也前來尋求馬雅各醫師治療疾病。要治療他身體的疾病並不難，但他們向這個可憐的異教徒提到他心裡的病，並告訴他，心病需要另一位醫師來醫治，而這位醫師的救治完全不需要繃帶或藥品。開山的興趣頓時燃起，良知告訴他：「就是你。」（Thou art the man.）眾人為開山做了許多禱告，不到三個月，上帝的光芒與和平就照亮他的靈魂。他一回到埔里社，馬上告訴鄰居和朋友他新發現的寶藏。開山帶出了上帝的話語。雖然他的學識不高，但是其他人幫助他解讀難懂的漢字，翻譯一些福音的傳單，結果，這些內容都被一再地傳閱，並被不同的人重複談論著。開山也向他們解釋，為何要讚美主，以及人們為何要聚集起來禱告，即使前頭並沒有任何神聖的物體（即偶像）讓他們崇拜。埔里社出現了新契機，陸續有人放棄偶像崇拜，一些簡單的聖歌也漸漸為人所熟悉，還有一個村落，試著每週舉辦基督教禮拜。因此，這項風潮逐漸展開，透過開山這位心思單純誠懇的人，現在至少有三十個大人等著聆聽神的旨意。

過了很久，有關此事的傳言才傳到台灣府。直到1871年7月，兩位本地的傳道師才從台灣府出發，前去調查該事的始末。他們的報告指出，支持基督教的活動已經風行開來，那裡的人民友善、有禮，也感謝他們的出現；甚至有人已接受了聖經福音，而且所接受的不只是文字，還有權能、聖靈和確信。

1871年9月，李庥牧師和馬雅各醫師造訪了這個地區。他們首先來到大社，發現在那裡，上帝的恩典不論在深度上和廣度上，都遠遠超乎意料之外。結果，有九個人受洗，建造內社當前這間整潔寬敞的小教堂的準備事宜也完成了。但由於連日大雨，他們前往埔里社的旅程被迫取消。

● 台灣醫療宣教之父——馬雅各醫師
【取自《台灣盲人教育之父》】

隔年3月，李庥牧師、德馬太醫師，以及加拿大長老教會駐淡水的馬偕牧師（Mackay），一同造訪大社，之後往內陸繼續前行，到達了埔里社。他們在那裡受到極度熱情的款待，每天都有數百人圍繞在他們身邊。他們發送藥品，並用眞誠和憐憫來傳授生命永恆的話語。當然，沒有人會說這般濃厚的興趣，全然是發自對宗教的徹底瞭解和眞摯情感。在這類的傳教場合，我們從未遇過眾人純粹因為瞭解福音眞義而瞬間歸信的情況，這點正是在外地努力的傳教士亟需仔細思量的。這些人民需要別人的引領，才能遠離錯誤的異教信仰；需要有人對他們持續溫柔地講述神的事蹟、罪，以及對耶穌基督的信仰；特別是需要聖靈的教導。否則，除了憤怒、誇張地拆毀他們精美的小神龕外，我們很難有其他的宣教成果。但此時的機會確實相當寶貴，讓我們有機會讚美主，並對未來的日子充滿希望。我們的弟兄和當地人相處了一個禮拜，接受了二十二個人受洗，並看到烏牛欄、牛睏山（Gu-khun-soa，即今埔里鎮牛眠里）和大湳（Toa-lam，即今埔里鎮大湳里）等小村落，爲建立教堂所做的預備工作。

德馬太醫師和我這一次的來訪，正是對這個偏遠地區所做的第二次傳教造訪。我們這次的訪問，只有幾點需要說明。在烏牛欄，「登炎」（Teng-iam）[6] 傳道處理相關事務已有一年的經驗，這位弟兄提供我們完善的報告。他的工作似乎進展順利，已經有二十三位孩童能夠閱讀，還有十位孩童能夠使用羅馬拼音來寫簡單的福佬話。在大湳，有一位教會成員因爲行爲不當，必須接受教會的戒律。而在牛睏山，我們有很多機會能與一群最樂意、最眞誠的人個別傳教與交談。一共有三十五位想接受洗禮，其中有七位成爲教會的一份子。

● 一位著名的熟番頭目（岸裡社總通事潘敦）【原書附圖】

有一天，當我們越過埔里社平原時，遇到一群衣不蔽體的野蠻人，據說他們是位於埔里社東邊的霧番（Bu-hwan）族蠻人。他們目前和熟番的關係十分良好，因此，他們要進行交易或是獵頭的征戰時，都會經過這邊。從許多方面看來，他們是優秀的民族，高大、強壯、沉著，一點也不像外人所醜化的形象。我們經由詢問得知，不

註

6. 關於此人為誰，有數種不同說法：按《台灣佈教之成功》一書，說是「炎」（Iam，1889年出版）；而本書卻說是「登炎」（Teng-iam，1915年出版），但甘為霖刊於《使信月刊》（*The Messenger*）的原始信件，則說是「尖瓦」（Jamhia，音譯）。經詳細考查了「李登炎」的受洗日期與年齡後，我以為，此人絕非如一般所公認的崗仔林「李登炎」也。詳見阮宗興，〈談「崗仔林」的幾個歷史懸案〉一文。

管是他們彼此之間的交易，還是和熟番之間的交易，都相當公平。他們很不喜歡漢人，因為他們在福爾摩沙西部的肥美土地都被漢人侵佔了，因此被驅逐到山區內陸的偏遠地帶。他們的語言似乎很簡單，我們沒費什麼勁，就記下他們所說的四百多字。他們的十個數字分別是：Khial, Dahah, Turuh, Supat, Rimah, Maturuh, Mapitah, Mashupat, Mugarih, Machal。

我們經過兩天的費力跋涉後，又回到了大社。由於還有很長的一段路途要趕，所以我們10日早上就出發了。第二天傍晚，我們抵達嘉義（Ka-gi）城，大夥兒在此分道揚鑣，德馬太醫師要趕回台灣府，看看我們不在時，有沒有發生什麼事情，而我則前去參訪兩個許久沒去的平埔番駐地。

我到達白水溪（Peh-tsui-khe，即今台南縣白河鎮）的駐地時，已是深夜。這個小村落鄰近枕頭山（Pillow Mountain），在店仔口（Tiam-a-khau，即今台南縣白河鎮）市鎮東邊五哩處。每逢主日，都會有一小群會眾聚集在此，展現求知的渴望，期待瞭解神聖的眞知。在我到訪的那個安息日，有位男子接受洗禮，我相信他是盛大的聖靈收穫的第一顆果實。

接著，我往西南方向走了約十五哩，在禮拜一中午到達番仔田（Hwan-a-chan，即今台南縣官田鄉隆田村），這是另一個駐地。我們在此的工作進展，仍舊是相當落後。這裡的弟兄們必須每天努力工作維生，而且他們的資質，似乎比我之前所遇過的差了一些。但他們卻自己提議要建立教堂和傳道師的房間，以汰換掉目前這種狹小且簡陋的住所。可憐的弟兄啊！他們需要得到鼓勵，我希望德馬太醫師或我自己，在不久的將來，能夠和他們一起住上一、兩個禮拜。

我回到台灣府前，在吉貝耍（Ka-poa-soa，即今台南縣東山鄉東河村）的村落待了一晚。有一位白水溪的傳道師陪伴我，他向專注的群眾講述人類對神的職責，以及如何付諸實行。對於上帝神性的比喻，一位聽眾鼓起勇氣評論說，傳道師在談論只有一個神時，還提到另一個神——耶穌，根本是自相矛盾。對此，我這位當地的朋友回應說，燒得火紅的鐵同時擁有光和熱，接著他整個人變得十分激昂，以致我無法完全理解他的論證。然而這位聽眾似乎也只接受了部分說法。接近尾聲時，有幾個人半信半疑地點點頭，於是我在沒有異議的部分，補充

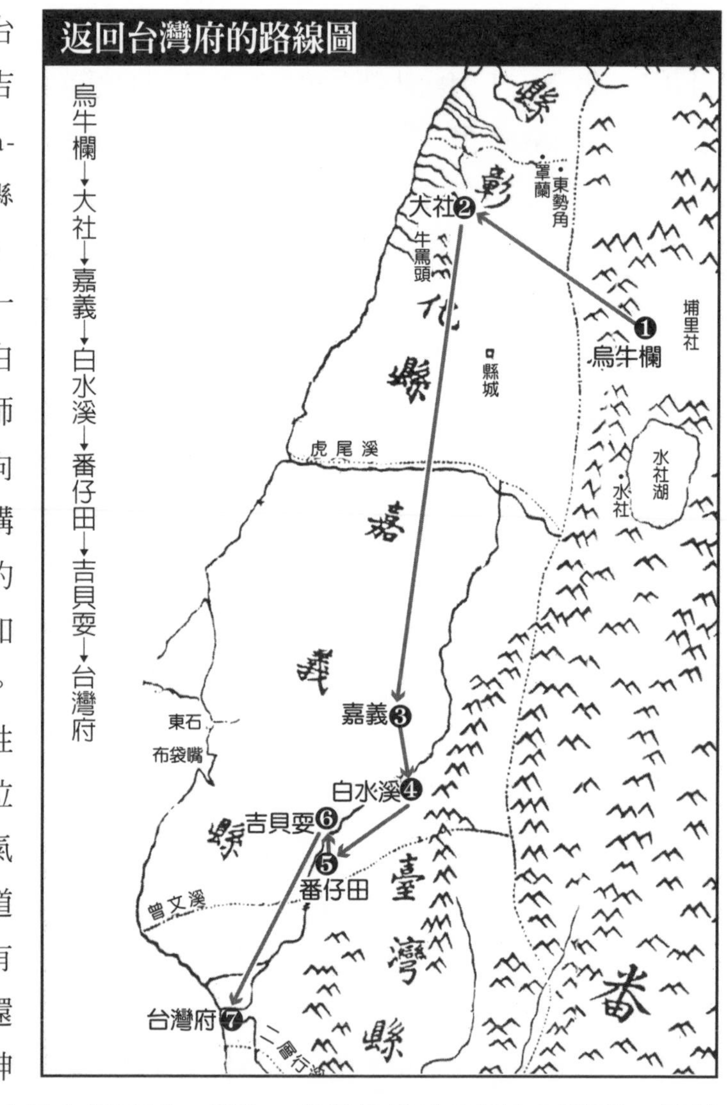

● 與世無爭的平埔族人
【取自《從地面到天空 台灣在飛躍之中》】

了幾句話。遇到這樣的插話，我們一點也不覺得失望，因爲這代表聆聽講道的人全神貫注，比起偏見、無聊的好奇心與無可救藥的無知，要好得多了。

吉貝耍的居民是平埔番，當中還零星住著一些漢人。這裡有些前途光明的孩子，我敢說，決定讓「登炎」弟兄從禮拜三起就派駐在這裡，這些孩子正是原因之一。這裡的人大都非常友善，我們希望並祈禱「登炎」弟兄能得到力量，讓他在這裡的表現，能像在埔里社那般傑出。「登炎」夫人的健康狀況不佳，也是把他調往南部的原因之一。

離開六週之後，我終於在禮拜四回到台灣府。我很高興地得知，在我們離開期間，所有事情皆有長足的進展。能夠從事如此的工作，是一種恩典，我們有太多理由要對慈愛的天父，獻上最深的感謝之意！

5. 拜訪北部教會

Far Afield Northward

我剛完成一次在北部地區牧會與傳教的長期行程。那是我到埔里社做春季探訪的時候，當時我希望可以把旅程延伸到福爾摩沙的北部，去探訪我們的姊妹傳教會，也就是加拿大長老教會。馬偕先生單獨在那裡工作已長達一年，在這種情況下，如果我能造訪他，不但我們自己會很高興，對當地的教堂也會有所助益。我原本的計畫是經陸路到熟番的教會，之後再繼續前行到更偏遠的地區。但是當我得知挪威籍的「戴芬妮號」（Daphne）準備要從安平開往淡水時，我馬上就把東西帶上船，幾個小時後就揚帆出發了。由於每年的這個時候，狹窄的澎湖海峽的航行水域不足，船隻無法利用季風北上，所以船長決定繞道南岬（South Cape，即今鵝鑾鼻），從福爾摩沙的東邊北上，因此我們是從北方抵達淡水的。

航程風雨交加，情況十分惡劣，我的僕人和陪同的漢人傳道師周步霞（Chiu Paw-ha）[1]，在七天的航程裡都病得十分嚴重。我們在紅頭嶼（Island of Botel Tobago，即今蘭嶼）旁費力掙扎時，主帆被撕成碎

註

1. 周步霞（1864-1923），字耀彩，艋舺人，曾任東港、新港、灣裡街傳道。

片。數天以來，大海彷彿威脅著要吞噬我們。我爲那些可憐的水手難過，他們必須辛勞工作，只能有片刻吃飯睡覺的休息時間。我們雖然不斷地被淋溼，但依舊堅持下去，陸地終於漸漸映入眼簾。

● 漢人傳道周步霞【取自《南部台灣基督長老教會設教七十週年紀念寫真帖》】

當我們接近紅頭嶼時，船上每個人都對該島嶼很感興趣。上一次造訪此地的歐洲人，是1867年來自英國皇家海軍「西微亞號」（H.M.S. Sylvia）的調查團體。紅頭嶼距離福爾摩沙東南端約二十六哩，長七哩半，上面有爲數不少的原住民。我們看到了茅屋，還看見一排排獨木舟或木筏停放在沙灘上。

● 紅頭嶼雅美族的大型漁舟【取自《生番行腳》】

● 雅美族的男女服飾【取自《生番行腳》】

我們也看見火燒島（Island of Samasana，即今綠島），它位於紅頭嶼北方三十四哩，位於寶桑（Po-song，今台東市）東方整整十五哩。郇和領事（Consul Swinhoe）認爲，上面的居民是來自琉球（Luchuan）的漁民，但是英國皇家海軍「沙瑪朗磯號」（H.M.S. Samarang）的貝爾契船長（Captain Belcher），在1845年拜訪那裡時，發現當地有一百五十個居民是從廈門來的。當時他們群居於一個村落，之後便快速地繁衍開來。

我希望在我們的長途航程中，能夠見到宮古群島（Miyako Sima group）最西邊的庫米島（Kumi）。它位於烏石鼻（Dome Point）東方六十哩，目前有四個村落。再往東處有兩、三個島嶼，面積比火燒島大許多，總人口約有一萬人。據說，這是個貧窮但知足、沒有武裝的民族，外貌和掌管他們的琉球人很相似，而他們的禮儀、習俗和語言，則和日本人比較相近。

由此可見，上述島嶼的居民完全在福音的影響範圍之外，沒人關心他們。世代以降，他們從來沒有機會聆聽永恆生命的眞諦。當然，大家都承認，像中國人這種龐大帝國的民族，需要基督徒投注極大的心力，但是弱勢、孤立及少數的民族，其權利同樣值得我們關注。我們這麼做，正是在跟隨基督的腳步。很難有什麼彰顯教會的方式，能比得上威廉斯（Williams）在埃羅芒阿島（Erromango）、加德納（Gardiner）在巴塔哥尼亞（Patagonians）、或尊貴的摩拉維亞（Moravian）弟兄在眾多偏遠的海外傳道區所付出的那種努力。就目前這個例子來說，每年從宮古群島行經福州（Fuh-chau）送上貢品的船隻，也許提供了機會，讓福州的傳教士能夠爲此做出貢獻。

至於我們左邊偶爾才能瞥見的陸地，幾乎沒什麼好說的。沿岸被岩石圍繞，沒有可以停歇的港口，所以我們被迫離岸航行，只有在黑岩灣（Black-rock Bay，即今台東縣成功鎮三仙台）和烏石鼻附近，才能看到岸上的景物。再往北一些，青蔥的巨山佇立海邊，約有六、七千呎高。我們在離海岸約一哩處，放盡一百一十五噚（約二百一十公尺）長的線，仍然測不到底部。由此可知，由於強烈的潮流和深不見底的海洋，加上缺乏適合的港口，要開發福爾摩沙的東邊是相當困難的。

我抵達淡水（Tamsui）時，招了一艘小船，駛向馬偕先生的住所。他用眞正的「蘇格蘭高地式」的方式歡迎我。由於此地宣教同工甚少，因此更增加了我們相遇時的歡樂氣氛。我們花了一點時間，才把我的書和其他東西運上岸。但幾小時後，本地的助手、我的僕人

拜訪馬偕牧師的航程

安平→南岬→紅頭嶼→火燒島→淡水

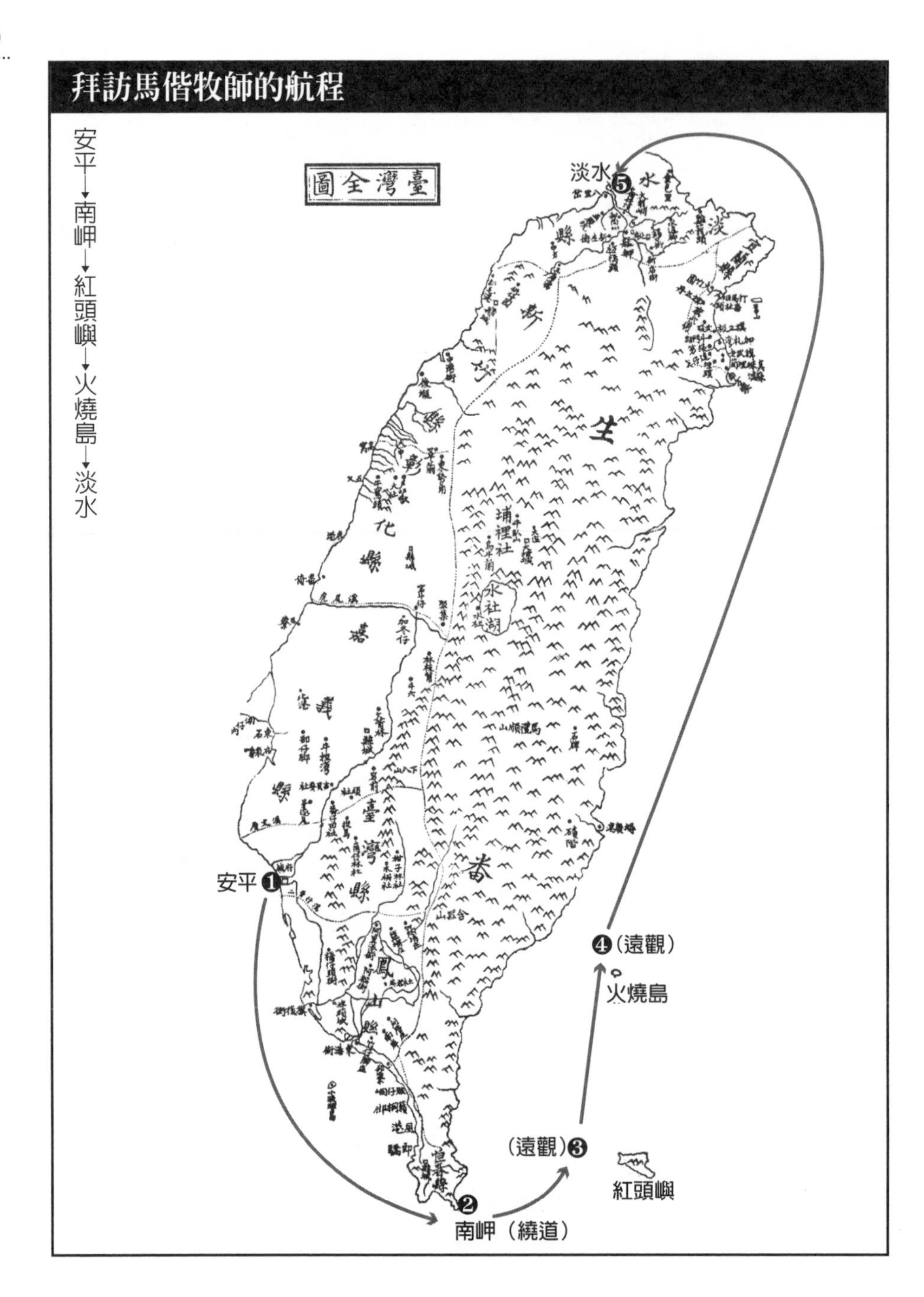

和我自己，便都感到十分舒適，感謝七天的顛簸終於結束。

淡水是福爾摩沙西北部的港口，在1860年簽署天津條約後，開放外國貿易。目前已經有一些歐洲商號在這裡設立駐點，居民數和南方打狗港差不多。河口兩岸高聳的群山，立即吸引了遊客的目光。我們先經過一個深邃但狹窄的河道，然後通往一條像潟湖般廣闊的河流。乍看之下，會誤以爲這裡是英國伯斯郡（Perthshire）的某區，再看一眼，才發現是錯覺。中國式寺廟的尖頂，在寬闊的芭蕉葉間若隱若現，更高處，是一叢叢隨風搖擺的毛竹。這個骯髒小村落的居民，及所有周邊的環境，在在顯示這裡不是我可愛的家鄉——蘇格蘭（Scotland）。

● 以淡水為宣教基地的馬偕牧師
【取自《福爾摩沙紀事》】

馬偕先生抵達福爾摩沙的時間，只比我晚一點。加拿大長老教會的外國宣教委員會，授權他自由選擇在中國的服務地區，當他和我們英籍長老教會傳教士逗留在汕頭（Swatow）時，他的注意力就轉向福爾摩沙了。他抵達打狗後，就決定選擇北部進行宣教。他在打狗時，善用各種機會來學習語言，對於當地福音傳播、教會、教育和醫療等

● 淡水港一景【取自《Pioneering in Formosa》】

實務都非常熟悉。李庥牧師和德馬太醫師很高興能夠陪伴他，看著他在選定的服務地區安頓下來，同時也安排打狗的一位本土傳道——「德芯」（Dzoe，音譯）弟兄北上幫忙，讓馬偕先生能夠立刻進行傳教的工作。

在我抵達之後的那個安息日，我們沿河划行了十一哩，前往五股坑（Gaw-khaw-khi，即今台北五股）的村落。馬偕先生在那裡建了一座整齊的小教堂，每個主日都傳福音。我們造訪之時，居民心中大都抱持著好奇的心態。遺憾的是，連改信基督教的信徒，似乎也對我們的工作以及相關的事務，抱持著一種世俗的看法。這種情況常常出現在漢人身上，像病菌般腐蝕我們的努力，使我們無法打造心靈的殿堂。

隔天，我們去到艋舺（Bang-kah，即今台北萬華）這個大城。廈門傳教會杜嘉德先生於1860年那次紀念性的訪問中，曾在此傳福音，因而開啓了固定在福爾摩沙傳教的事業。我們不斷嘗試舉辦露天的聚會，但是成效不彰。兩個紅髮番（即馬偕和我）行經擁擠的街道，引起滿城的疑慮和猜測，幾隻大野狗不斷對我們吠叫，叫到好像快炸開似的，這種不懷好意的惡狗，流竄於所有的漢人城市。我們爲了多講一些基督教的眞諦，多停留一站，但沒什麼用處，最後只好離開該城。

我們又走了幾哩，來到一個美麗的大村落，座落於淡水河岸。由於長途跋涉，加上惡毒的陽光曝曬，我們又昏又餓。所以，當我們被指引到一個有影響力的漢人家裡時，心中的感激之情油然而生。這個漢人居住在中國時，接受了福音。當天，他以熱誠的基督徒所具備的純樸和仁慈的心來款待我們。我相信阿春（A-chun，即李春生）[2] 是一個上帝所庇護的人。他在異教徒的鄰居之間，過著始終如一的生活，甚至連他的敵人也對他充滿敬意。事後我們得知，他曾提供經費給一位中國的傳教士，幫助他出版漢文的聖經字典。噢！願主能多創出成千上百個這樣的人啊！必須要藉助這樣的媒介，才能夠把四周的異教信仰一一擊破，救世主光榮的國土才能建立起來。主啊，讓這一天盡快到來吧！這一天確將臨到了。黎明的第一道曙光已能看見，未來源源不絕的榮光，將會照亮可憐的黑暗中國。

我們又往前行了幾哩，到了另一個村落，約住著五、六千位居

註

2. 李春生（1838-1924），又名阿春，中國福建廈門人，十三歲於廈門受洗為基督徒。1857年任廈門英商怡記洋行買辦，從事洋貨與茶葉買賣。其後，來台與林維源合組建昌行號。甲午之戰後，日本領台，李春生為免台北城陷入危機，故引日軍進城，日本政府特授他台灣總督府參事一職。論其事蹟，不論是在財富、事業上，或是信仰、思想上，均為當代台灣的傳奇人物。

民。我們先與幾個流浪漢擦身而過，然後被一群天性善良的人所包圍，他們對我們的穿著指指點點，並猜測我們準備要幹什麼。當這群人發現，我們這些外來客竟瞭解他們的語言時，顯得十分高興，有些人還邀請我們稍作休息後再上路。那是個美好的夜晚，和善的村民也忙完了一天，所以當我們走到寺廟附近的一塊高地時，一大群有秩序的人們便迅速聚集過來。首先，我們唱了一首優美的基督教聖歌，然後馬偕先生和我開始講道，試著讓他們理解向主悔改和信仰耶穌基督。這實在是一件艱鉅的工作，正是如此的艱鉅，唯有仰賴上帝的力量和指示才能完成。當有些人眞的專注聆聽的時候，他們臉上困惑的表情清楚地顯示，他們無法理解我們要表達的意思。當我們提到聖經上一些特別的眞理，例如耶穌的誕生和復活，他們通常都會問我們，有什麼樣的證據可以支持這種說法。一次又一次，當我說，我手上的聖經是生活的圭臬、所有道德精神的泉源時，我便發現聆聽者臉上有著不以爲然的表情。即使是現在，許多人還是毫不掩飾他們的看法，認爲我們說的一些事情既不可信，又沒有任何實際價値。我們在離開之前，發送了一袋小冊子，有一位安靜、外表看來聰穎的老人，邀請我們下次再來造訪。這整個地區籠罩在黑暗之下，在洲裡（Chiu-nih，即今台北蘆洲）先設據點，無疑是進入艋舺傳教的前奏。

● 傳奇人物李春生
【引自《台灣歷史辭典》】

禮拜二，我們回到淡水港，之後專心學習福佬話，直到禮拜六。

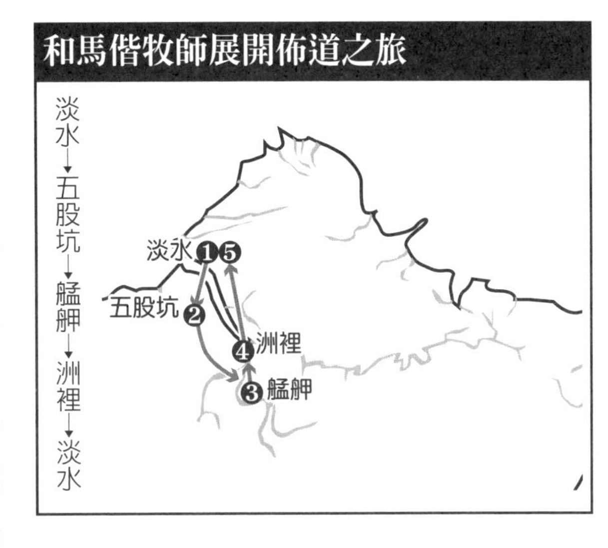

禮拜天早上，我向歐洲籍的居民講道，下午則向漢人弟兄講道。後者還沒有適當的教堂可用，不過已經租到一個場地，可以暫抵一陣子。預計有一位醫療同仁年底時會到來，屆時將會安排建造適當的建築。當然，這在淡水仍是一件小事，但情況不會永遠如此。在善田種下種子，悉心照料，很快就會發芽，我們這個在福爾摩沙受歡迎的姊妹宣教會，亦是如此。

馬偕先生第三個、也是最後一個禱告的地方，是一個叫做新港（Sin-kang，即今苗栗縣後龍鎮）的村落，「德芯」弟兄在那裡表現甚佳。這個村落和台灣另一個同名的、荷蘭時代的老村落不同。新港位於肥沃山谷的入口，從淡水往南約三天路程，在內社北方十八哩處。當地居民是熟番，透過我們南部教會的熟番弟兄，對福音已有一點認識。當地那座整齊的小教堂剛剛建成，照目前的情勢看來，傳教的事業似乎會從這個充滿希望的據點，快速向內陸傳播開來。

在此同時，我開始對於自己長期在外感到些許的不安。我已和馬偕先生度過八天愉快的時光，也見到充滿希望的傳教運動的初步開展，因此準備離開這裡，回到我的責任區——彰化（Chiang-hoa），完成我的未竟之業。馬偕先生同意一路陪伴我到新港，我們在4月的第一個禮拜二就早早啓程了。約到中午的時候，我們在一塊高地稍作停留，那裡的特徵是土地肥沃、人煙稀少。如果有一、二十個愛爾蘭（Ireland）或蘇格蘭的農夫到此開墾，相信此地的農業很快就會興盛起來。

我們在中壢（Tiong-lek）待了一晚。中壢這個市鎮在五股坑南方二十哩處，離西海岸只有三、四哩左右。旅社店主讓我們使用的房間，號稱是最好的，但其實屋況極差，因爲地板是潮濕的土地，窗戶沒有玻璃，身邊的蚊蟲更是多到嚇人。我們稍事休息之後，走到大街底端，有一群村民在那裡專注聆聽我們的講道。他們是如此專注，所以我們還跟他們一起回到中壢，向一大群人講述上帝的國度離他們越來越近了。另一場良好的集會，則是在旅社的後廳舉行，店主很好心，提供許多座位，讓想來聆聽的人都可以入座。中壢的居民大多是來自福建（Fukien）的漢人，只有少數是原住民和來自廣東（Canton）的客家人。他們熱情款待我們，對於我們的講道頻頻稱是，也覺得很重要。

隔天的旅程，我們在竹塹（Tek-cham，即今新竹）待了一晚。這是個重要的城鎮，同時也是福爾摩沙北部民政機關的總部。身爲縣治所在（也就是第六級的城市），竹塹四周用城牆圍住，還有小小的駐守要塞。有些街道非常熱鬧，沿街商店擺滿了各式各樣的商品。外國商品幾乎只出現在布店裡，其他地方很難看到。這些擺設在外的各種魚類和當地水果，著實令我印象深刻。因爲少有歐洲人造訪竹塹，所以我們的出現引起了不小的騷動，不論我們走到哪裡，總會有人群跟隨。好幾次，我們想向他們說明「一件需要的事物」（one thing needful），但他們實在太過好奇和興奮了，使我們無法進行下去。我的心渴望親愛的人類弟兄，我的確憐憫那經常出現在這類場合的笑容爽朗的男

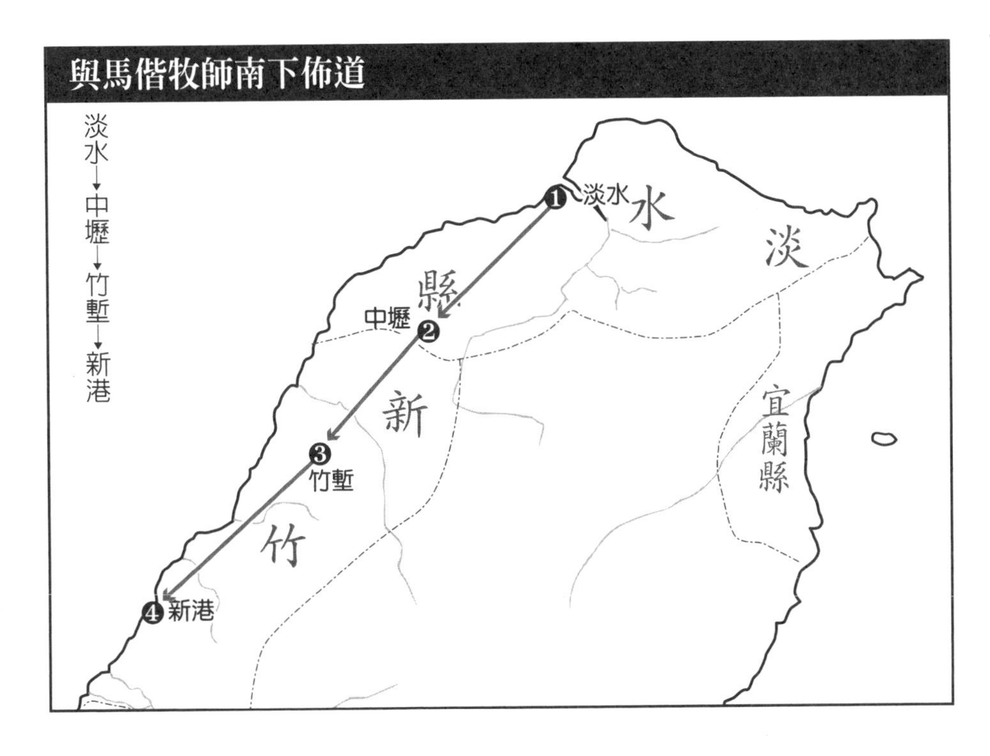

孩。要多久呢？喔，主啊！基督的教會，還要多久呢？

禮拜四下午，我們到了新港。很高興在這裡遇見一群人，他們把我們當作和平與幸福的謙卑使者。晚上禱告結束後，我簡單陳述了我在南部駐點的工作，他們聽了似乎很欣喜，很高興得知，除了他們自己外，還有很多福爾摩沙的人都努力要親證神的眞理。

翌日，我們一行人很早便起床，和馬偕先生誠摯道別之後，就繼續我們的旅程。快到中午時，我們在貓裡（Ba-nih，即今苗栗市）稍作休息。這是個忙碌的市鎮，當地的居民大多是客家人。這些廣東來的移民是個聰明、繁盛又有奮鬥心的民族，在台灣西岸各處定居。他們的語言和福爾摩沙其他漢人所說的語言相當不同，客家婦女也不遵守裹小腳這種愚昧的習俗。裹小腳雖然看似小事一樁，但其實對女性的

● 竹塹的東城門【引自《台灣懷舊》】

身體狀況和社會狀況，造成了最嚴重的摧殘。

下午五點左右，當我們費力攀爬一座高山的支脈時，不由得眼睛一亮，內社浮現眼前了。我們的距離，剛好可以望見內社的輪廓，在那個圍起的村落裡，有我們的教堂，在教堂內，更有不少熱切的靈魂，他們已成了聖靈的殿堂。我們知道有人在前方等著迎接我們，因而腳步就不再蹣跚了。他們一得知我們的到來，立即就有一些人出來歡迎，很快地，大家親切、溫暖的迎接，讓我們的心充滿了歡喜。

當我得知內社的傳教工作正不斷興盛成長時，心中眞是充滿感激。經由信徒的自願發起，那裡已建造了住所，供來訪的傳教士居住。住所內有三個房間，座落於村落大門裡面。當地的傳道非常勤奮，幾乎每個十二歲以上的小孩都能夠讀寫。這次共有十六位慕道者準備接受洗禮的資格檢視，有六位正式成爲教堂的成員。讓他們自己選出三位會友擔任職務的時機已經到了，我也充分向他們解釋這件事的重要性。最後，他們的決定獲得我熱烈的贊同，由阿打歪（A-ta-oai）、文良（Bun-liong）擔任長老，加苞（Ka-pau）擔任執事，大家對這樣的安排都非常滿意。

我接下來造訪大社時，心中這種鼓舞的感覺依然持續。我發現教堂已經擴建，並新增了其他建築，包含了一間校舍、傳道師的房間，以及供我們住宿的地方。所有這些擴建，都是出自當地弟兄的慷慨與努力。而且，心靈方面的進步也不是沒有。我幫六位成人施洗，其中有一位前途可期的年輕男子，還有一位是當地通事或熟番官員的妻子。那位女士對於救贖的眞理十分瞭解，而且據說她最近的個性變得好多了。很遺憾的是，那位在當地負責的傳道，對於經文和教條的理解相當不足，但他看起來非常虔誠，上帝也保佑著他的工作。

4月23日，我和大約四十個人抵達埔里社。22日一大早，我們就從大社出發，當夜在彰化東邊山區的樹下度過。我們在抵達烏牛欄的教堂後不久，在隔天的天黑時刻，立即舉辦一場傳教集會，和大家談論有關南方傳教的事業，以及淡水加拿大傳教士的駐點。烏牛欄的弟兄，已經開始建造一座可能成爲全島最雅致的禮拜堂，其中一個特色，就是有個小邊廊，如果我們來造訪的話，可供作臥室和書房之用。這對我們來說，是相當重要的安排。由於我們在各種天候下，都要在這片廣大的原野上四處奔波，所以，有時候得在又黑暗又骯髒的地方過夜，一點都不衛生。在這樣的情況下，只要我們本身夠強壯，身邊又有水可以洗澡的話，則蜥蜴、蟑螂、蚊子、甚至是持續出現的

● 烏牛欄教會【取自《南部台灣基督長老教會設教七十週年紀念寫真帖》】

小跳蚤所引起的種種不適，都是可以輕易克服的。對我們來說，各種天氣都不足爲懼，但是傳教士卻經常因爲熱病而倒下，打狗和安平的商人反而十分健康。若要改善這種情況，我們的其他弟兄只要模仿埔里社這些朋友的體貼舉止就行了。若每一駐點均能有一間較高的房間，那眞是天大的感恩了。我們在福爾摩沙，根本承受不起有弟兄掛病號。

隔天早上，我去到了牛睏山，那裡建造了埔里社的第二座教堂。牛睏山位於埔里社平原東北邊的山腳下，是埔里社居民和內陸蠻族交易的主要場所之一。當地傳道師熱情地歡迎我，並立刻召來六個想要受洗的人。但是經過漫長的口試之後，我只能接受一位年輕人。他非常聰明，能夠善用漢文新約聖經，傳道師高度讚賞他的告白的眞誠，並說他將會非常有用。

禮拜五早上，我前往埔里社的第三個教堂，地點在大湳，位在牛睏山南方三哩。一大群慕道者在那裡等候我，口試的工作立刻展開。由於大部分人對聖經的知識都還在初步階段，我翌日又已安排要到烏牛欄去，所以只口試比較有希望的慕道者。所有跟會友有關的人，都受邀參加晚上的禱告，聆聽更多解說。我在離開之前，宣佈有三位慕道者可以受洗。

禮拜六，我和一些長老在烏牛欄度過非常忙碌的一天。至少有十個成人在展現對基督的虔誠信仰後，通過了口試而行洗禮。他們對於聖經的瞭解，遠超乎一般的程度，並且有良好的證據顯示，他們過著

● 牛睏山教會【取自《南部台灣基督長老教會設教七十週年紀念寫真帖》】

前後一貫、無可挑剔的生活。晚上有一場特別的禱告會，請求上帝寬恕我們工作上所有的錯誤和不完美，請求讓受洗弟兄的名字寫在「羔羊的生命之書」（洗禮簿，Lamb's Book of Life）上，請求每個靈魂不久都會受到眷顧。

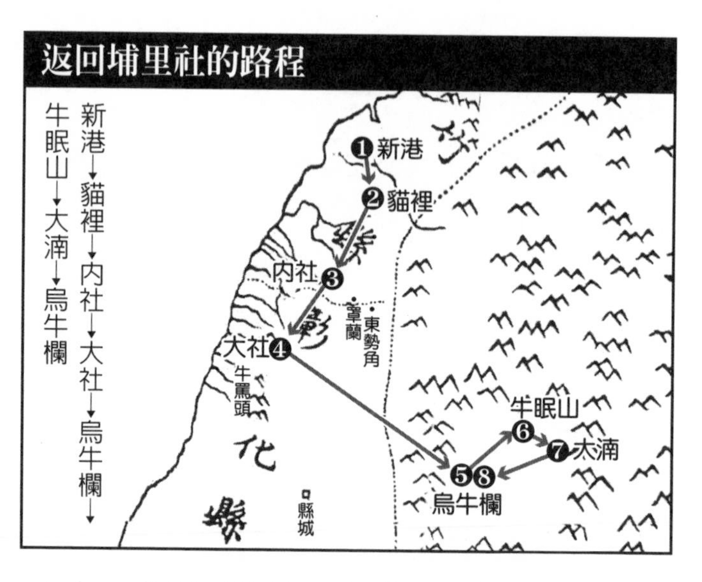

安息日早上，三個教會的會眾在烏牛欄舉行禮拜。因爲那裡沒有地方能夠容納這麼多人，所以前一天晚上，有幾位弟兄就在大榕樹下搭起一個木製講台。當天早上，至少有四百個人聚在那裡。整體的環境非常莊嚴，而我們唯一想要的，就是人們的興趣和注意。講道結束後，十四位通過口試的慕道者出列，在受洗之前，再度以上帝之名宣誓。這個景象相當感人，讓人忍不住想要高聲歡呼主的慈愛和恩典。

下午在牛睏山舉辦聖餐禮拜。我們已經先把教堂前方的木製物移開，但人群還是延伸到教堂外面的庭院。眞是五顏六色的人群啊！坐在朗誦桌前的是教會成員，他們穿著端莊，神情肅穆。他們後方是一群信徒，曾來做過禱告，不過還沒有受洗。最後面站著一大群非基督徒，他們以安靜、呆滯的詫異神情旁觀著。在那群非基督徒裡，我看見許多熟番、一些在埔里社做生意的漢人，以及幾群身上衣物不多、隨身帶著刀子和長矛的勇士。這些勇士是霧番和水番（Tsui-hwan）的蠻人，剛好下山用山產來交換鹽和火藥。綜觀一切，這算是場很成功的「聖禮典」。有幾個水番聽得懂福佬話，對我們印象似乎很好。其中兩人在「聖禮典」結束時向我表示善意，讓我想起上次的造訪之旅曾碰過他們。教會的成員似乎很享受這次的聚會，每個人的眼神無不專注，大家都很誠懇眞切，尤其在傳遞麵包和酒的時候[3]，更是如此。當場奉獻的中國錢幣大約有兩英鎊左右。

此時，我的牧師職責已經完成，可以在埔里社的非基督教村落展開傳教工作。當地的傳道很熱心地幫助我。我們傳教的方法，通常就是直接到村落的學校，先和老師友善地閒聊，然後鄰居就會圍過來，表現出想傾聽我們談話的強烈興趣。我們也會發放小冊子，並分送一些奎寧給罹患瘧疾的病人。大家對我們都很有禮貌，也很尊重我們。

有一晚，我們在傳完教要回到烏牛欄的路上，遇到了「阿敦」（A-tun，音譯）。這位通曉霧番話的熟番商人，向我引薦一群原住民，說他們想和我見面。「阿敦」說他們是霧番族人，替族長「阿列」（A-rek，音譯）帶了口信來。很快地，我就弄清楚，原來他們希望我跟他們回「托魯萬」（Tur-u-wan，音譯，即今南投縣仁愛鄉春陽），這個部落位於埔里社東邊的深山裡。他們說族長生病了，認爲我或許幫得上忙。由於這個機會很難得，可以讓我瞭解這些人，所以我馬上答應，並且安排在5月12日早上，就和他們從牛睏山出發。

這個「托魯萬」的來訪團由六個成員組成。他們的膚色比埔里社

註

3. 關於聖餐儀式的內涵，新舊教之定義全然不同。舊教（天主教）認為，在此儀式中，麵包與葡萄酒即「質變」成耶穌的肉與血；而新教則認為，在此儀式中，麵包與葡萄酒仍未質變，只「象徵」是耶穌的肉與血。

人來得深，不留鬍子，也沒有剃漢人和熟番那樣的髮型，只是把粗糙的黑髮隨便往後梳，在接近頭的地方綁成一個髮髻，或僅是鬆散的垂在後面。他們臉上的刺青形狀，呈短條紋水平分布，從額頭中間到下巴都有。我也注意到他們都有穿耳洞，還把耳洞撐大，中間可以穿過半吋的蘆葦當作裝飾。有一個高個子的項鍊是用人的牙齒串成的。他們都是「無套褲漢」（sans culottes），穿得很少，身體大部分都露出來。他們的武器是綁上矛頭的竹竿，以及掩在木鞘裡的長形彎刀。他們說漢人為了要換取獸皮、鹿角、還有其他東西，會有限度地提供給他們火槍。從來沒有歐洲人拜訪過他們，甚至連埔里社的當地人，都不敢未經族裡重要人物的許可，就擅自進入他們的領土。他們的語言很有韻律，肯定和馬來語有相當的關聯。

●原住民的耳飾
【取自《台灣懷舊》】

禮拜一早上，天還未亮，我就起床了，馬上前往牛睏山，陪同的有我的童僕（拔馬來的「兵王」（Peng Ong，音譯））、一個要帶點禮物給「阿列」的漢人，以及翻譯者「阿敦」。很高興地，我發現霧番人很守約定，我們到達時，他們已經在等我們了，族長還派出長子來護送我們。一個小時後，我們進入牛睏山東邊的一個山隘。我們這幾個來自埔里社的人，都穿上編製的草鞋，這樣穿眞是太適合了，因爲沿途經常需要涉水，穿草鞋既方便又涼爽。我們途中經過的區域非常原始，在辛苦走了七個小時之後，才停下來進食。約日落前的一個小時，有人從陡峭的山頂，向我們指出「托魯萬」的位置。我們涉過一條較低的河後，又開始往上爬，不久就遇到部落裡的人。最後，我們穿越一群聚集在外、臉上掛著疑惑表情的部落人，被帶到最大的那間茅屋。幾分鐘後，福爾摩沙中部長久以來令人聞風喪膽的人物，終於出現了。

原來「阿列」染上熱病，而且身體十分虛弱。我先給他一大劑奎寧，稍後再讓他喝一點由「李比各」抽取物（Liebig's Extract）[4]調製的牛肉茶。這些東西我得自己先嚐一下，「阿列」才敢安心服用。當晚沒有其他的事。屋外的景色一點也不吸引人，因爲下雨的緣故，外頭的巨山都被霧氣所遮蓋。約有三十個村民聚在我們見面的屋裡，剛開始他們有點害羞，但在我拿出禮物之後，他們的話就變多了。禮物包括針、木製的梳子、打火石、半碼的紅法藍絨布、一些鈕釦，以及一個老舊的銅鍊，上面掛著幾把鑰匙，鑰匙是爲了引起年輕人的興趣而加上的。我很高興大家都不清楚金和銅的差別，所以他們對銅鍊的興趣，不是因爲市場價値，而是因爲這樣的物品很少見，還可以用來當作裝飾物。「阿敦」把很多他們說的話翻譯成福佬話，其中多少都有提到我。以智力來看，他們好像只是小孩。他們是用手指來算數。舉例來說，當一大群人準備外出打獵或征戰時，就會分成兩群，然後安

註

4. 李比各（Liebig）是德國化學家。

排一隻手的時間（即五天）內碰頭。那天晚上我們一起吃飯時，有些女孩和男孩在演奏一種小型樂器，很像猶太人的豎琴，讓我很感興趣。樂器發出的聲音並不難聽，但不久就變得有些單調。我一得知他們有許多當地的歌謠，馬上要求想要聽幾首，但是他們很害羞，並沒有答應我的要求。我也向他們訴說天父的事蹟，以及祂對罪人的愛，但我擔心這種努力沒有太大的效果。

翌日，當我外出四處探訪時，發現族長的房子上掛了一堆人類的頭骨，幾乎都是劈開的，有些還很新，看起來極爲恐怖。其他的房子也大都是這幅景象。我稍微數一下，一間房子有三十九個，另一間有三十二個，還有一間有二十二個……等等。這些頭骨是蠻族之間的部落鬥爭，以及和西邊居民的多次致命爭鬥的結果。這些未屈服的蠻族，因爲文明的一步步推進而被逼到絕境。他們抵抗所有外族，認爲殺掉留辮子的落單者，是最值得讚許的行爲。不只是漢人，連歸順於中國官員統治的熟番，都是他們獵頭的目標。我們教會一位最活躍、最聰明的成員告訴我，一年之內，埔里社周邊被獵走的人頭，起碼有十到十五個，有些年，獵頭的數目遠超於此。這項墮落的習俗之所以能夠持續下去，其手法及背後的原因，似乎與婆羅洲（Borneo）的情況極爲相似。獵人頭已經與東方部落的信仰和風俗充分融合，以致除了爭吵之外，還必須獵回人頭，才能維持抵抗漢人入侵的傳統立場，表示他們仍有勇氣。人頭也做爲他們歡樂、歡慶和豪飲自製烈酒時的酒壺。

我看完那些令人作嘔的景象後，回到大茅屋，又難過地看到這種可怕的墮落行爲的進一步證據。有許多可疑的工具四處亂放著，還看到一根橫樑上，懸掛著許多濃密的髮辮，這些髮辮來自被謀殺的漢

● 部落中的竹架頭棚【取自《台灣回想》】

人，也就是我剛剛看到的那些齜牙咧嘴的頭顱。我認爲許多霧番是食人的蠻族。可以確定的是，有時候他們會把獵來的人頭拿去煮，弄成像肉凍一樣的一鍋，然後做成小塊的糕狀，他們相信吃了之後，就可以完全展現他們的勝利，對於未來的戰鬥會更加勇往直前。任何人看到這樣的族群，都會感到最深的遺憾。在某些方面，他們是善良的民族，瞭解他們的人會稱讚他們眞誠、忠貞、誠實。他們最常犯的重罪就是謀殺，認爲人命沒有多大的價値，將砍殺敵人（不管是眞的或假的）視爲一大榮耀。男人完全沉迷於追捕、侵襲其他敵對部落，而且更樂於獵取漢人或熟番鄰居的人頭。女人則滿臉刺青，這種刺青讓老婦人的臉看起來相當駭人。女人的工作是在山丘種植小米和番薯，編織各式粗製布，以及家裡各種低下的勞務。

我努力想把某些基本的教義傳達給這些可憐的弟兄，但是成效非常有限。我敢說，主要的原因在於，很難讓那患有鴉片癮的老翻譯者「阿敦」維持注意力。他從「阿列」那邊得來的重賞，讓他能坐擁大量的鴉片煙，所以對他來說，要一直重複那些我要他翻譯的話，實在沒什麼意思。可憐的老異教徒！當我要求他做些事時，他在吞吐之間，馬上變得相當脆弱傷感，講起話來，有如把釘子釘在朽木上那般的無力。至於這些蠻子，他們幾乎無法瞭解我的意思。當我拿出書寫工具，在他們面前做些筆記時，他們變得更加困惑了。他們害怕我將要加害他們，經過一番解釋後，他們看起來還是很害怕，所以我只好把筆記本收了起來。

這些霧番人奉行一種我之前從未聽過的奇怪習俗。當有人去世的時候，他的朋友不會將屍體運到部落外面埋葬。他們會將房子一端總是燒著的火堆清掉，在那邊挖一個很深的洞，然後把屍體弄成坐姿，放到洞裡。死者用過的煙斗、煙草和其他物品，會放在屍體旁邊。之後舉行一些簡單的哀悼儀式，幾個近親把墓穴塡起來，然後一切就恢復正常了。

他們建造房子或茅屋的方式，是挖一個約四英尺深的方形大洞。洞底下用土壓得很堅實，四面用大石頭堆起，牆比地面高出三英尺，屋頂是用竹製支架做成，兩邊的屋簷約有兩英尺寬，然後在屋頂上置放薄石版，整個架構就算是完成了。

我到達的第二天早上，族長和其他的兩、三個人因爲治療見效，因此對我們非常友善。他們的熱病退了，感覺比較神清氣爽。他們提議帶我去看水井，「阿敦」說，這表示他們對我十分信任。他們說其中一口井受到邪靈的影響，已奪走了村裡許多條人命。當地習慣晚上向井裡開槍，認爲長槍的子彈可以趕走邪靈。那口有問題的井，其實是個美麗的噴泉，源源不斷湧出的水源，是我喝過最沁涼、最乾淨的水。我當著他們的面，喝了好幾口水，告訴他們不要怕這口井，可以

● 部落中的建築（左邊為穀倉，右邊為家屋）【取自《台灣懷舊》】

繼續使用井水。只是他們所居住的那種陰森低矮的房子，讓我眞的不知道，有多少人還能夠健壯？

「托魯萬」的景色十分壯麗，使我不禁想到格倫科（Glencoe）[5]，而且規模比格倫科大得多。目光所及，以及向東走一天路程的範圍內，住的都是和「阿列」操相同語言的原住民。往西行的話，地勢比較平坦，住的是說漢語的居民。

以前，對於「托魯萬」周圍數里內的山地居民來說，「阿列」的話就像聖旨一樣，現在也還有十三個部落聽從他的號令。我去了其中七個部落，遇見很多患熱病的病人，就提供他們奎寧，還有些人被矛

註

5. 蘇格蘭有名的峽谷。

刺傷，傷勢嚴重，這我就無藥可施了，只能用溫水和野豆油緩和傷勢。當我四處遊覽時，又遇到了一位族長，他的領土在「托魯萬」南方五哩，掌管三十多個部落。他名叫「阿圍阿丹」（A-ui-a-tan，音譯），在我們的工作有所進展之後，或許還會再聽到他的消息。我送他一些英製的針，讓他非常歡喜，因爲他以前只看過少得可憐的金屬線，那是從漢人貿易商那裡交換來的。

禮拜三大早，我要前往埔里社[6]，有許多鄰村的居民來送別，他們看來很友善。透過「阿敦」的翻譯，「阿列」問我什麼時候會回來，他逼我收下一份小禮，那是他太太準備的當地服飾。這趟旅程不是普通的艱辛，我想我從沒看過那麼大的雨，雷聲隆隆，山裡的風雨咆哮聲很像是末日審判，我的頭痛了起來。我們到牛睏山時已經很晚了，全身濕淋淋，非常狼狽。

對於這趟往埔里社東方所進行的先驅之旅，我現在回顧起來，心中充滿感激。我不是說現在就要把福音傳到霧番人的部落。我們目前實在力有未逮：除了在西部要向龐大的漢人積極傳教外，我們還有廣泛分佈在全島的十三個駐點，其間尚有大量的工作待完成；另外，許多教會的成員、甚至部分的傳道師，還是很無知，僅有少數受過訓練的人，而我是這區唯一的牧師，若在我的家鄉，這種區域範圍應該要有好幾位牧師和許多基督僕人才對。因此，這趟旅程不過是探訪之旅，但還是帶給我們豐富的資訊，使我們能在極度貧乏且不友善的地

註

6. 此段原文說：I started from Po-li-sia early on Wednesday morning.可是參照前後文意，卻又不對頭，後拿之以與《台灣佈教之成功》比對，發覺本書誤植了一個字，它把started for錯打成started from，故據此而改正之。

● 日月潭西南端的珍珠島（現稱拉魯島）【原書附圖】

區，播下善意的種子。

5月16日一清早，我離開了埔里社。由於我所安排的離開路線，是一條罕走的路徑，所以花了一會兒功夫，才找到一群人願意陪我同行。我經常聽說水番和他們的湖，現在似乎正是前去拜訪他們的好機會。因此，我們從埔里社出發，越過南方的山脈後，於當晚到達水番的居住地。我們在此見識到福爾摩沙島上唯一的大湖，著實眼界大開，它就是郇和領事所記載的那個湖。我做爲第一位造訪此湖的歐洲人，對著這片平靜、甜美又孕育生命的水源，心中浮現了一個再適合不過的名字：干治士湖（Candidius，即今日月潭）。干治士這位荷蘭傳教先驅，在17世紀上半葉來到福爾摩沙，他的事蹟值得人們永遠的敬重與懷念。就如同干治士湖的水那般，願他所傳的福音，終將成爲這塊美好土地上的子民的幸福泉源。

水番並不是個大族，在島上其他地方也找不到水番。他們有四個部落，包括水社（Tsui-sia，即今南投縣魚池鄉水社）、「貓蘭」（Wa-lan，音譯，即今南投縣魚池鄉受福）、「北堀」（Pak-khut，音譯，即今南投縣魚池鄉德化社）、頭社（Thau-sia，即今南投縣魚池鄉頭社）。他們花很多時間在捕魚，湖上可以看到他們的獨木舟，是由挖空的樹幹做成的，用葉狀的短槳來推動前進。我和這個特殊的民族相處了一週左右，每晚都試著向聚在巨大營火前的族人講述聖經的故事，在我們簡短禱告時，他們相當安靜。只有幾個人的福佬話程度比較好，能夠聽懂我說的話，因此我們常請求這幾個人來充當翻譯。在我看來，這群人顯得相當懶散。

我待在當地期間，努力想要拜訪另一個原住民部落，那就是住在湖東邊山區的「甘打萬」（Kan-ta-ban，音譯）。我在某一天早上啓程，帶著一位年輕的水番壯漢同行，希望在天黑前，能到達「甘打

● 日月潭邵族的獨木舟與男女服飾【取自《生番行腳》】

萬」最外圍的村莊。但是這個嚮導卻搞錯了方向，因此在缺乏食物和露宿的必要裝備下，我們顯然無法再前進了。我們在一處山丘上準備折返時，眼前卻橫著一處深不見底的峽谷，根本無法跨越，好在恰恰有一棵大樹倒在峽谷上，讓我們得以從樹幹上爬過去。

我在往南的回程路上，造訪了白水溪和番仔田的駐點，於5月17日抵達台灣府。我離開了將近三個月，在這段期間，除了有大量的機會對各色人群講道和談話外，還發送了約兩千本基督教的書籍和小冊子，大部分都是以實際售價賣出的。只要我們有一大群合格的傳道師和教師，我們的工作就會在全島各地建立穩固的根基。我們必須馬上訓練與教會相關的年輕人。在我們的許多駐點教會裡，當地的人們已善盡自己的職責，所以我們也要同樣努力，提供他們充分的機會，使之成為虔誠且有用的基督徒。

6. 1874年，日本帶來的麻煩

Trouble from Japan in 1874

1872年[1] ，有艘船被吹到福爾摩沙南岸，船上的日本人來自宮古群島，遭牡丹社（Baw-tan）的蠻族殘害了。日本向中國政府求償，得到的回覆卻是：福爾摩沙東岸的蠻族不屬於中國管轄。因此這件事就由日本自行處理。大批日本遠征軍在瑯嶠（Long-kiau，即今恆春）登陸，很快地，那裡就變成進一步入侵內陸的作戰指揮中心。當然，這個事件引起北京的不滿，對於日本「以武力入侵友善大國領土」之舉，表達了強烈的抗議。中國宣稱，她的統治遍及全島，只有她才有權處理島上的原住民。但是日本對此幾乎不屑一顧，在南岬附近宣佈實行軍事統治，其地位變得越來越穩固，甚至在蠻族受到嚴厲處罰後，也沒有任何退兵的跡象。

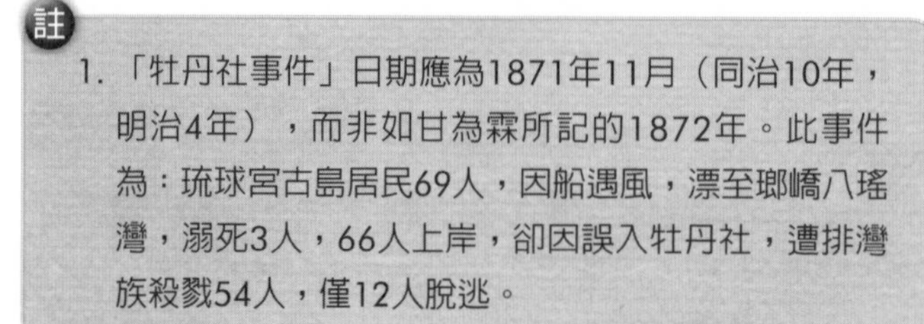

註

1. 「牡丹社事件」日期應為1871年11月（同治10年，明治4年），而非如甘為霖所記的1872年。此事件為：琉球宮古島居民69人，因船遇風，漂至瑯嶠八瑤灣，溺死3人，66人上岸，卻因誤入牡丹社，遭排灣族殺戮54人，僅12人脫逃。

由於外交手段無法解決此事，所以中國人最後只好振作起來，爲最壞的情況做準備。一位名爲沈葆楨（Sim Po-seng）的北京官員，前來接掌福爾摩沙的軍事行動，他的工作受到福州船政局日意格（M. Giquel）的有效協助。很明顯地，他們認爲日本會向北前進，因此沿著西海岸設下大量的泥土堡壘據點，並在從淡水到埤頭的重要防禦中心，增設部隊來保護。他們盡了當時情況所允許的最大努力來保衛台灣府，並在台灣府西北方不遠處，建造一個龐大的堡壘，大批工人努力修護城牆，士兵也四處可見，重重防護的城門幾乎緊閉了一陣子。

當時台灣府只有三個歐洲人，包括英國領事、我的醫療同袍、還有我。在這危急關頭，發生了一件意外插曲，差點引起嚴重的後果。有一天快天黑之際，三位日本軍官帶來了人在瑯嶠的西鄉將軍（General Saigo）的公文，並受命要在這裡等待中國官員的回覆。這三

● 與牡丹社作戰的日本遠征軍【取自《The Island of Formosa: Past and Present》】

位日本軍官在英國領事館外的小屋度過一晚，但在隔天早上，他們被告知不能再待在那裡了，因為日本和中國處於戰爭狀態，而英國和中國的關係卻是友邦。結果，他們被帶到傳教所，在那裡又待了三天。當然，這樣的行為讓台灣府的居民對我們產生惡劣的印象，但好在最後沒有引發什麼麻煩，西鄉將軍之後也熱情地答謝傳教士對其屬下的照顧。

上述的種種事件，無疑對我們志業的進展造成了相當不良的影響。約三個月前，當我從淡水旅行回台灣府時，便深切體認到這點。在那九天的路程上，我不斷聽到人們在談論日本，而且在我們的幾處教會，也發現禮拜天前來聆聽講道的人數大幅成長，因為這些人認為，加入教會或許能讓他們在即將爆發的衝突中得到保護。

在我們尚未注意到這次令人害怕的戰爭之前，嘉義城就已經變得日益重要了。嘉義縣位於福爾摩沙的中西部，比嘉義城設立稍遲，是島上面積最大、人口最密集的縣。當我們要參訪熟番的教會時，都必須經過嘉義地區。雖然傳教的工作已在嘉義地區的平埔番間展開，但我們最熱切的希望，是向此地純漢人居住的社區傳教，並建立固定的傳教點。嘉義城對我們的吸引力，勝過其他的地方，因為它的地理位置居中，居住著數千個從未聽過福音的居民，而且當地還駐有較高階的官員，他們的存在，很有助於我們克服在此地區的其他鄉鎮所遭遇的反對。

的確，往這個方向發展是非常必要的。所以，在日本遠征軍登陸前幾個月，我們就派一位助手前去嘉義，指示他在路邊的旅社住下，看看有沒有機會在當地購買或租賃房舍，以便開展傳教的工作。李豹（Pa）[2] 弟兄熱切地工作著，順利舉辦了露天聚會，也販售了大量福音手冊和傳單。但不久，當地居民受到戰爭謠言的影響，認為教會成員在幫助敵對勢力收集情報，以摧毀島上的中國統治政權，讓福爾摩沙再度落入外國人手中。因此，我們與嘉義城的初次接觸便告失敗了。

● 熱心傳道的李豹
【取自《南部台灣基督長老教會設教七十週年紀念寫真帖》】

我們下一次的嘗試可望更為成功，而且實際上，也比預期的時程來得更早實現。那是戰爭結束的消息傳來的幾週之後，所有人都大大地鬆了一口氣，而且消息也說，北京的英國公使威妥瑪先生（Wade）居功厥偉，成功地調停了這場衝突。我們立即因此事而獲益。位高權重的中國人開始尊敬起我們，人們也開始探究是什麼樣的國家，能讓她的代表具有這麼深遠的影響力。我們的傳道師也變得炙手可熱了，忙到無法回應所有的詢問。由於大家都瞭解當前的局勢，所以，如果威妥瑪公使能夠在此現身的話，一定會受到無數鞭炮的歡迎。

我試圖以比較實際的方法來傳教，因此派出兩位年輕人，看看如果要在嘉義城設據點的話，可以做些什麼。他們離開十天後，所呈上的第一份報告，現在就放在我面前。根據他們的報告，當地居民都很

註

2. 李豹（-1903），台南鹽水港南溪人，清總爺之子。1869年9月5日受洗，17日即受派至木柵傳道。1877年至神學院進修兩個月。曾受派至大社、岩前（亦作「巖前」）、西螺、嘉義、佳苳仔、牛擔灣、楠仔坑、土庫、小琉球等諸教會。1903年逝於鹽埔任所。1904年1月號之《台灣教會公報全覽》有其小傳。此外，《使信月刊》亦有其照片。請參閱：《使信全覽》（台南：台灣教會公報社，複刻本，2006年），Vol. 35, 1896, p. 13。

友善，也提供了各項設施來幫助傳教事業的運作。我安排禮拜二先和他們在南門會面，如果可能的話，我們將在這個充滿異教徒的城市裡建立長期的居所。我們將此舉視爲福爾摩沙傳教工作的重大進展，常常祈禱能夠得到引導，朝著正確的方向前進，也祈禱雙倍的聖靈能降臨駐在當地的傳道師。

7. 嘉義城的種種經歷

Incidents in Ka-gi City

在前一章所講的事情之後幾天，我陪同幾個當地朋友到嘉義，親身體驗了漢人的善變性格。一些重要的團體覺得，爲了報答英國調停中日之間的紛爭，而讓我們英國人在這著名的海島內陸古城設立外國教堂，這個代價實在太高了。

那天我們從南門進城時，天色已黑，幾個調皮的小孩對我們不太客氣，一見到我們就大喊「紅毛番來了」，因此那一區的旅社都不願意讓我們過夜。後來情況也沒有好轉，有一群窮苦兒童跟著我們走到北邊的郊區，沒有旅社願意收留我們。當我們來到最後一家旅社時，我不得不放手一搏了。同樣地，旅社老闆本來要把門關上，可是沒關成，因爲我趕緊伸出枴杖把門卡住。我告訴他，我和他一樣是正派講理的人，像他這種好心人士，是不會讓我們流落街頭的。而且，如果有衙門的人向他問話，我不會讓他爲難，也不會造成他的不便。所以他就讓我們一行人入內，示意我們在後院的地方歇腳。那裡只有一間破爛的房間，位於角落，遠離所有的房客。

第二天早上，我叫兩個同伴去詢問我們的事有沒有希望，但是下午他們回來說，事情一點都不樂觀。因爲許多販賣偶像崇拜用品的店家已經聯合起來，並且僱用公告員在街頭巷尾四處放話，說如果有人膽敢出租或賣土地給「耶穌教會」的人，必將被抓並遭活埋！所以我們認為此時最好不動聲色，用禱告和讀經來度過這段時間。

經由公告員的四處奔走，我們此行的目的已被大肆傳開了。此事的後續發展讓我們瞭解到，要解決在漢人社會中所碰見的問題，貧窮以及亮晶晶的銀兩是多麼有用的工具。第四天晚上，我們很驚訝有個人小心翼翼地過來，說他願意把房子賣給我們，條件是必須一次把錢付清。當時天色已暗，街上似乎沒有人，我就陪同這位仁兄去看看他的房子。他的房子是靠著廟的一面牆蓋出來的單坡簷屋，共有三個房間。房間各寬八英尺、長十二英尺，房子前頭用欄杆圍出一個窄小的空間，可在那兒煮飯、曬衣和乘涼。這眼前的房屋，他開出的價格不到十五英鎊。我給他幾塊錢當作訂金，暫時同意買下這間房子，請他明天早上來找我，簽一份簡單的買賣契約，並收取談好的價錢。之後的交屋過程沒有問題，甚至當我們開始向人們宣講罪，以及如何透過懺悔改過，和相信主耶穌基督而得到救贖時，也沒有遇到麻煩。雖然有時候因陽光直射屋頂瓦片，低矮的天花板傳入陣陣的熱氣，屋內又不通風，讓我們感到暑氣逼人，但在這個簡陋的落腳處，我們還是有過很多使靈命增長的聚會。最後，我們經過數月辛苦的等待，以及徒勞地四處打聽更合適的居所後，沒想到竟在一個意想不到的地方尋著了。

有一天晚上，幾個與那個公告員熟識的人過來找我，說有一間很不錯的大房子，還附有戶外空間，可以讓我們當作教堂之用，價格也合理。於是，我趕緊跟他們去看房子。經過幾個禮拜的延宕，並克服一些初步的困難後，我們終於合法擁有那間房子。但是過了好久，我們才得知，原來那是一間眾所周知的鬼屋，以前住在裡面的人都會發生不幸，因此一家轉手過一家，直到現在空無一人，沒人敢靠近這間房子，旁邊的鄰居還經常在半夜聽到尖叫聲，以及鐵鍊在屋內拖動的聲音。那些無知的居民問到，爲什麼我們的麵包會自動烘焙好了？要將基督教趕出嘉義，還有什麼方法會比讓傳教士和信徒關在鬼屋，任憑妖魔鬼怪來消滅他們更有效？我們無異議地取得了這間房子，而且沒有遭遇到任何可怕的反抗。等著看吧，我們相信當神審判祂的子民時，就會有眞正的公義。

● 舊時的僧侶（右）與道士
【取自《台灣懷舊》】

當我翻閱之後的筆記，看見裡面記載一些關於嘉義居民的迷信行爲。其中的一個例子，是我前去拜訪一個當地的小教區時所看見的。當時該區正遭逢嚴重的傳染病，所有的挽救措施都顯得徒勞無功。因此，居民不得不採取特別的方法了。他們安排一位從中國請來的「仙人」（其實是一名佛教徒），赤腳爬上刀梯，說這樣所積來的功德，就可以拯救當地居民不受病魔折磨。特技表演那天一大早，到處擠滿了各地趕來的人群，我在人群中試圖宣道，但被一群混混的粗魯推擠所打斷。其中一個年輕人很激動，用了一個像是連枷的工具，打到我頭上的遮陽帽，帽子還從鼻樑上滑下來。

過不了多久，有兩個很長的梯子被搬了出來，架在內圈廣場（Inner-ward Square）上。兩個梯子距離約二十英尺，頂端有木板，把兩個梯子用繩子綁起來，梯子的踏板的確是長刀，但很明顯是鈍的刀鋒朝上，角度有點傾斜。穿著華麗袍子的道士走了出來，脫下外衣，小心翼翼地開始爬刀梯。他不時停下來，演出驚險萬分的神情，一看到底下的觀眾準備了鑼鼓爲他加油，他似乎從中獲得不少慰藉。他一爬到頂端，就揮手灑下寫有漢文咒語的紅紙。大家一擁而上，去搶那些符咒，因爲他們認爲把符咒帶在身上，就可以免除心神和身體的痛苦。

他表演完這套粗俗的雜耍後，沒講任何安撫人心的話，就匆匆爬下另個階梯。到了地面，這位道士一副快昏倒的樣子，馬上被人帶開，有個觀眾笑著說，他是去取「復原仙丹」。根據一名詳知內情的朋友的說法，這名「偉大的道士」在出場前，就先在腳底貼上好幾層的紙鈔，而且，一場表演下來，可以淨賺一百五十元。

還有一次，我在嘉義看到一件耳聞已久的事，它說明了在中國這個國度，不只愚昧無知的鄉下人，就連頗有身份地位的讀書人，有時也會採取愚昧和迷信的方法。我指的就是月蝕時，嘉義居民出現的反應。想當然耳，本書的讀者都知道月蝕和日蝕是什麼情況，那只不過是天體運行的正常情形，懂得科學的人都知道，日蝕和月蝕出現的時間還可以算得出來。但漢人可就不是這樣想了，因爲他們不瞭解背後的原因，也不知道什麼時候會發生這種自然現象，所以，他們眞的很害怕日蝕月蝕的出現，以爲那是大難臨頭的預兆。在他們的觀念裡，日蝕月蝕的出現，是因爲有巨龍或天狗要進行大規模的破壞，所以一定要用各種方法把怪物嚇走，這樣太陽或月亮才不會被怪物吞掉。甚至，以前的皇帝還會下令全國的地方官員，要他們在日蝕月蝕出現時，監督某種吵鬧的習俗是否有在確實進行。我在嘉義時，剛好聽到這個現象要出現了，所以有機會親眼目睹當地奇特的儀式。那次是發生在晚上的月蝕，知縣大人和他的屬下來到廣場的看台上，底下都是圍觀的民眾。知縣站在供桌後，點了幾炷香，便開始對月亮進行冗長的行禮祭拜。當月亮開始變暗時，知縣的動作變得激動起來，底下的所有民眾則努力敲鑼打鼓、放鞭炮，每個人好像都發瘋似的，一直在那裡大吼大叫。當然，不會有天狗或巨龍受得了這種叫囂，所以過了不久，嘉義的月亮又露了臉，民眾便很安心地去慶祝了，直到下一次日蝕月蝕再發生。

後來，我有一次來到嘉義，發現當地居民在互丟石頭，這項荒謬的定期活動，可回溯到三十年前。當時，只是南門的男孩對西門的男孩丟擲一些劣質的水果，或其他不會造成傷害的東西。因爲此舉引發了爭執，所以有很多大人前來幫忙，卻是火上加油，大家沒完沒了地爭吵，接著有越來越多的人過來湊熱鬧，甚至加入吵架的行列。於是在先前小孩打鬧的城牆邊，聚集了從南門和西門湧入的數千名居民。有些人是特地過來幫朋友助陣，來到之後，卻發現事情根本沒那麼嚴重，因而不太高興；有些人則摩拳擦掌而來，要找宿敵再戰一回；還有一些人看起來就是想趁火打劫。據我所知，當兩邊的人群開始散去的時候，西門的人因爲好玩，開始向要離開的南門人丟石頭，因此，南門的人就用更猛烈的方式回擊，堅持不讓步，直到天色暗了，城門關閉，他們才不得不離開。

第二天早上，到處可見石頭堆和破瓦堆，大家送出了挑戰書，城外又聚集了一大群人。同一天下午，兩邊又開始互丟石頭，只不過這次更有系統，規模也比前一天更大，城裡很多生意和店鋪因此被迫暫停。衙門當局似乎無法平息這場混亂，於是他們發出警告，若因此受傷，當局不負任何責任。結果一連幾天，上百人隨心所欲地互丟石頭。很多人受了重傷，還有幾個人因此喪命。奇怪的是，這場爭鬥卻始終維持著善意競爭的精神，所以有時候會看到贏的那一邊的人，跑到輸的那一邊幫忙，因此一直分不出個高下。這種歡鬧和興奮的氣息，或許可以解釋為何台灣府的大官在得知此事後，並沒有採取任何對策。

此後，每一年的那一天，都會有上百人加入石頭大戰，很多人還深信，這個習俗可以掃除潛藏在四周的煞氣，正是這些煞氣造成生命財產的損害。在我訪問嘉義期間，某個安靜的安息日，我突然聽到城牆外傳來人群的大聲叫囂，以及衙門官員帶著大批人馬，從兩個城門出來捉拿帶頭者時所引起的騷亂。有個朋友告訴我，牢裡有很多因為丟石頭而暫時被關起來的人，大人以及小伙子都有，但是縣太爺不敢判他們重罪，而那些被關的人，不但不後悔或害怕自己的所作所為，反而認為自己和有抱負的烈士一樣了不起。

眞正發人深省的，不是這些風俗習慣，而是福音已開始照亮這個黑雲密佈的城市。所有來做禮拜的人，的確都摒除了不少過去的迷信，從聆聽基督的教義中，獲得極大的喜悅，並在面對信仰基督所引發的種種困擾時，展現了令人欽佩的寬容與忍耐。我相信，有幾個人眞的受到了基督眞理的影響。

我們對嘉義當地的宣教工作抱著極大的期望。由於我們的教會幾乎都分佈在偏遠地區的原住民小村落，因此當地的官員和民眾便懷疑，我們為何總是穿過人口密集的漢人聚集地，老往偏僻的地方跑。

由此看來，沒有比在嘉義地區建立新的教會更合適的了。從地理位置和居民數來講，嘉義都算得上是福爾摩沙島上重要的縣。我拜訪過很多當地的鄉鎮和村莊，我敢說，我們在那裡會有很好的發展機會。我在那裡四處參訪時，親身見證了德馬太醫師的醫療事工所帶來的巨大效益。好幾次，我碰到有人願意和我交談，都是因爲他們曾受到台灣府醫院良好的醫療照顧之故。最近有一次，我對一大群民眾進行戶外講道時，有一位男子走過來熱情地邀我共餐。一問之下，才知道他以前雙眼全盲，但是在台灣府醫院動了一次簡單的手術之後，已完全能看見。現在，這名男子敢大膽地爲我們作見證，而且他還回去告訴朋友，神在他身上所作的工是多麼的奇妙。

翻閱我最近的筆記，有必要講一下1906年所發生的嘉義大地震，當時的災情相當慘重。地震發生不久，我就到那邊，看到街道上都是傾落的樑柱和破瓦殘礫，還有受苦的災民，感觸很深。光在嘉義和附近的地區，一夕之間就有一千兩百一十六人死亡，至少兩千三百〇六人受到重傷，一萬三千兩百五十九間房屋倒塌。巨大且不可思議的力量，在數處地方，將地表撕裂成既深且裸露的裂痕。很多死裡逃生的災難故事叫人爲之動容，尤其是我們的盲人傳道郭大恩（Toa-un）[1]，他和太太在地震開始的時候跑出門外，但他太太不忍讓兩名幼小無助的孩子留在屋內，就衝進去救他們，沒想到一瞬間，這名可憐的教友

註

1. 郭大恩，盲人傳道，未有就讀神學院的紀錄，1901年派駐樸仔腳教會，後因犯戒規遭解職。亦曾派任新港街與嘉義。1895年3月號的《使信月刊》（*The Messenger*）有郭大恩就學時期之相片。請參閱：《使信全覽》（台南：台灣教會公報社，複刻本，2006年），Vol. 34, 1894-1895, p. 60。

● 1906年嘉義大地震的慘狀與震災紀念碑（右上）【取自《台灣回想》】

就妻兒盡失。台北的總督收到電報，得知災情的嚴重程度後，馬上派遣大批的醫師、護士和救援人手前往嘉義。他們立即在當地架起廣大的醫療帳棚，救援的工作以無我和迅速的精神進行著。這個城市大部分的淒涼外貌已被移除了，未來的改善計畫將帶給嘉義更美的市容。

8. 肇固各地教會

Confirming the Churches

在此我要記錄幾件振奮人心的事，那是我在造訪台灣府以北的地區時所碰見的。那裡的會眾在精神層面上有相當的進展，而在個人方面，經由我和他們反覆地談話，也清楚地看見他們的言行舉止都已經受到「將來世界」的影響。我們經由幾位當地弟兄的陪伴，準備前往番仔田的教會，預計在那裡度過第一個禮拜天。番仔田是個原住民村莊，位於我們的台灣府總部北方十六哩遠，正式的傳教工作在兩年前才開始。番仔田雖然是在人煙稀少的地區，但沿途會經過幾個鄉鎮，因此我們可以在路邊進行傳教。

禮拜六下午，我們抵達番仔田，並在當晚與那裡的弟兄舉行愉快的聚會。隔天，我主導所有的儀式，當地的助手則前往頭社（Thau-sia，即今台南縣大內鄉頭社村），向一小群信徒傳教。頭社離番仔田整整三哩遠，位在往拔馬的方向。目前番仔田固定來聽道者，約有三十人，他們很窮困，似乎也比其他教會的基督徒愚鈍些，並受到鄰近那些狡詐、富裕得多的漢人的鄙視。然而上帝有時會跳過自滿的人，而特別眷顧那些窮人，讓他們的心靈充裕，成為上帝向信仰祂的人所應允的國度的後裔。

禮拜天，我花了很多時間審查六個想要受洗的慕道者。我經過仔細詢問後，認爲有兩個人可以受洗[1]。由於年輕的蔡（Tsai）氏夫婦的家庭關係有些不正常，所以我要求他們這次不要申請報名受洗。要啓齒提出如此的要求，其實是很爲難的，因爲他們看來相當誠懇，願意努力學習，服從指示，而且很快就能唸羅馬拼音的新約聖經。他們在回答我的問題時，犯了好幾個明顯的錯誤，但這是因爲受到當時騷亂的群眾氣氛的影響。我願意相信他們臣服於上帝的恩典，並且深切期望他們在適當的時候，能夠成爲眞理的見證者。

「侯英」（Hau-eng，音譯）是其中一位受洗者，已婚，年紀約三十歲。他精於閱讀，對於維持和增加此地崇拜者人數，有相當大的貢獻。我們的助手爲他謙遜忠誠的心靈，以及表裡一致的人生作證，所以德馬太醫師和我都同意，讓他接受洗禮。

在那個寧靜的安息日下午，「登和」（Teng-ho，音譯）是另一位令我們愉悅的弟兄。大家之前都叫他「惡狗」，這名字正確地反應出他原本的性格。他也不清楚究竟是在哪天，令他的人生出現這種巨變。起初他參加禮拜，只是出於好奇，但是弟兄的盛情款待，還有無私的熱忱，馬上吸引他的注意。這裡的弟兄不因他貧困、罪惡或可悲而迴避他。他從沒接觸過福音，一時也無法瞭解它。他總是感到困惑，而且像其他許多地位較高的弟兄那樣，在離開禱告會後，對於眞理也常常無動於衷。但是他仍堅持下去，認爲至少這裡有人願意幫助

註

1. 凡要受洗成為基督徒者，必須先報名，並接受牧師「口試」（examination），合格後方能受洗。口試內容包括家庭背景、信仰告白與聖經知識等。此處之蔡先生夫婦在「口試」時表現甚佳，然因其家庭關係不正常，故甘為霖勸他們下回再報名，意即此次不予接納。

像他這樣可悲的罪人。甚至，他自己開始偷偷禱告，但這對他造成更大的困難：如果面前沒有具體的偶像來傾聽，要怎麼禱告呢？「登和」認爲，就是當他開始承認自己的罪過，並請求上帝因爲耶穌之故，讓他變成更好、更快樂的人的時候，聖靈就引領他放棄許多不好的舊習，並讓他眞心盼望成爲耶穌基督虔誠的信徒。他說他的心裡還有許多心魔要抵抗，但是他每天都會依靠主，因爲主承諾會盡力救贖他。

當然，這一切都是上帝所做的，並帶給我們感恩和神聖的喜悅。噢！但願上帝能將聖靈大量加諸於微弱的傳教媒介，以此來完成祂的工作。當我在這些窮人之間宣教時，我越來越體會到，過著聖潔、睿智與充滿愛的生活的重要性。我們說的很多話，經常無法引起他們的興趣或反應，但我們這種基督般的生涯，肯定可以讓他們瞭解、歡迎。

● 南台灣的傳教士（前排右四為甘牧師）【原書附圖】

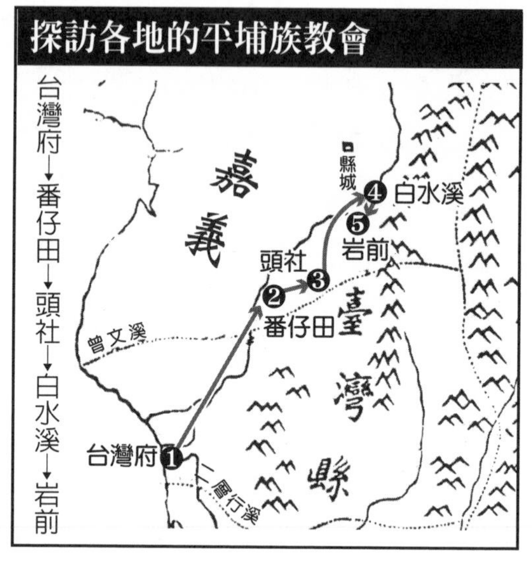

我們從番仔田來到頭社時，很驚喜地得知，這裡有不下十個家庭定期聚會向耶穌禱告。從我們在拔馬的教會，很容易就可以到達頭社。這裡四周圍繞有高聳的樹木，而在福爾摩沙，能有樹蔭罩頂是件很幸福的事。我們從一個小山丘頂走來，北邊和西邊的視線都被擋住了，第一眼看見頭社，就讓我想起了埔里社上安靜恬適的小村落。這裡遠離外界的嘈雜忙碌，正是用來訓練人們對神的敬畏和服事的好地方。此地的基督教事業是由「永順」（Eng-sun，音譯）發起的，他是個農夫，相當富有，自從我們在番仔田設立駐點後，只要有禮拜，他幾乎都會出席。就是透過他的影響，才有了現在的活動。他的房子位於村子一哩外，他承諾日後弟兄要建造教堂時，他在那邊的一小塊美好的土地將捐出，做爲基地之用。我們造訪的那個晚上，約有五十個人前來聆聽一場爲時很久、內容樸實的講道，那是有關浪子的寓言故事[2]。我也安排本地的傳道師留下來，和他們待在一塊。這些人或許會繼續前往番仔田參加禮拜，但是他們那些不友善的鄰居，在他們外出時，常常會進來偷竊。對我們來說，定期在頭社做宣教工作並不需

註

2. 請參閱〈路加福音〉十五章11-32節。

要多走什麼路。而且，頭社也可充當往來拔馬和白水溪之間的絕佳休息處，從頭社這地方至台灣府，番仔田也是個方便的中途站。

我們一行人在禮拜二早上從頭社出發，當天晚上抵達白水溪。我們在途中所經過的四個市鎮，都舉辦了很好的露天集會。我們在店仔口停留了最久，在那裡，見到了吳志高（Gaw-chi-ko）[3]的住宅。吳志高非常富裕，是個半官半盜的地方領袖，他憑靠著個人強勢的性格，以及部下對鄰近村落和農家的不斷掠奪，才獲得現在的權勢。據說他有兩百個持有武器的部下隨時待命。統治當局對他的所作所爲，似乎也是睜一隻眼閉一隻眼，因爲他常常會對台灣府呈上厚禮，而且，面對如此強勢的逆賊，當局的力量也相形見絀。

我在白水溪待了四天，很高興得知會眾人數有所增加的報告。六個月前，我們很難聚集三十個人，但現在固定的禮拜集會，出席人數約在八十到一百多人之間。當時，通事（即平埔番的官員）和他的手下想盡辦法要騷擾、壓迫我們可憐的弟兄，但是現在他們已變得相當友善，並摧毀了他們的偶像，準時出席禮拜，相當誠懇地顯現悔過之意。

最近加入教會行列的人，大部分是來自岩前（Giam-cheng，位於今台南縣白河鎮），這個美麗的村落位於枕頭山附近的低矮山丘間。那裡約住了二十戶人家，亦都同行來此，其中有一對父子，從我們第一次造訪白水溪起，就開始前來參加禮拜。但兩年來，都沒有其他人敢

註

3. 吳志高（1826-1880），字玉屏，乳名墻，清道光六年生於糞箕湖之潭底。家境富有，曾自誇道：自白河行至海邊，不用經他人之地。屢試不第，後官拜武義都尉，任斗六都司。

來參加禮拜，因爲他們害怕通事的威脅甚於一切。當時對於李（Li）弟兄和他的兒子來說，是極爲嚴厲的考驗期。但現在他們已不用輪流孤單地前來禮拜，也不用擔心回去後會有什麼新麻煩在等著他們。光是岩前附近的地區，就有將近四、五十人前來參加集會。除了埔里社之外，這裡可能是最適合從事年輕人的希望工程的地方了。一所運作良好的學校，就能夠拯救教會附近數十個孩童。這件事務必要放在心上，雖然如此一來，就需要多一位額外的本地助手來協助相關事宜。

我們的整體事工中有個最大的問題，那就是缺乏教堂和教室，以及讓那些負責的年輕人能夠留宿的住宅。但事情很快就有了改善。傳教團在村內找到一個很適當的地點，我確信弟兄們將會完成他們的任務。雖然他們當中有許多人對於眞理所知無多，還有一些人懷著不當的動機來與我們同行，但扣除這些因素之後，我相信我們仍擁有一群中堅份子，能夠成爲一座大而繁盛的教會的核心。

我在造訪當地居民期間，也去拜訪了通事住所。通事很熱情地款待我。我一進門，馬上被一大張寫著漢字十誡的紙張所吸引。張貼這張紙的地方，通常是用來張貼偶像的圖畫，據此，可立即看出這人的外在行爲已經產生改變。我們相談甚歡，長談中，可以看到他在靈性上的確受到啓發。我很高興在這裡遇到一位可憐並犯有過錯的弟兄，他來自拔馬，因爲很久沒有參加禮拜，又涉入了不堪的罪行，所以我們不得不悲傷地暫停他的教會權利[4]。我之前並不知道「林春」

註

4. 一般而言，凡犯「十誡」的會友，會遭受「戒規」的處分，通稱「禁晚餐」，即禁止領受聖餐之意，同時亦暫停其選舉等權。日後若依然故我，則開除教會籍。

（Lim-chun，音譯）是白水溪通事的女婿，他在受洗之後受到通事岳父的不良影響，導致他拋棄了拔馬那些與上帝同行的朋友。由於現在他的岳父對於白水溪的弟兄展現寬恕的精神，所以「林春」也開始固定上教堂，並經常向傳道師自白說，每當他無法控制慾望時，就會感到極度憂愁。我見到他的那天，他表現出悔過之意，而當他得知可能再度成爲領聖餐禮拜的一員時，更展現了無法言喻的喜悅。

另一件和岩前之旅有關的事，也很値得注意。那就是一些下定決心要成爲耶穌門徒的人，決定公開摧毀他們的偶像、祖先牌位和偶像圖片。其中有些祖先牌位已保存百年以上，上面寫有歷代先人的名字，這些牌位就是用來象徵歷代先人一直與他們同在。他們事先已將牌位上的祖先名字和生卒日期記錄下來，因爲這些資料或許將來還用得上，例如在地產所有權有所糾紛時。至於那些木製的神像——有些已年代久遠，面貌嚴重毀損——則放在屋前空曠的地方，堆放在其他物品旁邊。約有三十位弟兄聚集在此，一同唱著耳熟能詳的聖歌。禱告之後，一把火放在眼前這堆東西上，很快就一切化作灰燼了。之後我對那些天性純良的人們說，要得救，唯一的方法就是透過基督的鮮血。我勸告這群放棄崇拜偶像的人，對上帝要產生活生生的信仰，並告誡他們，如果沒有神的恩典，就永遠無法進入神的國度。

我回教堂後，和一位本地傳道一同口試欲受洗的慕道者。之前這個駐點只有一個人通過審查，而這個人的兄弟，正是這次率先前來參加資格審查的人。就我對他的一切瞭解，都相當有利於他的受洗，加上他又識字，我問的每一個問題，他的答案幾乎都令人滿意。我覺得沒有拒絕他的理由，應該要歡迎他成爲教會的一員。

「鍾瑞」（Cheng-sui，音譯）是另一位通過受洗的人，他的閱讀能力也很好。因爲羅馬拼音很容易就能上手，所以對那些有機會學習羅馬拼音的年輕人來說，我們應該將「能夠閱讀」這個成就，視爲進入教會的一項重要審查標準。既然新約已爲了他們，特別用羅馬拼音的形式呈現出來，那麼我們就有必要主張：「自行查閱聖經」一事，既是他們應盡的義務，也是他們應得的光榮。「鍾瑞」只有十八歲，和寡母相依爲命，大家對他坦率、親切的性格，都讚譽有加。據說他從小就表現良好，一點都不自私，並且盡力討母親歡心。他對經文的瞭解也算差強人意，我相信至少在一定程度上，聖靈已將基督的事蹟顯示給他。

岩前來的李（Li）弟兄和他的兒子「佛仔」（Hut-a，音譯），連同一位名叫「主旺」（Tsu-ong，音譯）的男人，在這次都通過了審查。這五位慕道者都是從我們在白水溪開始舉行禮拜起，就成爲聽道者。在最近白水溪的迫害期間，他們也展現了相當可佩的精神，因此適時地鼓舞、安慰了其他弟兄。「佛仔」這位年輕人很有前途，他的閱讀能力很強，天資聰穎，而且爲人謙遜，大概在一、兩年之內就可以當老師了。另外兩個人雖不識字，但是有理由相信，他們已感受到身爲罪人，站在上帝面前的那種無助感，也相信唯有耶穌能帶來救贖。

以上提到的弟兄，都在番仔田受洗，很多來自頭社和白水溪的朋友也參加了禮拜。對番仔田的弟兄來說，這是個既忙碌又愉快的一天，看到他們張開雙手，熱烈款待其他信教者，讓我感到十分高興。值得注意的是，基督教明顯改善了當地人的舉止、社會習俗，甚至是外在的儀表。那些粗魯的習慣、下流的語言、猥褻的行爲、或是破爛的衣衫，都被溫文、禮節、整潔、安適所取代。基督眞是偉大的改革者！

禮拜一早上，我啓程前往台灣府。這趟旅程相當輕鬆愉快。儘管我們本身有許多的問題，但我們仍能透過一些事件，親身體驗到主的恩典。我感到信心堅定，精神振奮，而且比以往更加確信，耶穌之名將在福爾摩沙的山區居民間獲得榮耀。

9. 白水溪的驚險脫逃

Narrow Escape at Peh-tsui-khe

我們的傳教事業最近在白水溪遇到了阻礙。為了要完整說明這起事件，我必須從頭說起，先談談店仔口這個市鎮。店仔口位於我們教會西方五哩遠，其中大部分人都屬於吳氏宗族，他們的領袖叫做吳志高。吳志高是個惡名昭彰的人物，行為猖狂，無法無天，在過去幾年帶給當地官府極大的困擾和焦慮。他透過各式的迫害、詐欺手段，據說現在已累積了豐厚的財產。他廣大的居所位於店仔口外圍，許多房子相連建在他的住所旁邊，所有這些房子全被堅固的竹柵欄圍繞起來，竹柵欄四周則佈有大量武裝的隨從，隨時處在防備官兵或民眾攻擊的狀態。

當我們開始在白水溪的平埔番間進行傳教工作時，吳志高聽說了我們的事蹟，剛開始他並沒有什麼反應。但之後他瞭解到，我們的工作將會妨礙到他那既自私又殘忍的計謀。一個理由是，他相當反對台灣府那些有影響力的外國傳教士，到店仔口東邊的村落做定期的宣教。因為他擔心，中國政府有一天可能會對他採取強烈的措施，屆時他唯有撤退到東邊偏遠山區一途，因此，對於任何會阻礙他撤退的事物，他都抱持強烈的反對態度。至於在那個撤退方向上所新建的外國教會，它對當地居民所產生的良好影響，對他來說已是忍無可忍了，更何況他還無法加以掌控。

在我們來到白水溪傳教之前，吳志高經常命令二、三十個平埔番替他工作，只給予他們極少量的米做爲報酬，他們如果不從，就會遭到惡言相向和鞭打的下場。他現在的做法是，把工作量加重十倍，或是盡一切努力來維持「現狀」。然而，現在這些原住民在受到教育和基督教的影響下，我相信已找不出比他們更安靜、更溫和、更守法的居民了。偷竊行爲對他們來說，有如過眼雲煙。現在他們已不賭博，從他們的口中也絕對聽不到粗言惡語。甚至連他們的異教徒鄰居都認爲，不論是個性或處境，這些基督徒都經歷了極佳的轉變。我們也把白水溪視爲十四個教會裡，最繁盛、最有希望的一站。在過去兩個月間，我們的弟兄忙著建造新的教堂。當我們爲此協力工作的同時，長期困擾的小迫害終於結束了，但緊接而來的，卻是現在我要說的更嚴重的麻煩。

1月15日，我離開台灣府，該週剩下的時間都停留在白水溪。當時一切都很平靜，但有傳言說，店仔口的那夥人要來攻擊，吳志高也告訴我們幾個弟兄，不准新建教堂。他說這會影響到他預留給自己做墓的那塊地的風水（所謂的風水，就是想像的精神影響），希望大家不要在這個地方建教堂。但他這番新的反對說詞，聽來非常不合理，因爲：（一）我們已反覆告知吳志高的手下，這座新建的教堂只會比舊教堂大一點點，而且是建造在原來的舊址上；（二）舊教堂離他姨太太的墳墓有四百多步遠，而且過去十二個月都用來做爲禱告的場所，卻從未聽說過類似的抱怨。總而言之，即使是鄰近的異教徒，也認爲風水之說只是毫無根據的藉口。

因此，我指引弟兄們繼續建造的工作，同時，我也前往嘉義城，以取得我們購買的傳教用地的所有權。我在22日回到了白水溪。我外出的時候，有幾個來自店仔口的閒人造訪我們。在接下來的那個禮拜一，店仔口有兩個人帶來口信，說吳志高想要見我，談談風水的事。由於我剛好很忙碌，也沒有興致只爲了一個作風高傲又強制的傢伙的口頭邀請，就走五哩路遠去赴約。因此，我稍做一些友善的解釋後，告訴那兩位差使，在台灣府隨時可以找到德馬太醫師或我本人，所以吳志高可以親自造訪台灣府，或者寫信也可以，屆時我們會非常樂意考慮他的意見。

27日，我離開白水溪，隔天抵達我們在頭社的教堂。約一個小時後，有兩個白水溪的弟兄突然闖入，說前晚好幾個弟兄的家裡遭到一群武裝份子的攻擊。有個女人受到嚴重的刺傷，情況危急；有六頭牛被偷了，廂房被燒毀，許多人家的錢財、衣物、廚具，都被搶奪一空。雖然搶匪的臉遮起來，但是所有被攻擊的人都一口咬定，搶匪來自店仔口。那位身受重傷的女士，也清楚地認出其中一位襲擊者，正是吳志高手下的亡命之徒。

隔天早上，我馬上動身前往白水溪，在日落時抵達。我並沒有遇見已往店仔口撤退的吳志高黨羽。我發現那兩位弟兄所告知的訊息相當確實，那位可憐的女士命在旦夕，當時她爲了逃脫，爬到屋後約六英尺高的小樹上，在樹上被刺了幾處嚴重的傷口，我看到那棵樹的側面和底下的土地還沾有血跡。一位男性的腳踝被刺傷，另一個人的手臂上則有極深的傷口。當晚我所探視的兩個家庭，幾乎所有的床和衣物都被搬得精光。由於當時很晚了，我便先試著安撫他們，告訴他們明天我會造訪各個家庭，瞭解詳細的狀況，並希望能對他們有所幫助。當天晚上的禱告會上，有好幾顆憂愁焦慮的心。

因爲我當天有些疲倦，所以不像平常那麼晚睡。我住的房間，是三間連在一起的其中一間。這三間房間有共同的屋頂，整體的架構是由竹子做成，上有茅草覆蓋，還有薄薄的泥牆。當地的傳道師和他的太太住在最旁邊的一間，我住在另一旁那間，中間那間則是用來當作餐廳和客房。這棟建築其實只是破爛的茅屋，距離臨時教堂約二十英尺遠，而那座臨時教堂的建材和形式，也跟它相差無幾。在這個靜謐的山區，居民住得相當分散，我們鄰近只有幾間房子而已。午夜之後，我聽到有人跨越教堂四周的籬笆，閃爍的火影包圍了房子。我嚇了一大跳，馬上跳下床，發現屋子已經著火了，我透過竹窗向外看去，發現一群凶猛的暴徒正在放火燒教堂，還燒了我們房子的屋頂。光看那一眼，我就知道是怎麼一回事了。吳志高的手下出來進行可怕的掠奪了！他們看起來就像惡魔一樣，臉塗黑，手上拿著長刀，在燃燒的教堂火焰的映照下，四處狂奔。我向外大聲求援，渾然不知那位傳道師和住在其他屋子的弟兄，在聽到遠處狗吠聲時，早就逃跑無蹤了。

我猜想他們大概不敢攻擊外國人，所以想從中間房間的門逃出去，但立即被一支瞄準我的長矛驅回，我只好拿中國毛毯包住手來抵抗。我大叫說，如果他們不停手，英國領事館就會對他們施以嚴厲的處罰，但我得到的回應，卻是刀和長矛的再一次揮舞，並不斷地刺進我的毛毯。我只好撤退到傳道師的房間了。有十幾個膽小的懦夫硬是追著我，他們顯然不敢單獨進到狹小的房間來追我，只是不斷地用長矛刺門，並開始破壞我右手邊的木板牆。當時我站在床邊，一根長矛突然刺擊過來，離我心臟不到一吋的距離，另一支長矛則狠狠地刺傷我的腿。

房內充滿煙霧，乾草屋頂燃燒起來，教堂也被火焰吞噬了。我的小房間被燒成灰燼，竹管內的熱氣被燻得不斷膨脹，最後發出像子彈般的爆炸聲。那些在中間房間的人開始往外撤，我試圖跟著他們逃出去，屋裡的煙霧和熱度快使我無法忍受了。我瞥見的門外景象非常嚇人，目光所及，只看到火苗和煙硝包圍了教堂。這群邪惡的人下定決心要除掉我，他們站在外面，手持尖刀和長矛在等待著。我只好再次衝進屋裡，並試圖從後面開出一條生路，雙手和赤腳因此受了重傷。此際，卻有人搗毀窗戶的木條，丟入了一把火炬，乾草床鋪頓時成爲一片火海。

事已至此，我全然放棄了，便向上帝禱告，知道祂就在我身邊。我使出最後的力氣，向外衝去，心想必死無疑。但出乎意料，他們那些人都往右移動了，原來風已逐漸吹起，他們受不了從後面飄來的教堂濃煙，以及前面房屋所燃起的陣陣火舌。我身上只穿了睡衣，跳出門外，爬過左邊的築堤，在穿越尖銳的籬笆時，遍身被嚴重地刺傷。最後，我從陡峭的河岸跌落水裡，有一、兩分鐘的時間，我陷入了半昏迷狀態，又因爲夜晚的寒氣而顫抖不已。

當我將頭抬到長草之上時，看到遠處散佈著許多火把，彷彿是在搜尋漏網之魚。我彎著腰，躡手躡腳地前進。我爬上附近的山丘，躺在那邊藏匿，直到聽到撤退聲，看著那群搶匪往店仔口跑去。在離天亮還有幾小時之際，傳道師發現了我，並給我一條舊的中式褲子穿。不久，我們開始翻山越嶺，往北朝嘉義城前進。我們通過南門的時候，當地人看到竟然有外國人旅行沒帶遮陽帽，而且一雙赤腳還汩汩流著血，因而引起了一陣大騷動。當中，有些路人還認出，我就是之前曾來過這裡，試圖保護教堂用途之房產的那個人。

我們立即前往當地的衙門。此時，不只縣衙前面的大廣場，就連鄰近房子的牆上和屋頂上，都擠滿了好奇、興奮的人群。官府的手下不斷討論引起爭端的原因，縣令大人則認定這一切都要歸咎於基督徒。最後我被惹毛了，告訴他現在不是探究這個案子的時刻，並要他看看我現在的狀況，衣不蔽體，又沒有東西可吃。我還進一步告訴他，根據條約，我有權利要求他保護我，而且現在我要離開此地，到南部將這一事件完整地呈報給他的長官。這個動作果然見效，不久之後，我被帶進一間廂房，面前有一小桶煮好的米飯，和十四個水煮蛋。我還得到了一條新毯子，並在六位武裝隨從的陪同下，走了兩天回到台灣府。

● 甘牧師白水溪受難碑【取自《南部台灣基督長老教會設教七十週年紀念寫真帖》】

有三位白水溪的弟兄先行抵達了台灣府，他們散佈消息，說他們從遠處看到我裹在毛毯裡，已經被刺死了，其實那條毛毯是我在逃命途中丟掉的。我抵達台灣府時，我唯一的同事德馬太醫師和他的太太剛好不在，於是我便繼續趕往打狗，和李庥牧師商議該如何應付這樣的局勢。領事已經請求較高階的官員留意此事，我們期待不久會有一番作為，盡快恢復當前混亂的秩序。

一位剛從白水溪來的信差告訴我們，嘉義縣令帶領了約兩百位士兵前去查看案發地點，但之後並沒有往店仔口方向走去。他還說，吳志高派人敲鑼打鼓，四處召集部下，現在已聚集成強大的勢力。同時，我一想到那些毫無防衛能力的可憐弟兄，便忍不住心痛。他們現在不敢回村莊，只能躲在山區過日子。至於我自己，則深受遍體鱗傷和徹夜寒凍之苦。我的手錶、衣物和當時身上的一切東西，全都被摧毀了，明顯地，那些行兇者的目的不是搶劫，而是謀殺。的確，聲名狼籍的首領「突仔」（Thuh-a，音譯），後來悔過向善時就曾對我說過，吳志高答應他們，如果能夠帶回我的人頭，就給他們每人一元做為獎賞。

10. 另一趟往北的旅程

Another Journey to the North

我最近一次前往北方教會的旅程，有駐廈門的美國領事韓德生先生（Henderson）相陪，我們於上個月10日從台灣府出發。第一個晚上，我們在番仔田過夜，晚餐之後，與當地的弟兄進行一場振奮人心的小型禱告會。我很高興地看到，我的同伴對當地弟兄顯露出仁慈的舉止。在中國的外國人並不知道，他們能協助我們的傳教事業到達怎樣的程度，其實，只要有歐洲商人或領事願意長途跋涉，並提供我們協助，那將會是非常值得紀念的日子。感謝上帝，讓我們終於遇到既有能力又願意給予協助的人；還要再感謝上帝，讓一些高貴的基督教官員，有時願意花一、兩個月的時間，與我們生死與共地同行。像「侏儒號」的巴克船長和徐兒上尉（Lieutenant Shore）這類的人，都將留名於福爾摩沙教會的聖徒錄。

潘候希（Hau-hi）[1] 弟兄現在是駐在番仔田的傳道師。他原先是中國人的小孩，但在太平天國之亂的某次襲擊混亂中，被父母遺棄了。在這段戰亂時期，有一群福爾摩沙的熟番勇士被征召到中國平亂。當

註

1. 潘候希，又名孝希，大社開山武干之子，傳道師。1877年首派至嘉義教會，再至大社、東部、阿里港、岩前、牛睏山等地，最後駐所為台南府城教會。

● 岩前教會前景【取自《南部台灣基督長老教會設教七十週年紀念寫真帖》】

這些熟番勇士經過某個荒涼城市的街上時，聽到了孩子的哭聲，因此其中的一位大社村民救了他，並將他收爲養子。候希現在已精通熟番話，這種話在某些野蠻部落中很管用。同時，對於番仔田的工作狀況，他向我提出一份進展順利的報告。

隔天晚上我們在岩前過夜，這個小村莊離白水溪教堂所在地，約有二十分鐘的路程。當路經店仔口時，我的出現引起了不小的騷動。他們可能猜想，我們的造訪多少和最近的暴行有關，而當地的幾個壞蛋可能即將受到審判。岩前此後將是我們在此一地區傳教工作的中心，這裡有爲數最多的信眾，而且當中的教堂，就某些方面來說，也比白水溪的教堂來得便利。可憐的人啊！他們現在正遭遇眾多的考驗，對於他們所展現的耐心和寬恕的精神，我們只有無限的感激。我們的傳道師還沒回到駐點，自從教堂被燒掉後，也沒有場所可以做禮拜了。的確，自從第二次襲擊後，充滿敵意的謠言滿天飛，讓許多信教者不得不離家，好幾個禮拜都躲在更東邊的森林和峽谷裡。我們離開岩前的那個早上，有另一場愉快的聚會，地點是在白水溪教堂的灰燼之上。就像古代的伯特利（Bethel）[2] 一樣，此地對我們而言，已變得神聖莊嚴。

我們在13日抵達嘉義，幾個小時後，我收到縣令大人的公文，是有關白水溪事件的。公文上說，吳志高的四個手下現在正在牢中，當地的信徒已獲得一百元的賠償金，官府也發出兩份公告，上面的內容有利於基督教，同時也告誡所有人均不得騷擾基督教的信徒。但我們無法苟同這份公文。吳志高那四個手下，只不過是被雇用的可憐人，那時正在衙門的一個小廂房中享樂呢！而且，當地信徒遭到掠奪的財產，總值超過了三百元。此外，那兩份公告也對這起案件的簡單事實，做了種種明顯的扭曲。所有證據皆清楚顯示，吳志高本人才是眞正的行凶者，所以我們必須斷然抗議那份公告，它竟宣稱那個惡名昭彰又違逆法律的店仔口領袖，已將襲擊我們的罪犯逮捕到案，並將繼續致力於維護和平！官員清楚誰應該爲這起白水溪事件，以及之前大量的搶劫和壓迫行爲負責。要不是兩個月前清朝皇帝撒手西歸，讓局面陷入一片混亂的話，我很確定官員一定會利用此次機會，來一舉掃蕩這個地區。畢竟逮捕吳志高及其堅固的黨羽勢力，得具備強大的武裝部隊才行。人們普遍相信最近的一則傳言：吳志高害怕被捲入攻擊英國人的事件，所以付出高價來賄賂官府，希望能儘早讓事情平靜落幕。

註

2. 伯特利位於以色列耶路撒冷之北十六公里處，原名路斯，因雅各在此夢見天梯，故起名叫伯特利，意即「神的殿」。

同時，我很高興地發現，這一切事件都有助於福音的進展，對於嘉義的傳教工作尤其顯著。現在，官府非常樂意做任何事來安撫我們。掌管所有當地事務的官員，在最近發佈了一份公告，其內容別具意義：「本縣令命令並期待一切地方的民眾，要瞭解英國傳教士的教誨，無異於勸人向善，也要瞭解傳道士租賃土地、建造教堂的權利，符合條約的規定，因此他們可以自由從事這方面的行動。」當然，對於這類仔細擬定、廣為流傳的公告，我們不該有太多不當的期待。中國官員是非常狡猾的一類人，他們會對傳教士抱持著敵對態度，並沒什麼好驚訝的。重點是，我們此刻似乎處於偉大事工的開端。我是多麼希望能夠擁有翅膀，或是能有分身，同時出現在不同的地方。主啊！請幫助我們！幫助我們有憐憫心，眞心愛這些人，他們的確有許多可愛之處。讓我們不要從一開始就犯錯。請賜予我們足夠的恩典，快速帶領嘉義各處千千萬萬的人，進入福音的光明與自由。

我們在嘉義待了一晚，隔天繼續旅程。我們約走了五十華里的路，快天黑時 到達一個名叫九芎林（Kiu-kong-na，即今雲林縣林內鄉）的村莊。由於沒有人願意收留我們，我們只好在村莊外的一間破廟過夜。我們在廟裡神像的俯視下，感覺天主就在身邊，也感受到上帝一路引領我們的良意。

隔天就是禮拜日，但我們認為不妨做個短暫的旅程，從林杞埔（Lim-ki-po，即今竹山）前往聚集（Tsu-chip，即今南投集集）這個大市鎮。我原以為在聚集有機會進行露天的講道，但期望落空了，因為那裡充斥著來自廣東的粗魯軍人，他們正在等待其他人馬前來，準備修築跨越山區的道路。我們聽不懂他們的方言，他們的行為也相當粗野，所以我們只好待在室內。林杞埔和聚集住有來自泉州的漢人居民，這兩地的人民對我們都很友善，也專心聆聽我們講道。林杞埔距離嘉義城只有一天的路程，從林杞埔再往北一天的路程，我們就可到達水番的領域，那裡距離埔里社只剩十哩。

15日，我們到達干治士湖，在附近停留了兩天。我利用這次機會，乘坐一隻當地的獨木舟，仔細地繞湖一周，我想要確定水源出口，以更瞭解西邊的水流系統。我們沿途碰見許多美不勝收的靜謐角落和區域。每當我們的獨木舟飛快划過，受到驚嚇的野鳥不時發出劃破寂靜的啼叫聲之際，真叫人忍不住向上仰望，望向遠方，直抵那偉大的造物主。很遺憾，這次的傳教機會比先前任何場合更少，這一大群人似乎是無可救藥的醉鬼。也許不到百年，水番將只剩名字供人憑

● 日月潭水社的邵族【取自《生番行腳》】

弔了。水番的男人正快速地被懶惰和酗酒所毀滅，而鄰近的漢人則不斷買走他們美麗的女兒。影響我們傳教最直接的障礙，就是語言不通，雖然有些人聽得懂一點福佬話，但是大部分的人全都聽不懂。據說族長「白塔部」(Pai-ta-buk，音譯)已經超過九十高齡了，他是個老酒鬼，但是仍然很活躍，對族人還有相當大的影響力。我忍不住要向全能的主禱告，希望祂不只是在這群愚昧的人們之間，也要在西邊的漢人，甚至是東邊未經造訪的野蠻人部落之間，開闢一條收穫之路。

17日下午，我們進入埔里社後，立即前往烏牛欄，當地的弟兄很高興見到我們，並提供熱情的款待。我們很高興得知，在我長久不在的期間，這三小群會眾彼此和平相處，並朝著正確的方向穩定邁進。在此，很遺憾要和我的同伴分開了，他因爲職責所在，必須馬上動身到北邊的港口淡水，渡海前往廈門。很多弟兄護送他通過蠻族居住的地區，花了兩天的時間才抵達彰化。他很開心見到北方教會的情況，我很確定，當他聽到傳教的工作越來越蓬勃，從一村傳到另一村，直到整個埔里社的居民，甚至能夠普及全島時，一定會相當欣慰。我唯一的遺憾是，他無法留到禮拜日，參加我們在烏牛欄舉辦的大型聯合禮拜。

我安排在大湳舉行聖餐禮拜的儀式，因此接下來的兩天，這三個教堂都相當忙碌。令人滿意的是，沒有紀律方面的問題需要處理。五十位慕道者經過仔細口試後，結果有五男五女通過。下午的會眾約有六百人，有些人來自遙遠的村落，大家都顯得興趣濃厚，令人相當喜悅。

目前我們在埔里社有相當好的機會。我們的傳教工作近來令埔里社大受矚目，所以，如果此刻湧入大量的中國士兵和移民，我也不會

● 大湳教會全景【取自《南部台灣基督長老教會設教七十週年紀念寫真帖》】

感到意外。當前正是我們盡一切努力來增強和擴展的時候。我很滿意三間教堂都即將完工，它們都是用土磚建成，屋頂用瓦片覆蓋，而不是一般的茅草而已，而且還建有頂樓或閣樓，供我們傳教士住宿。大湳的教堂，樓上的迴廊是個休息的好地方，既寬敞又乾淨，環繞在教堂的三面，中間部分則是開口，整個內部與外觀看起來，跟一些蘇格蘭的鄉村小教堂很相似。這間教堂若是在台灣府或嘉義，不花個千元是無法建成的，但是埔里社的建材和人工卻便宜許多。這座教堂是此區首次使用到英國款項的建築。對弟兄們來說，建造這座教堂是非常浩大的工程，所以我向他們承諾，要由宣教會捐出五十元來蓋屋頂。我們的弟兄對於遵循基督教儀式的重視，值得大大地加以讚許。他們的行爲範例，對其他教會具有很大的鼓舞作用。有位還沒有受洗的信徒，一次就捐了二十元給大湳的教堂。

在我來訪的第二個禮拜三，我們舉辦了埔里社有史以來最有趣的一次教會兒童聚會。從三個教會來了約一百四十個兒童，此時聚集在大湳的教堂，那裡提供了充足的點心，我也向他們講述英國主日學校的情況。當地的傳道師潘明和（Beng-ho）[3]會說熟番話，因此讓我們熱切地期盼，上帝正爲我們開出一條路，能對數千名不懂或略懂福佬話的人傳遞福音。這類埔里社兒童的聚會場合，唱歌的部分總是最具吸引力。他們用心吟唱的熱切之情，最爲激勵人心。熟番輕易地把幾首原有的曲調改成聖歌，其中

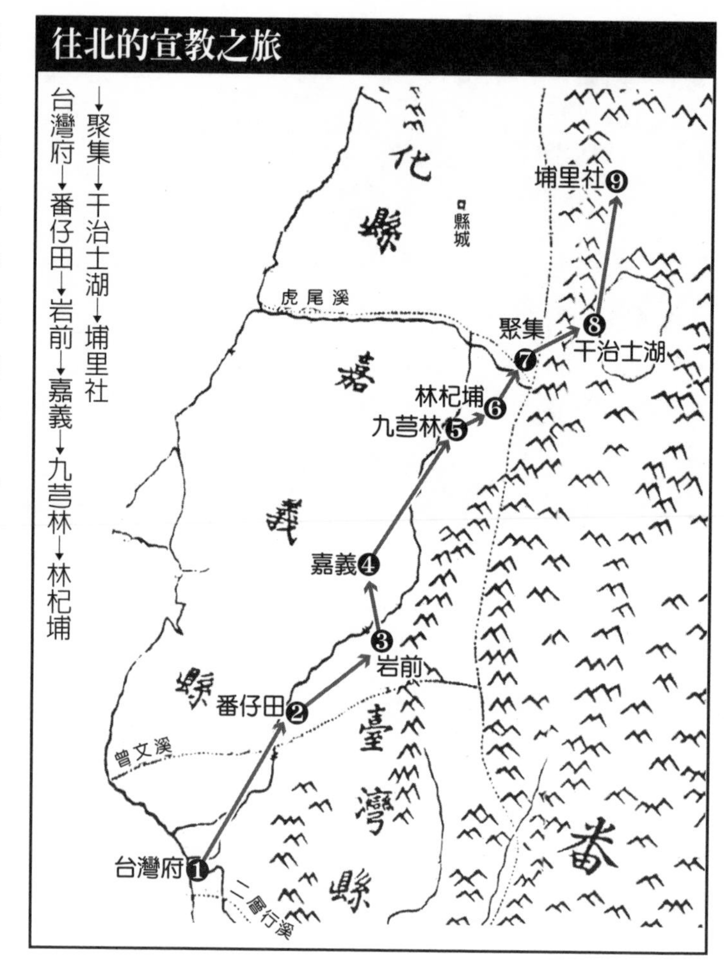

註

3. 潘明和，巴宰族名嗚和踏彼里，傳道師，曾受派至大湳（1877年）、牛睏山、岩前、大社、木柵、埔里社等地。

幾首聽起來簡單樸實，並帶有哀傷的美感，另幾首則以勝利和希望的旋律起頭，用來驅除恐懼，鼓舞膽怯的人。其中有一首曲子，是以親愛的吳文水長老來命名的，他雖然從未看過埔里社，卻常為當地基督徒的增加和進一步的啓蒙獻出禱告。另一首曲子來自水番，第三首是一位執事的作品，第四首是烏牛欄一位盲眼的弟兄作的，其他的曲子都是改編自當地的老調，做為現在基督教歌曲之用。

我們決定要在埔里社開設大間的聯合學校，這是為了三間教堂的兒童所設立的。我們相當不滿意村裡的普通學校，因為它的教學方法不佳，孩子也會受到異教習俗的影響。我們覺得該為身邊的孩童盡最大的心力，他們是教會的希望，對孩子的教育若能朝正確方向邁進，則不只小孩，連大人也會因此獲益。

我們這一次離開埔里社的旅程，不但非常艱困，也相當危險。我們渡過了兩條河，水深及頸，並被可怕的大雨淋得狼狽不堪。我們艱苦跋涉了兩天半後，在內社短暫休息，很高興發現那裡的教會有了良好的進展。有三個弟兄獲准受洗，另一位弟兄被選為長老，填補潘文良長老[4]的空缺，因為他最近遭蠻族殺害了。遺憾的是，內社的人仍不斷受到蠻族的威脅。他們在鄰近的小丘上建起了五座小塔，裡面有武裝的弟兄駐守，如果發現有人突襲，就會發出警報。這次出席禮拜的朋友，身上都帶著槍和矛，他們也體貼地在我的房間放了些傢伙，以防萬一。

註

4. 潘文良，為內社教會首任長老（1873），長相高壯俊美，隔年為保護小孩，被出草生番所殺，割頭而去。詳見賴永祥《教會史話（三）》，〈內社潘文良遭番害〉一文。

我們接下來在大社的停留，也是一個很愉快的經驗，有四個人獲准受洗，沒有戒規個案需要處理。我滿懷感恩地發現，在這個小教會裡，靈性的層面眞的提升了，這不是我匆促一瞥的印象，而是在教堂看了許多弟兄，以及到他們家中造訪後所得到的結論。他們在村裡租了另一個大教室，並僱用一名老師，每年支付他七十元的薪水。此舉顯然具有重大意義，因此，我們不該只是高興地旁觀，更要盡一切努力來提供相關的援助。

對於這幾週的旅程中所看到的一切事物，我要大大地讚美與祝福上帝。我遇到因認罪而悲傷的靈魂，有些人問我天國之路，也有些人已獲得平靜，因爲他們單純、天眞地篤信著耶穌。

11. 信教者的爭論

Controversy among the Converts

我們在福爾摩沙的信教者之間所遇見的爭論，相較於基督教早期其他地區所產生的爭論，性質上相當不同。這裡的爭論幾乎不帶有神學思辨的性質，換言之，我們之間沒有諾斯替教派（Gnostic）、貝拉基教派（Pelagian）、阿明尼烏教派（Arminian）、墮落預定論教派（Supralapsarian）之分。我們的信徒用較實際和常識性的眼光來看事情，問的問題都限於以下的範疇：信徒如果有兩個或三個太太，可以受洗嗎？如果弟兄犯下可恥的墮落，那麼在一年之內，有沒有機會重新進入教會，獲得有薪給的工作？女性是否可以擔任教會的職務？長老教會之外的其他教會，對於沒有過失的牧師，是否有權將他們免職？當地的會眾該如何管理錢財？有哪些適當的地方可以成爲傳福音、教牧、教育和醫療的場所？除了上述問題外，有時還有一些更枝微末節的爭論產生。以下就用一個例子來說明。

我們在台灣府東邊的遙遠山區村落內有一大群會眾，他們是不識字的原住民，平時很少外出到台灣府來，我造訪該地的次數也過少。他們經過數個月的孤立之後，我們突然聽到傳言，說那裡有相當嚴重的問題產生了，導致許多崇拜者獨立出來，另覓疆土，在附近的「半山厝」（Pan-san-chu，音譯）搭起了搖搖欲墜的大竹屋來做禮拜。

因此，我毫不猶豫，馬上和一位值得信任的漢人朋友展開一段漫長、艱辛的旅程。我們在禮拜五晚上抵達那裡，禮拜六開始進行詳細的調查。當我得悉整件事情很單純，可以輕易地解決後，才鬆了一口氣。在此我要解釋一下，福爾摩沙所用的日曆[1]，每個月的天數不盡相同。有一天早上，該日曆顯示那天是禮拜六，一位弟兄從屋內出來，精神抖擻，開始敲打竹鼓，叫大家來禮拜。於是有一群人走出來，但其中一些弟兄不願意進行禮拜，他們說明天才是禮拜日，另一些弟兄則順從地在教堂前集合，一如往常舉行禮拜的儀式。

我大概知道問題是怎麼一回事了，所以隔天早上，我站上土製的講台，心情有些沉重，因爲禮拜六那群人是教會的菁英，我也知道這件事情沒有辦法用中庸之道來解決。當天早上，有相當多的弟兄和外人出席，支持禮拜天的那群朋友緊密地聚集在右邊，支持禮拜六的朋友則默不作聲地站在左邊。

我開門見山，解釋這個小錯誤是如何產生的，並且真切地希望大家都能既往不咎，再度誠摯地攜手合作。當大家一起合唱漢文版的讚美詩〈詩篇〉一百篇[2]，右手邊的人們所發出的不悅耳歌聲讓我嚇了一跳。爲什麼摩西和米利暗在紅海岸的歌曲不在裡面[3]？至於那些支持禮拜六的可憐朋友，我引述我們國家的偉大詩人的一句話：「我

註

1. 即農曆。
2. 讚美詩之〈詩篇〉一百篇，即當今台灣長老教會《聖詩》第34首：〈天下萬邦、萬國、萬民〉。
3. 此句典故出自《聖經》〈出埃及記〉十五章19-21節與〈民數記〉十二章1-15節。意即摩西出埃及之際，上帝在紅海殲滅埃及大軍，而摩西之姊，女先知米利暗為之唱歌跳舞，可其後，卻因故姊弟鬩牆之故事。

們的朋友去到很遠的地方，卻什麼都沒說。」（gaepit wide but naething spak.）

12. 霧番獵頭族

With The Bu-hwan Head-hunter

打狗英國領事館的布洛克先生（T. L. Bullock），以及一位來自美國的博物學家[1]，最近和我一同前往埔里社地區，我們進行了一趟爲期三個月的旅程。他們均是旅行良伴，非常幽默，也能吃苦，並且完全贊同我所進行的傳教工作。我在完成教堂視察工作後，安排了探訪埔里社東邊山區的霧番族之旅，他們對此感到相當興奮。當時，我並不知道霧番族和埔里社的熟番間發生了爭執，事後才得知，原來係起因於熟番在某些交易上並不光明正大，讓霧番族吃了虧。

我們走了一整天，到了霧番族所在的「托魯萬」時，非常疲倦，卻意外地發現所有的成年男子都不在，他們正前去參加部落的戰爭會議。謠言四散，說我們這一小群人是要來報復的，因爲霧番人之前突擊了埔里社。由於當地的女人和年老的男人不願與我們有任何的交

註

1. 此人即史蒂瑞（Joseph Beal Steere, 1842-1940），美國密西根人，自然史學家，密西根大學教授。關於此次行程，史蒂瑞亦有不同角度的詳細紀錄，其出發日期為1873年10月14日，自台灣府往北走。請參閱：《看見十九世紀台灣》（台北：如果出版社，2006年），費德廉、羅效德編譯，pp.78-98，以及《福爾摩沙及其住民》（台北：前衛出版社），林弘宣譯。

往，所以我們決定從更北的山路離開此地。我們在隔天中午前啓程，到了近天黑之際，看來必須在荒涼的地方過夜了，於是選定一個長滿雜草的土墩歇息。我們在土墩上可以看到剛剛走過的路徑，右邊的山谷也一覽無遺。領事和另一位同伴躺在草上，將裝滿子彈的槍枝放在手邊，我則安靜地爬到他們之間。露水將我們渾身溼透，破曉時，我們吃了幾口乾糧，又動身出發，希望能在日落前趕到埔里社。

曾來台灣探險半年之久的美國博物學者——史蒂瑞【取自《Formosa and Its Inhabitants》】

路途十分蜿蜒崎嶇，兩旁還有又長又刺的草叢，因此我們必須排成一列前進。我們順利地走了幾哩後，突然聽到聲響，馬上轉身，看見草叢中竄出十幾個武裝的土著，開始走在我們後面。再走幾哩後，又有二十個人加入後面的隊伍，因此我們停步，轉身向他們表示友好，但是他們面有慍色，沒有任何回應。到了下午兩點左右，我們身後的武裝隊伍已增至五、六十人，因此我們讓到路旁，做出手勢請他們先行，但是他們既堅決又生氣地拒絕了，因此我們只好繼續走在前面。我們再走兩、三哩後，抵達一個空曠的小平原。平原的左邊是長草，右邊則是水流湍急的河流，寬約一百碼，離我們較遠的那片河岸上，矗立著一座約兩百呎高的峭壁。我們三人一走進平原，就在石堆上坐了下來，那群武裝的隊伍便以我們爲中心，圍成半圓形。此時的氣氛極度緊張，一片死寂，只要有人發出信號，我們三人可能就會被砍成碎片。幸好，其中一位同伴曾在巴西和許多太平洋孤島經歷多年，他知道該怎樣和蠻族打交道。我們的美國朋友史蒂瑞先生（Steere），此時沒有一絲害怕或膽怯的樣子。他身形高瘦，約有六呎四吋，是個能擊落空中飛鳥的射擊高手。他先看著我們，緩緩站起身來，撿起幾片樹葉固定在十二碼外的樹上，然後回到他剛才所坐的石堆邊，舉起他的六發左輪手槍，只見他快速地射穿前方的葉子，便安靜地坐回石堆。此舉讓這些霧番人宛如瞬間遭受電擊一般，他們臉上所展露的震驚和駭怕，是我從未見過的。我們命令他們先走，他們照做了，然後逐一溜走，留下我們平安地完成旅途。毫無疑問地，透過神的旨意，我們那位美國朋友以迅速、無懼的行動救了我們一命。

13. 遭「百萬大軍」攻擊

Attacked by "China's Millions"

某次我在福爾摩沙南部的龜仔律（Ku-a-lut，即今屏東縣恆春鎮社頂）和牡丹社部落間旅行時，有過一段難忘的經歷。那個地區的濃密灌木叢和崎嶇路面，讓人難於前進，我身上所攜帶的糧食已幾乎耗盡。在這種情況下，我的小僕人和挑夫害怕得逃掉了，無法和我一起走下去。還好透過重重的賞金，我收買了兩個當地的年輕人，願意和我賭賭運氣。我們漫無目的走了大半天後，看見了令人聞風喪膽的牡丹社聚落，最近他們無法無天的行爲，差點引爆一場中日之戰。幾個族人很快地包圍我們，並把我們帶到他們的茅屋去。一場餐宴才剛結束，幾位賓客喝得爛醉，還有幾個人過於盛情，不只和我握手，還想要擁抱我。但有幾個人表達了不滿，有個大漢還赤身露體地跳出來，拿槍指著我射擊。子彈從我耳邊呼嘯而過，我向首領使眼色，告訴他這樣很不好，應該要好好約束一下。因此他把一張大鹿皮攤在地上供我休息，還保證他會整晚陪伴在我身旁。

翌日，我前往另一個小聚落，在那裡得到了一項奢侈的待遇：睡在離地三呎的竹床上。儘管如此，我卻經歷了一個漫長、疲累、完全無法入睡的夜晚。我在破曉起床時，整個人嚇呆了。我的身體出現奇怪的斑點，彷彿被釘鞋狠狠敲打過。我呻吟著，天花終於找上我了！

當我向身旁一位醉酒的老野蠻人表達我的擔憂時，他卻只管笑，然後指指床，讓我內心頗受傷害。我很確定，竹床的每根空心竹條都充滿了「百萬大軍」。我說的不是乾淨的、身手矯健的小小人蚤，而是那種蠕動貪吃的低等生物，我不願再耗費筆墨去描述它。哇，那天早上縱身投入海濱的時刻，是多麼暢快啊！

14. 蠻族男孩的血腥包裹

Savage Boy's Gory Bundle

某天晚上，我在烏牛欄村外閒逛時，看到一群武裝的蠻族，因爲他們那時和熟番的關係友好，所以在回程途中路經埔里社。有一個肥胖的男孩步履維艱地跟在最後面，身後背著一個包裹。當他們走到該夜要借宿的小屋時，我趁機看看那個小傢伙，發現他背的東西，竟是兩個剛剛砍下來的漢人頭顱，還將頭顱上的辮子綁在一起，固定在他的肩膀上。眞是個可憐、可愛又無辜的小傢伙！我試著要對他說些友善的話，但是他累得筋疲力竭，完全聽不進任何話。只見他把兩個頭顱丟到地上，再將頭顱上的辮子盤起來當枕頭，便迅速進入了夢鄉。

15.「周社分」的食人事件

Cannibals at Chiu-sia-hun

一天下午，當我經過遙遠的「周社分」（Chiu-sia-hun，音譯）時，看到一群小孩子高興地歡笑、大叫，正在嬉鬧著。奇怪的是，他們雙手都拿著大把的肉和骨頭，啃得津津有味。我經過詢問後，走進一間鄰近的長形小屋，這座小屋的佈局很凌亂。裡面有個女人正忙著做菜，大圓鍋裡面裝滿了湯和大塊的肉，旁邊的兩張桌上也擺滿了肉和骨頭。當我發現，這些東西竟是被村民迅速吃掉的兩具人體的剩餘物時，內心的震驚眞是無法言喻。我對那位女士表達我的厭惡，她只是笑了笑，但當我再度向她表達憎惡之意時，她終於生氣了，回答道：「爲什麼我們不該吃他們？他們砍了我丈夫的頭，砍了我姪子的頭，他們罪有應得。」

16. 發現人腦糕

Finding of Human Brain-Cakes

一天，我和幾個當地朋友越過山嶺，來到一條河的岸邊，發現許多石頭上都沾著斑斑血跡。當我們沿著另一面河岸上的蹤跡往上搜尋時，看到更多的血跡，並發現了一個網狀的小袋子，那是蠻族在外出征戰時必定攜帶的人頭袋。顯然這裡發生過致命的打鬥，而且蠻族似乎遭遇挫敗，否則他們絕不會把人頭袋弄丟，尤其是人頭袋裡還裝有一或數錠的「人腦膠」（brain-glue），這是他們最珍視的物品。對此，需要稍微解釋一下。有些福爾摩沙的蠻族，會把獵得的頭顱放到鍋裡熬煮成濃稠的肉凍，然後再做成長條的人腦糕，他們認爲吃人腦糕可以增加勇氣，以抵抗外來的入侵者。外界人士根本沒有機會獲得這種人腦糕，所以我就將這次所撿到的兩塊，送到柏林的皇家人種博物館（Imperial Ethnographical Museum）。因爲我和巴斯蒂安博士（Dr. Bastian）有約定，如果他能提供我他所取得的所有珍稀冊子，讓我有更多研究福爾摩沙的書目，那我就把所有精選的物件都捐給該博物館。

17. 離開埔里社的旅途

Expeditions Out from Po-li-sia

我最近和兩位傳道師一起離開埔里社。我們這幾天路程所經過的區域，除了少數遊蕩的獵頭蠻族會經過外，可說是人煙罕至。一如往常，有一群教會的人帶著武器護送我們。我一向不喜歡用這種備戰的方式來遊歷，但是當地的友人堅持得如此。這一次，我們一行總共超過一百人，因爲有一群異教徒看上我們的護衛隊而請求同行。正當我們要啓程之際，一位基督徒把他的兒子「阿屯」（A-tun，音譯）交付給我，希望我能照顧他。快到中午時，我們在山裡遭遇一條狹長的深溝，底下約有三呎深的湍急流水，長度約有半哩，兩旁的岩壁約有三十呎高。大家都知道，這是旅程中最危險的部分，因爲蠻族有時會往下丟岩石，攻擊路過的旅人。我們在峽谷才走了一小段路，就發現水變得越來越深。當兩位弟兄往前游去時，不久就聽到前方大喊岩壁有落石。他們費了好大的力氣才爬上岩頂，立即用四周大量的藤蔓製成一條長繩，一端繫在樹頭，另一端丟下來給焦急等待的弟兄。我們透過這種方法，先把行李吊上去，然後大家再一一奮力爬上。那時我驚覺「阿屯」不見了，於是提出報酬，希望有勇士下去尋找「阿屯」。經過焦急的等待之後，他們從峽谷的另一邊爬上來，帶回「阿屯」遺留在水邊岩岸的褲子和小刀。大家認爲他一定命喪大石之下了，而大石若非意外落下，便是由人推落的。我的心情十分沉重，告訴大家繼續前進。幾位弟兄拿出長刀，披荊斬棘，爲我們從多刺的雜

● 福爾摩沙的山中峽谷【取自《從地面到天空 台灣在飛躍之中》】

草和糾纏的爬藤植物中開出一條路來。正當我們往下坡走時，有人大喊蠻子來了，原來有一個裸體的人從前方的河床上跑過去。一群武裝的先鋒往前探查，發現那個裸男不是別人，正是「阿屯」！可憐的小傢伙嚇壞了，他卸下隨身物品，設法穿過峽谷，但回過身看到我們的人時，卻誤以爲是蠻族要出征，所以才逃跑。

我們在山腳下過了一宿，第二天的旅途也相當艱困。第二天出發沒多久，就碰見了難題。我們必須涉過一條水勢湍急的河流，水深及頸，但我們還是繼續前進，一直走到身上衣物再度由溼變乾。之後，下雨、打雷、閃電接踵而來，威力大到似要把大自然撕成碎片。當我們最終到達大社的教堂時，狼狽的境況當可取悅泰普利（Mark Tapley）[1]：我們又餓、又濕、又累，雙腳由於穿了草鞋長途跋涉，也長滿了水泡。

註
1. 泰普利（Mark Tapley）為狄更斯小說中的人物。

18. 過大安溪

Fording the Tai-an River

在福爾摩沙中部，內社山谷的南端，有一條又深又急的溪，每年都有人在此溺斃。我在內社完成教牧的任務後，剛好被大雨困住，接下來要探訪這個地區其他教堂的行程，可能被這場大雨所破壞。於是我表明，只要有村民能幫我平安渡溪，就會得到重賞。好幾個自告奮勇的村民現身了，他們先捆起又粗又長的繩子，用來預防任何意外的發生，並隨身攜帶約十呎長的堅固棍子。一到溪的北岸，我繫緊遮陽帽，穿上破舊的防水衣，便整裝待發了。我那兩包裝著隨身用品的行李，由四個壯漢負責運送。我則被兩位壯漢托著，其餘的壯漢圍繞在旁，我們奮力往溪衝去。溪水不斷沖打我的頭，我幾乎無法把腳立在河床上。當我們拚命涉水到半途時，我回頭一看，我那兩件行李已往海裡急速漂去了。失掉其中一件行李上綁著的兩大堆乾燥植物，尤其讓我難過，那是大英博物館的卡陸德先生（Carruthers）請我幫他採集的高山植物，我之前曾送過他一份樣本。這些我克服重重危難和險阻，費了相當大力氣才採集到的植物，卻在短短幾分鐘就消失無蹤了。

我抵達大安溪南岸後，必須再前進十哩路，穿越一片荒涼崎嶇的原野，當時我身上只剩一頂遮陽帽和一件襤褸的防水衣。到了大社後，當地的長老借給我一條他自己的寬鬆短褲和一件中式上衣，我就以這身裝扮，主持了禮拜天的三場禮拜。

我看了筆記，想到另一次和水有關的瀕死經驗，就在這裡一併說了。有一次我去東港進行教牧任務，這個城鎮靠近福爾摩沙的最南邊。由於連日大雨，導致當地河流氾濫，溢出的河水淹沒兩岸，使往北的交通已阻斷了一個禮拜。但是我在埤頭有要事待辦，所以我用十倍於平日的價錢，請求當地的擺渡者用竹筏載我過河。他們接受我的請求，便把竹筏拖到水邊，我身旁放著兩包隨身行李，便坐上去小心地渡河了。沒過多久，水勢實在太急了，船夫完全無法控制竹筏，船身疾速地流經站在南岸上的旁觀者。船上的我幾乎無法坐穩，船夫也不斷向他們的神明禱告求援，但祈禱聲很快就淹沒在浪濤裡，我心想一定會被怒浪吞噬。就在此時，我們看到水流前方有一個沙洲，於是船夫用盡吃奶的力氣，拚命往沙洲划去。我們一次又一次地絕望，以爲絕對沒辦法到達這個沙洲。儘管如此，我們歷經千辛萬苦後，終於安全抵達了彼岸。

19. 在大甲附近落水

Submerged Near Tai-kah

一天，我們在傳福音的途中，路經某條河的河岸。河岸邊有許多巨型石頭，疏鬆疊起如水壩一般，如此延續了一段頗長的距離。因此，水潭的左邊是深不見底的河水，右邊則是陡峭的坡道。此行有許多當地弟兄陪伴。走在前頭的我往後一看，發現他們在越過大石時，步履相當謹慎，速度也很慢，因此我向他們大喊：「快來啊！腳底踩在石頭上，輕輕走，很快就到了。」說完我還試著示範給他們看，要怎樣輕巧地跳躍前進，結果我的頭和肩膀應聲落水，摔了個四腳朝天。當我勉強在水中站穩後，看見同伴們幾乎無法自抑地笑了出來。有個多嘴的鄉巴佬笑得最大聲，因爲我知道這個弟兄很會游泳，於是我便稍微涉水靠過去，輕輕地移開一塊石頭，讓他還來不及反應，就掉在我身旁掙扎。當然，我這麼做並沒有任何不良動機，只是想表現我對他沒有惡意罷了。

20. 掉入深溝

Header into a Deep Ditch

一天下午，我和幾位漢人朋友步履蹣跚地走過鳳山縣南部。一行中有兩位傳道師，在這樣的場合，我們的時光經常會在談論經文和其他主題中度過。那時看來無法在天黑前到達目的地的教堂了，所以我們有一個弟兄到路邊的朋友家，借了一盞油燈引路，然後繼續往前走，希望能盡快趕路。當時，我試著向親愛的弟兄講述白天工作的重要性，因爲夜晚來臨，就沒辦法做事了。當我滔滔不絕地講述這項眞理時，突然腳底一滑，整個人往陡峭的河岸摔去，掉進下面的深溝。我跌落的方式，就像年輕人所說的「倒栽蔥」那樣，在我搞清楚自己究竟身在何處之前，已深陷泥沼之中。陡峭的河岸，狹窄且深邃的溝水，加上表面浮滿了蔓生糾結的青苔，這些都吸引了我的目光。我被打撈起來後，在燈籠的高照下，一定很像《天方夜譚》的水手辛巴達，因爲我白色的亞麻衣、頭、臉，全都覆蓋著黏稠絲狀的水生植物。同伴們在幫我梳理的時候，個個大咳起來，這暗示了我現在的情況，於是我噘起嘴，做了個笑臉，大家立即爆出了一陣狂笑。

21.麟洛平原上遭追捕

Chased over the Lin-lok Plain

有一回，我和僕人及挑夫前往鳳山縣，來到麟洛河（Lin-lok river）西邊，看到一片寬廣的平原。當我們從外圍的籬笆進入平原時，看到一群人，全副武裝，正從不遠處朝我們的方向前進，彷彿要攻擊我們。我立即想起幾週前，我們的傳教團曾在此地引起一些村民的不滿，因爲我們想要在他們那邊建立新的教堂。所以現在最實際也最謹慎的方法，就是溜之大吉，趕快渡河，到幾哩外的市集避難。我立刻告訴同伴跟緊我，速速去搭竹筏，此時後面那群帶武器的人也加快了腳步。我搶在最前面跳上竹筏，並彎下腰捲褲管，以因應突發狀況。但這時，我第二隻「贈錶」（presentation watch，第一隻在白水溪的教堂大火中燒得一乾二淨）從口袋滑出，掉進麟洛河湍急的河水裡。幾小時之後，僕人趕了上來，告訴我剛剛眞是千鈞一髮，因爲那些帶武器的人眞的是要來抓我的。

22. 老鼠當早餐

Breakfasting on Rats

寶財（Po-tsai），意爲「寶貴的財富」，是我所雇用的漢籍僕人，跟了我好幾年。他的特色是四肢發達，頭腦簡單，但本性淳良，而且食量驚人。有一次我們暫住在一間破舊的茅屋裡，裡面有兩個隔間，那天早上當我從臥房出來，發現早餐已經準備周全。當我「吃飽」（漢人的說法）後，我稱讚他煮的兔子相當美味多汁，但他說這不是兔子，而且還預留了一隻要當明天的早餐。我請他拿來給我看看，他回來時，手上的盤子裝的，竟然是一隻殺好的老鼠。這讓我體內突然湧起一陣相當不適的感覺，一時無法言語。但我可以向讀者保證，可憐的寶財是當天早上才抓到老鼠的，因爲我在上、下山之際，都一直對他碎碎唸。他唯一的反應就是不斷安慰我，說這些老鼠有多麼好，牠們住在竹林裡，吃穀物維生。然而，我不打算爭論此事，我唯一的反應是直指其非，平靜地對他說：「那倒無所謂，我要求全村，若有任何人再爲我煮老鼠，你將立即被解僱。」

23. 猴子當晚餐

Monkey Cutlets for Dinner

我多年來的唯一同事，曾有一次暫時離開醫院的崗位，跟我到埔里社的好幾個教會遊歷。這趟旅程通常需要步行六到七日，旅程的最後階段，會經過一片杳無人煙的區域，上頭不斷有獵頭族在穿梭往來。在我們這趟旅程裡，有兩晚待在該區域的山中，第一晚，我們這群人在山洞過夜，洞口有弟兄拿槍守夜，第二晚則是在樹底下度過。第七天快天黑時，我們終於抵達埔里社，受到了牛睏山弟兄的熱情歡迎。由於我們又餓又累，所以感覺廚師寶財煮飯的時間特別漫長。最後，寶財端出一個沒上釉的陶鍋，裡面裝著肉和湯，接著又端出一整鍋熱騰騰的米飯。我們兩人拿著筷子，默默地進食了一會兒，我忽然對同事大叫：「這湯不對勁！」往鍋裡一看，果然看到湯上浮著一個看似小孩手掌的東西。我大聲叫寶財進來，他仍然是滿臉笑容，油膩的臉孔一如往常。我說：「你這鍋煮的是什麼？」他笑得更開懷了，我往前一步，再問一次，只見他跑向土牆做的小茅屋，從後門溜進了伸手不見五指的廚房。正當我拿不定主意該怎麼辦才好時，寶財回來了，手中拿著一隻老猴子的皮毛，還有令人毛骨悚然的猴子頭。他解釋道，牛睏山的弟兄知道我們要來，特別外出打獵，準備要帶點鹿肉回來，但是上帝所給的禮物遠超過他們的預期，他們獵到了這隻大猴子。當然，很容易就能看出，這是一分為我們，三分為他們自己，因為當地的藥商總是樂意出高得離譜的價格來購買猴骨。值得一提的是，幾天前我才剛讀了達爾文（Darwin）的《物種起源》（*Origin of Species*），這位學識淵博的科學家似乎證實了，我們此刻的盤中飧，和人類之間存在著相當緊密的關係。

24. 靠番薯和蟲維生

Living on Potatoes and Worms

有一回，我到澎湖群島的「茅島」（Couch Island，意譯）傳教，它位於福爾摩沙西南海岸之外十五哩處。島上居民不到一百人，之前從來沒有傳教士造訪過。我抵達該處不久，風浪就變大了，所以我在那裡被困了整整一個禮拜。那些漢人居民非常可憐，靠海維生，僅有種植番薯和雜糧的小片耕地，過著很不安穩的日子。在我向他們個別講授上帝和耶穌基督降世救人時，他們全都用心傾聽，也深表同感。他們的資源很缺乏，連提供我過夜的地方都有困難，最後是用兩、三塊厚木板，鋪在路邊廟寺的泥土地上來解決。至於飲食，我則向他們表示，很高興能夠和他們共享番薯簽和鹹魚。但過了兩、三天，我忽然嚴重胃痛。他們那間用於烹煮番薯的小屋，是用珊瑚礁搭建的，當我步履蹣跚地經過它時，發現了問題所在。屋內有一個很大的竹籃，至少可以盛裝六個月份量的番薯，我往籃裡一探，驚訝地發現，裡面的東西正以奇怪的方式移動著。那時，一位女士正將長杓子深入竹籃，準備取出我們午餐的食材，我仔細一看，一大堆白色的蟲子竟在番薯間蠕動著。我大聲驚呼，坐在旁邊的先生卻只是呆呆地盯著我，我堅持他一定要過來看看究竟怎麼一回事，但他只是說：「你說的是蟲啦！它們含有很多脂肪，和番薯最配了。」之後，我被帶往一條小船，送往廈門倪爲霖牧師（Macgregor）[1] 那邊，途中還跌倒了兩次。幸好受到那邊基督徒妥善的照顧，我很快就恢復了健康。

註

1. 倪為霖牧師（Rev. William Macgregor）為英國長老教會派駐廈門的牧師，曾參與馬雅各牧師廈門腔羅馬拼音白話字《聖經》之翻譯，並修訂出版杜嘉德牧師《廈英大辭典》。他曾兩度來台，一為劉瑞山洗禮（1872年），其次，則受英國海外宣道會派遣至台，處理林登貴事件（1900年）。《使信月刊》上有其相片。請參閱：《使信全覽》（台南：台灣教會公報社，複刻本，2006年），Vol. 39, 1901, p. 1。

25. 做果醬的唯一經驗

My Only Attempt at Jam-making

過去幾年以來，我在台灣府只有一位同仁，但因爲各自的職責所在，我們經常分開行動。他的工作地點是在醫院，而我則必須前往分散各地的小教堂牧會，因爲各地的小教堂雖駐有本地的助手，但他們卻只受過極少的訓練。

有一次我長途跋涉歸來後，我們兩人都同意，要讓生活好過一點。我們採取的第一步，就是準備從山丘上摘幾籃野生果子來做果醬。這項製造的過程由我來負責，於是我請一位壯漢去取來果子，請苦力把大鐵鍋洗乾淨。我們曾用這個大鐵鍋來燒洗澡水、泡衣服、煮大鍋飯給訪客吃，因爲許多本地的訪客，喜歡在我們中式住家外的小廂房暫住幾天。我還買了許多陶罐，可以用來裝做好後的果醬，之後再用油紙和牛皮膠來緊緊地封住罐口。

終於，重要的日子來臨了。庭院外的大門高聲敲著，宣告兩個壯漢已帶著我們的果子回來。我對植物的知識很有限，在當地弟兄的指導下，我將一些果子捨棄不用，將剩下的果子稍微清洗一下，然後請弟兄將所有的東西放進水溫逐漸上升的鍋子中。成堆的果子很快就變成半液體的狀態，我接著加入大量的紅糖，直到整個鍋子滿到最上緣爲止。之後，我告訴一位原住民弟兄，要不斷地用竹杓攪拌，千萬不可停止。

那個時候，我因為某件重要的教會事務出門。我回來時，發現鍋裡的東西有如融化的瀝青一般。因為我們放了三倍的糖進去，攪拌的工作又半途而廢，結果連我們養的那頭畸形大狗「布丁」（Puddin），都不願正眼瞧瞧那鍋果醬，最後只好丟到屋外去了。

26. 寶財：「我會把東西全部吃光」

Po-tsai "Aye Finnin' Bits O' Things"

之前的章節，我曾隨意提及我的廚師「寶貴的財富」——寶財，在此我要再仔細提一下他。我們一同度過許多艱困的歲月，他的本性善良，個性順從，又樂於助人。此地的習俗是，外國人每個月付薪水給本地僕人，讓他們能夠買衣服，以及儲備吃用的食物。在我與寶財的這樁僱傭案例中，我所支付的津貼絕對不夠他揮霍。但寶財的情況就像蘇格蘭的女僕那樣，當雇用她的女主人，因支付薪水過少，而向她道歉時，她會說：「沒關係啦！總有那麼一天，我會把東西全部吃光。」雖然說，寶財是個匹克威克式（Pickwickian）的忠實僕人，但我卻不得不承認，他也一定會把我那小小儲藏室的食物全都吃個精光。例如，我有好一陣子都搞不懂，爲什麼當我們在鄉村教會暫住時，若請他幫我買一天份量的雞鴨，他總是不滿意，還會一直跟我說，最好能買幾隻大羊，這樣一次一隻就可以吃上好幾天。另外一件奇怪的事是，他買回來的羊都只剩下兩支腿，頂多三支而已。有一次，當他到外地跑腿時，我剛好有機會到廚房看看，結果裡面的食物遠超過吃得下的份量。地上有三個裝得滿滿的湯鍋，小小的桌子和兩個長凳上，擺滿了一盤盤剛買來的羊頭、羊蹄、羊皮和羊內臟，這讓我想起〈利未記〉裡的一段話：「公綿羊的脂油……並蓋臟的脂油與腰子，和肝上的網子。」[1] 寶財當晚回來時，我什麼也沒說，他晚上應該可以好好地大快朵頤一番吧！

註

1. 或因英文《聖經》版本不同，或因甘為霖記錯經文之故，〈利末記〉中查不到此節，最相似的經節為：〈利末記〉九章19節。

27. 萬有引力偷了蠟燭

Gravitation Pilfering Our Candles

在中國的傳教士似乎不太會被僕人的問題所困擾，這也許是因爲：一、他們必須學習當地的語言；二、歸信基督而進入教會服務的年輕人，他們的道德標準理應較高。我很清楚有些商人和外國居民認爲，基督徒僕人在德行上，比那些沒有信仰的人差得多。如果我們考慮到可憐人性的軟弱，那麼這類的事無疑會偶爾發生。最近在香港就有個例子。陳（Tan）先生表明，如果他沒有獲得德行證明書，就拒絕離職，結果他得到了一張如下的證明：「茲證明，『陳眞』（Tan Ching，音譯）爲虔誠基督徒，於廚房工作十八月餘，其人品端正、愛好乾淨、技藝不凡，足爲一名廚子。」

在此我要舉另一個稍微不同的例子，故事的主角既不是虔誠的基督徒，也不是不識字的苦力。賴（Loa）先生是當地的學者，他的工作是抄寫，也負責帶領我們進入漢文口說和書寫的神秘世界。他穿了件寬袖藍袍，每天早上九點都會來我們這裡，待到中午左右。如果中途我們出去做其他教會事務，他就得一個人留著，這樣持續了好幾個月。有一天，我的同仁告訴我，教會裡一定有人常常偷竊，因爲諸如蠟燭等等小東西，常常會不翼而飛。他還說他不確定賴先生是不是清白的，但我回答，我們的老師非常嚴肅，也很紳士，絕對不會和這種事情沾上邊。大約過了一週，當我們兩人又在走廊上閒聊時，賴先生做完工作，剛好經過。賴先生還沒走出大門，我的同仁就趨前和他說了些話，看到他的袖子裡有一根長長的外國蠟燭，於是當著他的面，把蠟燭拿出來。我覺得心裡很不舒服，思考著接下來的坦承或道歉會是多麼的難堪。坦承和道歉！但是賴先生並沒有什麼反應，只直視我同仁的臉，說道：「先生，你對萬有引力和大自然的神秘法則瞭若指掌，可否請你告訴我，爲什麼蠟燭會出現在那裡呢？」想到我們將因此而產生貶低他身分的卑劣想法，他還露出悲傷的神情。他因爲得不著答案，便靜靜地離開，留下我們思索著這一切。這一出乎意料的回應，讓我們猝不及防，片刻間喪失了冷靜時所具有的警覺性，高超的應變能力加上極度的無恥，竟然將下流的偷竊行爲，上升到哲學性思辨的領域。然而，能夠塑造基督門徒的豐富、珍貴的資源，雖尚未成型，但確實是存在的，這件事情的可能性，也讓我想到大數城的掃羅（Saul of Tarsus）[1]，他原本是個迫害基督教的極端份子，最後卻成了相當重要的基督門徒。

註

1. 保羅，原名掃羅，生於土耳其南方的大數城，為虔誠的猶太移民。他的學問淵博，曾受教於名士拉比迦瑪列門下，成為謹守法規的法利賽人。稍長，則到處捉拿、迫害基督徒，又因在往大馬士革路上，遇見神，從而全然翻轉，成為傳福音的急先鋒、捍衛基督教的大將軍。他的著作甚多，包括《新約》中的〈羅馬書〉、〈哥林多前後書〉、〈加拉太書〉、〈以弗所書〉、〈腓立比書〉、〈歌羅西書〉等等，共十三本書信，影響基督宗教的神學觀甚鉅。

28. 心存感激的中國病患

Chinese Patients Can Be Grateful

在寫這一章之前，我已經提過好幾次，我們的醫療同仁對福爾摩沙的傳教事業所做出的貢獻。他們的工作顯示，西方的醫療方式遠勝過漢醫，並透過人道且仁慈的方法，照顧各個階級的人民。有關他們的事蹟，可以寫成好幾本書，但我現在要說的是，中國的病患不但心存感激，也經常透過從醫師或助手那邊所學到的基督教眞理，有效地帶領身邊的同件一同去瞭解基督教。

現在，剛好有一個這樣的例子。有一天，當我經過一個內陸城鎭時，看到一個人用竹製的義肢在行走，頗爲自在。他的樣子使我想到兩件事：其一，這個人一定接受過外國醫師的手術，因爲當地的醫師無法幫病人截肢。其二，大自然有時會用巨大的補償來彌補我們所承受的損失。我想起，英國製作精良的軟木義肢，價格約十到十五英鎊，但這個人的義肢，只是一根仔細挑選過的竹子，材質很輕，然後牢牢縛上，花最少的錢就可以頗爲舒適地行走了。當我經過他時，請教他是否介意談一下尊腳。「你是甘爲霖牧師嗎？」他這樣反問。我回答是，並說我正要前往北邊十二哩外的村落，他馬上堅持邀我到他家用午餐。交談後得知，當某次我在各鄉村間進行長期傳教的途中，他曾到台灣府的醫院住院。他的腿傷得很重，疼痛萬分，醫師爲了救他，於是幫他截肢。這個可憐人之後還獲得更大的祝福，他被帶來認識了基督，知道基督來治癒破碎的心靈，以其生命為贖價，拯救眾人。我在回程的路上，發現到這位心存感激的基督徒病患，如何把自己的見證和別人分享。鄰居們說，他並沒有一直喋喋不休地傳道，或對他們說三道四，而是以身作則，一心向善，沉靜謙遜，就算惡劣的人對他做出卑鄙的舉動，他也都盡力克制不動怒。我很熟悉類似的故事，因為經驗已不斷證明，傳遞基督教眞理最有效的方式，不是傳教士或經過訓練的助手一再的講道，而是透過當地弟兄——他們不領教會薪水，通常也不識字——生命的轉變和謙遜的見證，因為對他們來說，「福音不只是以文字的形式呈現，更是一種力量，在聖靈和確信中出現。」

● 台南新樓醫院的禮拜廳及手術房【取自《南部台灣基督長老教會設教七十週年紀念寫真帖》】

我必須強調，雖然我們的傳教士醫師很難離開醫院繁重的工作，但他們有時確實能夠撥空到鄉村參訪，當地的人民也總是很感激他們的到來。在這樣的情況下，必須攜帶一些藥品和其他相關用品，幾個醫院的學生或助手，也要陪同醫師一起行動。

在此，我要特別提及一位外診病人的例子，他在台灣府往南兩天路程的村落，受到醫師良好的照料。我們一直希望能定期在那個地區傳教，但是當地桀驁難馴的客家人讓我們的努力落空，並且不許族人參與基督教的禮拜聚會。在這種情勢下，我們認爲應該要來一趟特別的調解探訪之旅，而且我的同事萊約翰醫師（Dr. Lang）[1] 也應該同行，以便把握任何可以施展醫術的機會。我們的總部設在杜君英（Taw-kun-eng，即今屏東縣內埔鄉大和村）的教堂，從那裡，我們出發探訪許多村落。當地的人很安靜，總是用坦率、開放的態度來接待我們。有一天，我們遇到一個人，他立刻引起我們的注意。顯然，他是個流浪的理髮師，從他隨身的裝備就可以看出這點，但引起我們注意的，是他那張嚇人的臉。他的上唇處隆起一片紫色的肉，覆蓋在整個嘴巴之外，看起來相當可怕，想必也讓他異常難受。的確，從他那不清楚的話語中，我們得知，多年來不管是吃東西還是使用鴉片煙管，對他都是折磨。我問醫師有何看法，但他在還沒釐清狀況之前，不願妄下定論。這位流浪理髮師聽說過萊約翰醫師的醫術高明、宅心仁厚，馬上答應跟隨我們到杜君英教堂，看看可以怎麼辦。當天下午，萊約翰醫師謹慎檢查了許久，最後告訴那位朋友，若他隔天早上願意

註

1. 萊約翰醫師（Dr. John Lang），在台灣行醫時間甚短（1885-1887），去香港結婚後，轉赴中國漳浦。

再來，他將會幫他動手術，替他解除多年來的痛苦。隔天，我們很高興見到他依約前來，便幫他安排在動刀前好好休息兩天，並盡量補充營養品。手術期間，他被麻醉了一個半小時，年輕的醫師同仁以高超的技術，勇敢地幫他開刀，幫了他一個大忙。在此，我就不詳述止住從血管湧出的鮮血，或是縫合皮膚等細節了。但有一點或許要提一下，手術結束時，我把切下來的東西放進一個廣口瓶，泡在當地的烈酒裡，外面還貼上標籤，把整件事情用漢文詳細記錄下來。病人一個禮拜都不能下床，在這期間，我們不分晝夜，每個小時輪流照料他。當他稍感安適後，我們就在他面前放了一小面鏡子，但鏡子馬上就被移開，因爲他臉上泛起的既快樂又感恩的笑容，對他臉上的縫線實在是過大的刺激。我不知道這位朋友的經歷，算不算所謂的「蛻變」，但我們知道，當他要離開萊約翰醫師之時，流下許多感恩的眼淚，甚至差點要膜拜他。對於那些行屍走肉的人，我們應該要有些地方來做爲協助的平台。這位可憐的理髮師，也許不會讓我們受洗者的名單增加，但是，願上帝再多給我們一些全力以赴的經歷，就像當時在與世隔絕的杜君英教堂所發生的那樣。

29. 加拿大宣教會

More about the Canadian Mission

我恰好有個機會，可以去探訪加拿大長老教會在福爾摩沙北部的大部分區域。但在說明那裡的情況之前，最好先講講這趟北上途中，我順道訪問的幾個我們自己的教會。

1878年9月3日，我和一位年輕的「聖經販售員」（colporteur）從台灣府出發。我們在番仔田與其他弟兄度過第一晚，隔天中午和一名吉貝耍的會眾共進午餐。他告訴我們，自從他村莊的教堂被吳志高的同黨燒毀後，敵視教會的人已沉寂許多。信徒們明顯地看到，官府不得不用強勢的手段，來處理那些不斷發生的反基督教暴行，而且承諾用公費來建造新教堂，這讓他們瞭解，盼望的那天終於到來了。如果要一一列舉過去幾年，我們在這個地區所目擊的迫害事件，那眞不是一下子功夫說得完的。

我們一到達嘉義城，縣太爺立刻來做官式拜會。會談期間，對於最近偵訊法庭的判決被確實執行一事，我向他表達了滿意的態度。這個偵訊法庭是由兩位高階的官員在岩前主持的，專門用來處理1875年白水溪的暴亂事件、溫旺（Un Ong）弟兄被殺害、吉貝耍的教堂被燒毀，以及許多其他攻擊和掠奪當地基督徒的事件。訴訟程序在一間大寺廟內進行，法庭的外觀相當氣派，約有兩百個武裝士兵在旁維護治安。調查過程中，次級官員（Second Commissioner）曾帶領一些武裝士兵，前去挖取溫旺弟兄腐爛的屍體來檢查。對於那些高階的中國官員來說，我們提出的這項控訴是前所未聞的，因爲當地的通事並沒有呈報這件事。當對證人的漫長審查結束之後，我也提到有幾位惡名昭彰的迫害者，仍然四處吹噓他們的「功績」，這位次級官員立刻回答我說，那些違法之徒的頭頭，明天將被押送到台灣府。最後，判定所有起事的首領都要加以逮捕，當地的通事和「外役」（Goa-in，音譯）全都降職懲罰。而且，官府必須在吉貝耍建造新教堂，全縣也都要張貼適當的公告。我只需再補充一點，費里德領事（Consul Frater）的服務，在此時有著莫大的重要性。在上帝之下，費里德領事所採取的既堅決又考慮周到的行動，讓我們在嘉義地區的日子開始變得光明璀璨。

禮拜四時，我們在幾個大城鎮停留，向民眾講道，也賣出數以百計的小冊子。斗六（Tau-lak）是其中之一，它位於嘉義城東北十三哩，是我們往返埔里社時絕佳的中途點，也是可以找到大批專注聽眾的好地方。當晚我們在榴榴班（Liu-liu-pan，即今雲林縣斗六市石榴班）過夜，那裡沒有旅社，但當地的文官友善地讓我們在附近的一間小廟休息。晚餐後，大家湧進廟前門廊，我們向這些群眾講道，並販賣小冊子，直到深夜才結束。

翌日，我們經過林杞埔這個市鎮，如果可以在此停留一個小時的話，一定可以輕輕鬆鬆就賣掉價值好幾塊錢的書和小冊子。那天下午，我們碰上一場異常的大雨，途中也遭遇到多條山洪，在在減緩了我們的行進速度。天黑之際，我們仍在多石的原野上徘徊，上頭時而會有獵頭族的蹤跡。我們已經偏離了正路，當摸索行進到水裡坑

（Tsui-li-khe，即今南投縣水里鄉）的小村落時，當地人早已入眠了。

隔天晚上，我們終於抵達了埔里社。大雨仍然下個不停，再加上我住的房間很潮濕，害我發了高燒，連續好幾天都很虛弱。但我很開心獲知，埔里社的三間教堂都顯現了眞正性靈增長的跡象。藉這個機會，我很榮幸能口試三十位要受洗的慕道者，其中有十二人能共聚主恩前。大家已經安排好要在烏牛欄建一間新教堂，並將現在的教堂當作教室之用。當前最困擾埔里社人的，莫過於附近的蠻族，他們潛伏在山腳下，一旦逮到獵頭機會，就會一擁而上。我們有一位教友，新近就是這樣被砍了頭。即使在白天，人們如果沒有攜帶武器，就不敢出門工作。

我想不久之後，埔里社將會有非常重大的改變。漢人移民的人數不斷成長，新興的城市正在築起城牆，我們的熟番弟兄必定會發現，在新的秩序下，很難維持原本的生活方式與地位。但令人欣慰的是，埔里社各地的基督徒人數已經上千，甚至是那些不願放棄偶像崇拜的人，也會向我們稱讚基督教信徒的善行。兩群會眾最近都新加入了好幾個家庭，而這次只有一個人有戒規的問題。

在此，我不得不提一提李庥牧師夫婦最近造訪埔里社一事，這次造訪所引起的迴響，至今仍爲弟兄們津津樂道。這是頭一次有歐洲女士造訪這麼北邊的地方，李庥夫人在每個偏遠教堂所做的短暫停留，大大地激勵了當地女性會眾的教育事工。家鄉的朋友幾乎無法瞭解，我們是多麼感激李庥夫人一貫的愉悅、理智，以及爲福爾摩沙的傳教事業所做的貢獻。

我在埔里社度過了兩個禮拜天，然後在9月19日禮拜四，動身前往大社，於21日禮拜六時抵達。我很榮幸在這個駐點，能幫三個成年人施洗，並在29日禮拜天主持聖餐禮拜。中間那幾天，我造訪了幾個鄰近鄉鎮，包括梧棲（Gaw-chay）、牛罵頭（Gu-ma-thau，即今台中縣清水鎮）、葫蘆墩（Haw-law-tun，即今台中縣豐原市）、還有東勢角（Tang-si-kak，即今台中縣東勢鎮），在這些地方，都舉行了露天講道，也販售福音小冊子。我在幾位弟兄的陪伴下，也造訪了內社。過去幾個月來，內社經歷了重大的變化。

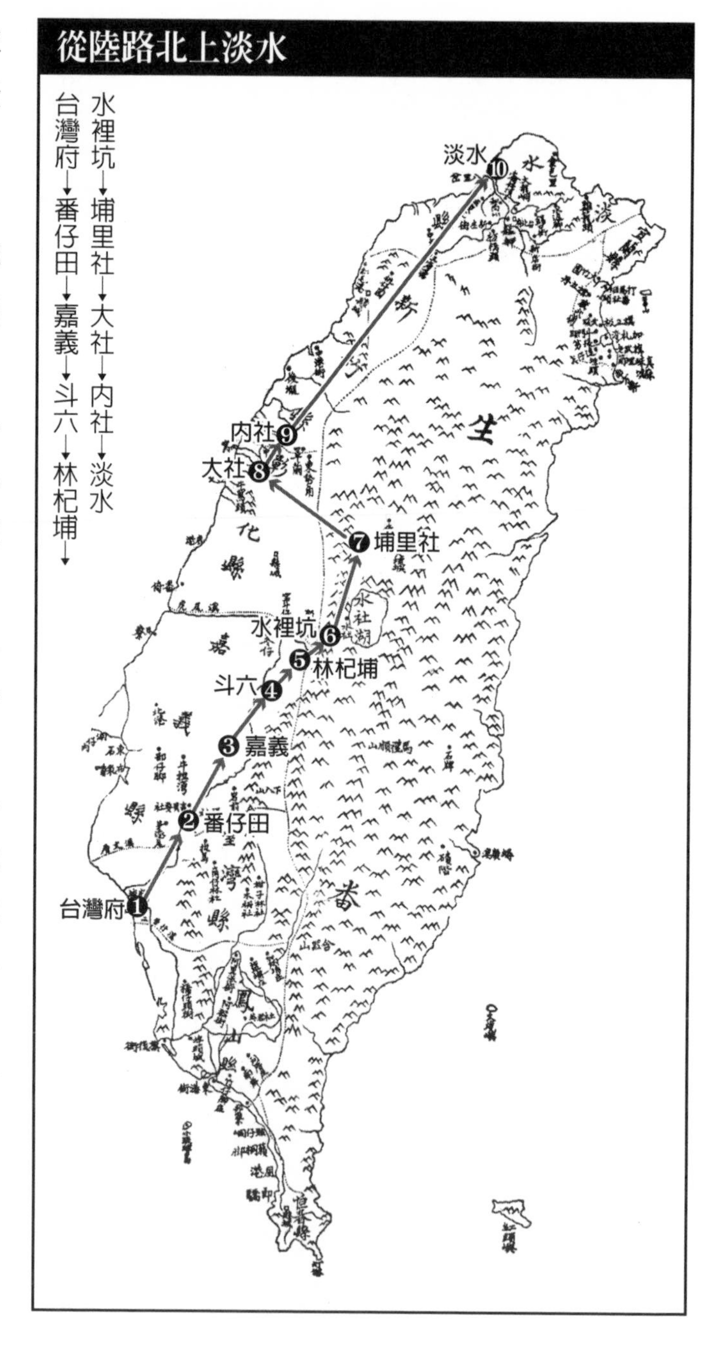

許多教堂信眾和當地居民遭蠻族殺害，數目多得令人膽顫心驚。的確，內社的處境是如此危險，以致弟兄們決定要棄守那裡，現在正陸續把家當遷移到頭社，只留下健壯的年輕人來護衛作物，直到收成爲止。蠻族知道他們的意圖，所以我很擔心在收成期之前，蠻族可能會展開大屠殺。我待在那裡的時候，因爲晚上一直有守望的警示聲，所以幾乎無法成眠。我到達內社之前，才剛有三個弟兄被殺害，包括文良長老在內，而在我離開之後兩天，又有一個弟兄遭殺害了。

我走遍我們在彰化縣的教會後，便開始北上，從內社出發後的第四天下午，終於抵達了淡水。當然，馬偕弟兄熱忱地歡迎我，並陪同我探視了他所有的駐點，包括六天路程之遙的噶瑪蘭（Kabalan），或稱噶珠蘭（Kap-tsu-lan）、宜蘭（Gi-lan），這個平原位在福爾摩沙的東北岸。

在蘇澳灣（Saw Bay）時，我原本獲准可以乘坐官府的戎克船，繼續往南約一天的航程，但當船長和我準備上船時，官員卻忽然疑神疑鬼，不准我離開。當時蠻族佔據蘇澳灣的南端，情勢十分不穩，但從我們那條船預計抵達的地方開始，卻有一條相對安全的山路可通達恆春（Heng-chun），可以再從恆春回到台灣府。所以此行受到阻撓，讓我非常失望，但我也只能拿出護照，叫那些低層官員注意一下自己的所作所爲。我們待在蘇澳灣的兩個晚上，都住在一間骯髒、潮濕的大廟，並且和廟裡的和尚有過相當有趣的談話。但這個和尚病了，生命已至盡頭。眞是個可憐、不適又寂寞的人！他也是某個人的孩子，我深深替他感到悲哀。

對於加拿大的傳教團來說，宜蘭平原無疑是深入全島的良好起始點。馬偕先生所到的一些地方，很多人都把他當成多年老友，即使他之前只來過一、兩次。那裡至少有四個大鎮，如果是在我們家鄉，每一個這樣的市鎮裡，幾乎都可以找到聖公會、公理會、浸信會、衛理公會、摩門教和自由思考的人，以及爲聖人和罪人所設的各種傳教會和社團。

● 意志堅定的馬偕牧師【引自《福爾摩沙紀事》】

至於當前淡水地區的傳教狀況，我已經造訪了十間教堂，預計在禮拜一從基隆（Keelung）開始，再去探訪剩下的五間。除了這十五間教堂外，還有六、七間學校正在授課中，也有兩位查經班的婦女，以及六個每天都會出席馬偕先生講課的學生。我聽說現在教會裡，成人會員的人數大約兩百人多一點，也聽說在淡水港口附近，即將要興建兩間位置良好的傳教用平房，以及一間教會醫院，這在在顯示了我們的姊妹宣教會，在福爾摩沙北部的榮景。然而，加拿大宣教會在過去七年來的成就，不能光從這些列舉的數字來判斷。若要正確地評價他們的事工，我們不能只侷限在非凡的成就部分，還應該觀察，他們在個別的宣教事工上是否健全，以及各個面向的發展是否均衡。所以，我們應該要審視其教堂，熟識一下當中的十五位傳道師，並與教友及廣大信徒進行接觸。

毫無疑問，單就這地區的條件而言，加拿大教會擁有良好的傳教環境。只要在河流上航行幾個小時，就可以通往大部分的教會，四周景色相當壯觀，氣候也比台灣府涼爽，而且，比起島上其他地方，這裡比較不會碰見極端貧窮、無知的居民。

因此，我們不得不提及上帝用來完成這一切成就的主要媒介——馬偕先生。他個子短小，話也不多，但意志堅定、活躍，具有不屈不撓的勇氣。他所擁有的豐富常識，唯有奉獻給神的決心可以相比擬。他是從刻苦自學當地的語言開始的。他很快就發現，如果要把工作做好，必須先把工作範圍限定在此地的漢人。他來到淡水的第一年，就開始教育及傳福音給走近他的年輕人，此舉在北部引起廣大的迴響。此外，當地教堂之間也有愉快的聚會時光。馬偕弟兄的計畫是逐步推

● 為大家拔牙（左起：馬偕博士、顏清華和柯玖）【引自《福爾摩沙紀事》】

展的，但他有時也會進行長途的旅程，到未信教的地區傳福音。旅途中，他在途經的城鎮與村落所從事的牙醫工作，讓他的傳教事業得到相當大的助益。漢人因爲嚼檳榔和類似的習慣，經常被蛀牙所苦，所以馬偕即使停留的時間很短，也能夠幫助相當多的病人，並受到相當少的雜務干擾。我也注意到，淡水的教堂很注重唱讚美詩，弟兄常常會唱讚美詩，而且歌聲獨特、眞誠。馬偕弟兄在露天講道時，也常常以福佬話聖歌來開場。

30. 法國封鎖福爾摩沙

French Blockade of Formosa

1884年到85年的中法戰爭，距離我們很近，我現在只能簡短地陳述當時發生的幾件事。1884年9月初，台灣府的居民聽到北部的基隆港被砲轟時，相當震驚，而且傳聞法國軍艦隨時都有可能攻擊福爾摩沙南部。因爲傳教士是唯一在台灣府居住的歐洲人，所以他們的處境即使沒有立即的危險，至少也有些不安穩了。令人不安的謠言四處流傳，當中多少有些事實的成分。如果這些謠言引發進一步的暴動行爲或仇外運動，可以想見我們這些傳教士一定無法平安脫身。在這種情況下，就算具有英國國籍的特殊身份也救不了我們，因爲漢人即使有意願，也沒有能力分辨外國番人的差異。我還記得十年前，當日本人動用武力處罰福爾摩沙南部的蠻族時，即使是讀過書的漢人也經常會問：我們是否與日本人住在同一個國家，說同樣的語言，臣服於同一位「番王」（Hwan-ong）或外國國王？所以，這次所展現的強烈情感和敵對意識，與其說是「反法」，還不如說是「反外」。

9月中旬，台灣府的情況變得相當危急，以致官府禁止我們探訪位於鄉村的各個教會。不久，我們一致認爲，學生要暫時先解散回家去。或許可以補充一下，幾週前已有數百戶有錢人，舉家遷往台灣府東方低矮丘陵的安全處。我們的工作此時也停滯了。在這段焦急等待與虔誠祈禱的期間，我們收到來自打狗的公告，要求我們採取更加果決的行動。公告是由當時駐在打狗的英國砲艇指揮官發出的，一開頭就寫道，有消息指出南方的港口可能會被轟炸，因此，聽到警鈴聲而於一小時內上船的歐洲人，都將受到保護。公文還寫道，等打狗的人都上船後，船馬上會開往安平，英國船艦會提供同樣的保障給需要的人。我們的所在位置台灣府，位於安平港內陸三哩處，而船隻必須在安平港外兩哩的開闊錨地下錨。這樣稍稍解說一下傳道會的地理位置，就比較容易理解我們此刻的處境了。

爲了配合公告事項和領事的建議，我們馬上安排讓婦女去廈門，同時也以醫院可以繼續運作的原則，決定留在台灣府的傳教士人數。我把「教士會」的檔案帶在身上，隨同其他同事前往中國。在我們抵達中國後沒幾天，就傳來淡水遭到砲轟的消息，並有正式公告提到，法國已將整個福爾摩沙西岸置於所謂的「和平但嚴格的封鎖」之下。安彼得醫師（Dr. Anderson）和涂爲霖牧師（Thow），因此在台灣府被困了六週，而我們這些暫居廈門的人，則不斷嘗試營救他們，或和福爾摩沙方面取得聯繫，但始終沒有成功。

約一個月前，加拿大教會的馬偕醫師路經廈門，要到香港和他的家人會合，那時他向我們既寫實又令人悲哀地陳述了在福爾摩沙北部所發生的事情。他推估，光是在淡水，法國方面就發射了上千發砲彈，他們的猛攻，被批評爲最野蠻、最魯莽的行爲。歐洲人的房子全都被摧毀，而且，那個小型外國人社區的所有成員，幾乎鎮日都暴露在最大的危險之下。一塊重約三十磅的彈殼，穿過馬偕醫師家的屋頂，射進大廳的地板，那裡每天都有很多人走動。馬偕醫師還說道，當地反基督教的大規模行動已經開始，情況相當嚴重，有兩個人被漢人暴民刺死，多達七座精美的教堂被夷爲平地。願上帝盡快解救祂的子民啊！但我們很高興獲知，直到五週之前，我們在福爾摩沙南部的弟兄都還倖免於這場苦難，平安無恙。

當然，我們無法確知何時能夠回到福爾摩沙，或者當我們再度回到福爾摩沙時，那裡會是怎樣的狀況。但大家似乎都一致認爲，不久之後，激烈的戰爭將在福爾摩沙各處展開，屆時所有在那裡的外國人，不是被迫離開，就是受到屠殺的威脅。

現在來談談廈門的情況。當我們幾乎是空手抵達廈門時，當地傳教士弟兄的仁慈款待，眞是令我們感動至極。我們這批人來到廈門後，整整病了兩個禮拜，馬雅各醫師並沒有和我們一起過來。還好有馬克利許醫師（Dr. MacLeish）無私的奉獻，他對我們的同情以及經常的探視，讓我們深深地感謝。

另外一件帶來光明的事，是我們來到廈門後，便和當地的弟兄有所往來，而他們的語言和福爾摩沙的弟兄是一樣的。但我的心情有一度感到很難過，因爲我們「教士會」最早的傳教中心，目前只剩下四位同仁在服務，而他們的工作量，也許需要費盡十個人的心力才能完成。對我個人來說，實在很高興能夠探訪「白水營」（Peh-tsui-ia，音譯）和「安海」（An-hai，音譯）等地，看到當地的會眾相當有組織，有自己的牧師和教師，並努力將光明和喜悅帶給眾多貧困的異教徒。

我能夠在最近這兩個禮拜造訪泉州和永春（Eng-chun），眞是極大的恩典。上一次我是在1874年，和杜嘉德牧師一同遊歷此地，每個人都知道，跟杜嘉德牧師同遊是多麼愉快的事。啊，確實如此！爲了基督國度能在這個地區降臨，他是如何地祈禱、努力與期盼啊！他若能看到當前爲仁慈、撫慰人心的福音所敞開的道路，又會是如何地喜悅啊！泉州眞是個古老的大城！在我們傳教的區域，沒什麼地方比得上泉州：不管是其悠久的歷史、知名的文風，或是大量的人口，都遠非福爾摩沙所能及。我們的同仁顏大辟醫師（Dr. Grant），在當地有一家醫院，也是當地唯一的一位歐洲人。他是我所見過最受當地民眾敬愛的人，不管在教堂內還是教堂外，大家都很喜歡和他來往。他在醫院內的勤勉工作，讓他的影響力從泉州快速地延伸到內陸，開拓出一片既廣大又宏偉的地區，相信這件事不久就會在中國弟兄間傳為佳話。我沿著泉州河北岸漫遊，深深沉迷於沿途的美景。不久的將來，永春的山谷將是在內陸建造傳教站的理想地點。與我同行的教會長老，對當地相當熟悉，他領著我通過鄉鎮（district city），前往許多大村落，那裡的民眾都很高興聽我們講道。

● 杜嘉德牧師
【取自《台灣盲人教育之父》】

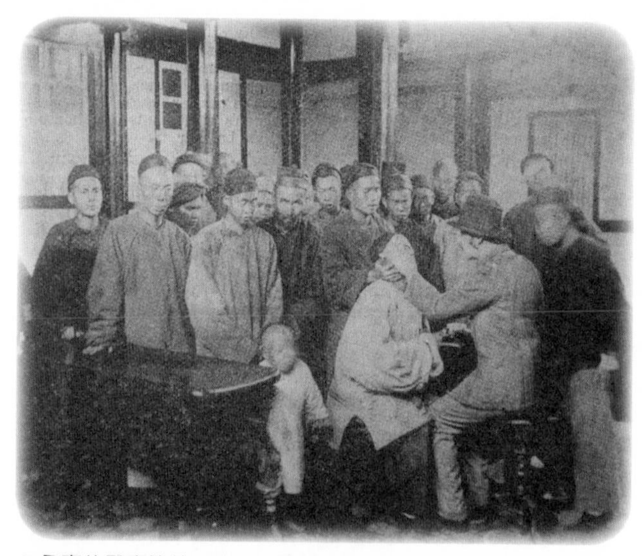

● 永春的醫療傳教【取自《台灣盲人教育之父》】

我們返回廈門途中，在「傑」（Kiat，音譯）弟兄那裡待了一晚，他是在「汕灣」（Sian-wan，音譯）做禮拜的成員。禮拜六，他陪我前去「汕灣」的教堂，很榮幸隔天我能夠接納他和另一個慕道者成爲教堂會員。我們在幾處偏僻的地方，都碰見了曾在泉州醫院接受治療的病人，病人名冊也顯示，這個地區散佈著數以千計這類的病人。可惜的是，此時無法騰出兩、三位已婚的傳教士到泉州定居。爲何家鄉的宣教總部不多派一位志趣相投的弟兄，來這裡和顏大辟醫師共同努力呢？

31. 放逐到廈門的愉快時光

Pleasant Banishment to Amoy

法國的封鎖仍持續著，所以我們目前還無法回到福爾摩沙。令人欣慰的是，雖然處於放逐期間，但福爾摩沙的傳教士並未因此而無所事事。廈門的弟兄能夠提供我們所需的一切設施，而且，要和這裡的中國人交談，語言也不是問題，在他們之間傳教，與在福爾摩沙居民間傳教無異。所以，在這裡補充一下我們最近的旅程，可能是適當的。

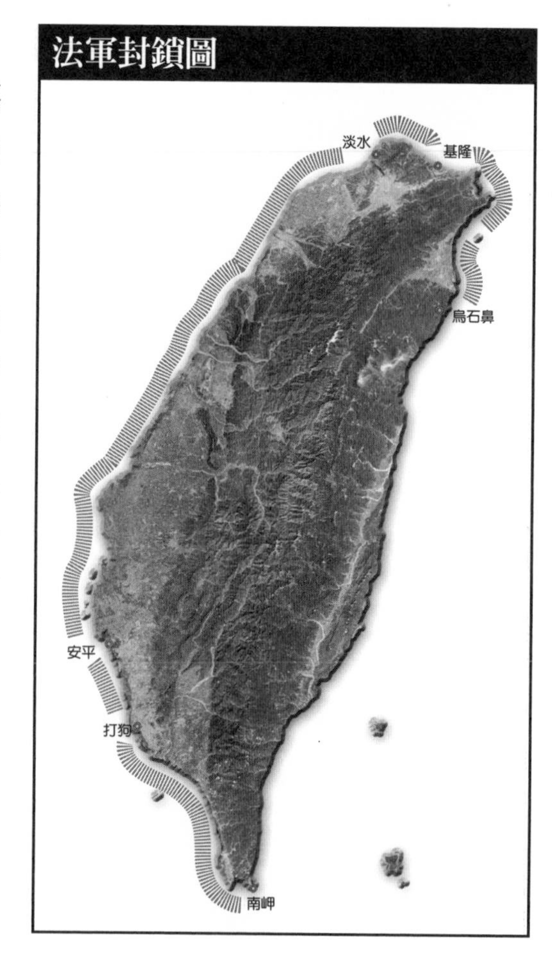

我在上個月14日離開廈門，當天中午抵達了「白水營」。通常傳教士在前往內陸傳道站的途中，都

會先在「白水營」稍做停留，以便和那裡的陳宣令牧師（Pastor Tan Swanleng）[1] 商討鄉間教堂通常會發生的事。這一次我和他談了兩個小時，我不得不說，廈門的同仁能有這麼一位熱心助人的漢人同工，眞是他們的福氣。

之後，我們前往「尤尾橋」（Iu-boe-kio，音譯），大約在日落前抵達當地的教堂。「德主」（Tek-tsu，音譯）是現任掌管教堂事務的傳道師，他是傳道會較資深的成員之一。當天禱告之後，我和他聊到很晚，饒有趣味地聽他述說，這裡草創時期會眾的故事。「德主」是個相當好的人，生性活躍，消息靈通，他從不張揚的熱誠，始終如一。顯然他深受我們的傳教先鋒——賓威廉牧師（Rev. W. C. Burns）[2] 的感召，聆聽他回憶那位獻身於主的忠僕的事蹟，令我相當振奮。

15日是禮拜日，我一早就起床了，和幾位友人一起禱告之後，就前往「烏獅」（Aw-sai，音譯），抵達當地的教堂時，弟兄們剛好做完

註

1. 陳宣令牧師（-1914），中國福建廈門人，《使信月刊》在提到此人時，其拼音為Tan Soan-Leng，與甘為霖的拼法略有不同。廈門中會曾派他至台灣，協助西拉雅地區之傳教事工（1882年5月17日至7月21日），或是因雙方合作甚佳，是故，他於次年提出請調台灣的意願，卻因故未能成行。其為人甚得當地人愛戴，故當他做六十大壽時，廈門地區所有高階滿清官員皆出席慶賀之。《使信月刊》有此照片。請參閱：《使信全覽》（台南：台灣教會公報社，複刻本，2006年），Vol. 44, 1906, p. 223。
2. 賓威廉牧師（William Chalmers Burns, 1815-1868）為英國長老教會派駐中國之首任宣教師（1847年），先後在香港、廣州、廈門、上海、汕頭、北京、牛莊等地佈道，漢文甚佳，曾因漢譯《天路歷程》一書而聲名大噪，他亦是將「Christian」一詞譯為「基督徒」之第一人。他曾至加拿大做佈道旅行，影響馬偕甚鉅，自稱其「小小的心靈也受到他精神的感召」，故其後，馬偕將「新社」禮拜堂命名為「賓威廉紀念教會」。

早上的禮拜。我在下午的禮拜中，對著一群專注的聽眾講述聖保羅的名言：不論身處何種環境，都能感到滿足。當晚我們舉辦了較小型的集會，讓我有機會進一步告誡弟兄，要遵守救世主的一切教訓。這裡要特別提一下「尤尾橋」、「烏獅」和「龍本勢」（Liong-bun-si，音譯）的會眾，他們統合在一個小會之下，因此每個月會有一次聯合的聖餐禮拜，在這三地輪流舉行。弟兄們現在很期待第一個禮拜日，屆時將要在「龍本勢」舉行聯合聚會。我也盡我所能做好工作，花了幾天的時間到教友家中訪問，也在這個區域傳福音。

16日禮拜一，很高興有兩位「聖經販售員」和三位傳道師加入我們的行列，一起爲亟需奉獻的各個村落付出心力。我們先做晨禱，短暫分享基督對十二門徒的命令後，便前往兩哩外的村落。我們此行懷著美好的盼望，期待能夠有傳教的好時機，也希望上帝能用我們帶來的訊息，喚起那些因爲缺乏知識而凋敝的心靈。我們剛進入這個村落時，發現很多人已外出到田裡工作，但當我們走到村內的寺廟時，那裡就擠滿了婦女、小孩和二十幾位老人。我開頭就說，我們今天早上爲他們帶來了好消息，再告訴他們，該如何在今生和永生過著神聖又快樂的生活。我接著宣讀〈馬太福音〉五章前12節[3]，然後進行長篇的講道，告訴他們，如果遵守神的旨意，連他們這群人都能得到上述那個人的人格與祝福。看到女性聽眾全神貫注的聆聽神情，眞是令人鼓舞，有一位年長的女性特別專注，並在最後問我，這些所宣講的是

註

3. 此即著名的「登山寶訓」，論八種充滿「逆理」（paradox）的福氣，例如：「哀慟的人有福了；因為他們必得安慰」等。

不是眞的。我講完後，另有幾個人上台做簡短的講道。在我們離開之前，這些人所購買的基督教小冊子，金額超過了兩百錢。

我們接著往別的方向走，前往三哩外的另一個村落。此行的一項目的，就是要和一位長期沒有參與公開禱告的教會成員談談。很高興這位弟兄坦然接受我們所說的話，他沒有爲自己辯解，坦承他過去幾年的生活不檢點。他說，這段期間他也很不開心，現在，有了上帝的幫助，他將再次努力嘗試，讓他的生活能與他的信仰相匹配。在此之後，我們又花了一個多小時，向聚在樹下的村民講道，他們懷著理解與善意，專心聆聽我們的話語。有人問要用什麼儀式來敬拜上帝，需不需要燒香或燒冥紙來向神祈求。當然，中國人對於基督教意義的「崇拜」一無所知，實在很難讓他們瞭解崇拜、讚美，或與上帝的交流是怎麼一回事，他們僅在被惡靈威脅、或希望得到世俗的利益時，才會暫時敬拜他們的偶像。因此，在這些異教徒眼裡，一群基督徒對著他們看來空無一物的地方，進行長時間禱告的景象，根本是個謎。我記得內社的熟番很久以前曾告訴過我，在馬雅各醫師初次探訪他們，要求大家禱告時要閉上眼睛的時候，引起了很大的懷疑。這位可敬的醫師大概沒想到，早期在那裡進行基督教事工時，總有一些勇敢的山地人隨身帶著武器，一面禱告，一面輪流透過指縫偷看他，以提防遭到攻擊。

我們在回「烏獅」的途中，中途想要休息一下，於是去到了第三個村落。「含」（Ham，音譯）弟兄是個「聖經販售員」，他在那裡發表了一場最深思、最生動，又最精神飽滿的演說，使我既驚訝又喜悅。當地民眾很喜歡他那種幽默的說話方式，對於他所提及的罪，以及耶穌基督所給予的救贖，民眾同樣印象深刻。之前，曾有三位弟兄因爲幫傳道會在附近的漳浦（Chang-pu）找到房宅，被知縣用竹板打了三百大板，可憐的「含」弟兄正是其中之一。我原本以爲他這個人很乏味，做事無精打采，但我從此事學到了教訓，不要以貌取人，不要太快就驟下評語。當天下午我們跋涉返回「烏獅」途中，我對「含」弟兄那番眞正優秀的演說讚美了幾句，他聽了顯得相當開心。

當天下午的後半段時間，我們忙著造訪幾位遭受戒規處分的弟兄，他們缺席了聖餐禮拜，有些人更做了不恰當的行爲。我們要記得，這群行爲失檢的教友必須抵抗相當大的誘惑，他們靈性的生命在眾多有害影響的圍繞下，竟還能堅持許久，這點反倒値得訝異。可以肯定的是，他們一旦開始缺席公開禮拜，墮落就只是時間問題了。只有少數人能夠自己閱讀經文，顯然大部分人都是仰賴傳道師的講道來瞭解基督教的眞理。所以，除了信心之外，我們還需要以非常溫柔、慈愛的心，來處理這些犯錯的弟兄。當然，我們也需要上帝那賦予生命的恩典，把這些迷途羔羊帶回上帝的愛與服務的正軌。

17日，禮拜二，我們一整天都在「烏獅」西北方的一些村落傳教。當晚回來時，我們的嗓子都啞了，精疲力竭，但是既高興又感謝上帝，替我們開啓了一扇大門。各地的居民都很友善，並且認爲有外國人和五位穿著端整的鄉民來訪，是件很光榮的事情。幾乎在我們停駐的每個地方，都有人拿出椅子和長凳來給我們坐。在一個村落裡，當地心思單純的村民更在戶外放了一張桌子，提供給我們茶水，以及他們手頭上所有最美味的甜點。我想，我們在「白葉林」（Whiteleaf Grove，意譯）所吸引的群眾，人數應該有兩百人左右。他們似乎對所有的演講都很有興趣，講道結束時，購買小冊子的金額約在兩百到三百錢左右。

18日，禮拜三，傾盆大雨下個不停。一大早我就告訴熱誠的傳道同伴們，要立即準備考試，因爲晚上我要考考他們對於保羅致提多書信有多少瞭解。這是個口試測驗，但爲了節省時間，我會先把問題寫下來。我很少看到有人這麼用功地準備考試。「聖經販售員」爲了要打好基礎，也希望沒有遺漏任何東西，於是努力把整部〈提多書〉都背起來。傳道師擔心問題會從不同方向出現，便用心鑽研漢文，做了各種索引，仔細搜尋〈使徒行傳〉以及其他書信，看看當中是否有關於提多和克里特島（Island of Crete）的敘述。我們七點進行晚間禱告，然後撤到教堂樓上的房間，花了兩個半小時來考試，並由我向他們盡可能完整、精確地闡述〈提多書〉的內容。他們的答案相當能夠達到我的期望，我敢眞摯地說，我們爲了更加瞭解〈提多書〉，以及他那有趣且重要的工作所做的努力，讓所有人都獲益良多。

19日禮拜四早上，我們都專心研讀「登山寶訓」。十點，雨停了，晴朗的天空似乎預告著美好的下午和傍晚，於是我們停止研讀，立即動身前往那些傳道師從沒有探訪過的村落。我們快到第一個村落時，納悶地發現有一群男人聚在一起。之後得知，這些人是因躲雨而暫時停止農事，但一旦讓他們在幾間空的大穀倉中賭了起來，即使雨停了，他們也不會再回去工作。他們聽了一會兒我們的講道，但顯然賭博的吸引力比講道大多了。我這次的探訪，恐怕對那個村落沒什麼貢獻。在下一個地方，我們也沒有太大的成就，因爲有許多頑皮小孩在一旁干擾，他們持續不斷地激動叫鬧，其他人根本無法專心聆聽講道，再加上幾隻長得像狼的惡犬放聲狂吠，更加深了我們的困擾與厭惡。但我們在下一站受到的待遇就好多了，約有一百個村民出來，安靜地聽我們講道。這些人多數是女性，是我們傳教士不可能接近的對象，除非透過像現在這樣的巡迴傳教，或經由女傳教士到她們家庭內進行個別訪問。裹小腳這項惡魔般的荒謬習俗，讓中國女人根本無法走較長的路程到教堂來。

很遺憾地，我們在20日禮拜五早上禱告結束後，就要分道揚鑣了。傳道師要準備禮拜日的禮拜，「聖經販售員」要往南前進，而我自己由於第一個禮拜日在「龍本勢」有聖餐禮拜，要去參加小會[4]。接下來的一週，我和幾位當地的弟兄在「去尾」（Khi-boe，音譯）地區的村落傳道與參訪，並及時趕到廈門，參加月初舉行的中會[5]。

我經歷這趟旅程後深信，以我們當前在中國的處境，亟需將傳福音、牧會和教導的工作結合起來，就像上面所描述的那樣。許多傳道師的受訓課程，猶遠遠不足，就得派駐到外地去。在派駐的村落中，通常只有極少數的鄰人會同情傳道師的工作，甚至有些本來該成爲熱切同伴的人，也會和他們處於敵對立場。因此我覺得，我們有時應該暫時離開居所，花個幾個月的時間，集合某個地區的五、六位傳道師，展開特別的讀經課程和露天講道訓練。固然，我們神學院和中學的課程相當重要，還需要更多人力投入，但我這裡所指的工作，卻是

註

4.「小會」為長老教會體制上，治理教會最基礎的代議單位，由牧師和長老組成，牧師為小會議長，是中會所指派的代表，長老則由會員選出，兩者共同組成小會。（摘自台灣基督長老教會《教會法規》）
5.「中會」由區域內之教會與機構組織之。中會之組成以十五個以上之堂會，其中應有超過三分之一之教會有駐堂牧師為要件。長老宗體制以中會為中心，舉凡教會之設立、管理及處置，以及人員之管理，皆以中會為主要機關。中會的會議，是由中會牧師團與屬下各教會所選出的長老共同組成，執掌並運作教會之宣教及各項有關事工。（摘自台灣基督長老教會《教會法規》）

像到加利利（Galilean）山區去傳教，或是一小群人南下，甚或延伸至約旦（Jordan）[6]。對於激發傳教士本身的潛能來說，沒有什麼比得上這類的團隊服事。在神學院或中學裡，整天都要求服從，但如果讓一個人帶領五、六個敏銳認真的年輕人上路，那麼他要非天使，就是笨蛋，否則他一定會依賴身邊年輕人的才智。

從現在的經驗看來，至少要有一個單位來處理以下幾點事項：首先，必須更細心地籌備宣教之旅，例如，籌備在會友、教會公職間的工作，籌備給傳道師們的課程，尤其是籌備外出宣道，對那些仍安適地坐在死亡陰影下的人們講道。其次，在任何的場合，都必須更加凸顯聖經文字的重要性。我們不能花費太多時間在回應異教徒的反對、道德論述、甚至是詳細闡述上，我們要用更多的時間來祈禱，並透過深入的閱讀，選擇上帝想釋放給那些可憐的罪人的信息。

註

6. 甘為霖這裡所說的團隊工作方式，基本上是仿照耶穌訓練門徒的方式，是一種「學徒式」的身教訓練，也是「小組式」的傳道實習課程。

32. 開拓澎湖群島

Pioneering on the Pescadores

澎湖群島位於福爾摩沙西南外海，兩者之間的最短距離約二十五哩，由二十多個有人居住的島嶼組成，並有許多的小島和礁岩。群島在地圖上的位置，是北緯23度12分至23度47分，東經119度19分至119度41分。這些島嶼統稱爲澎湖（Dashing Lake, or Phi-aw）縣或澎湖廳，由當地的民政和軍政官員管轄，再由這些官員向台灣府的高層官員呈報。

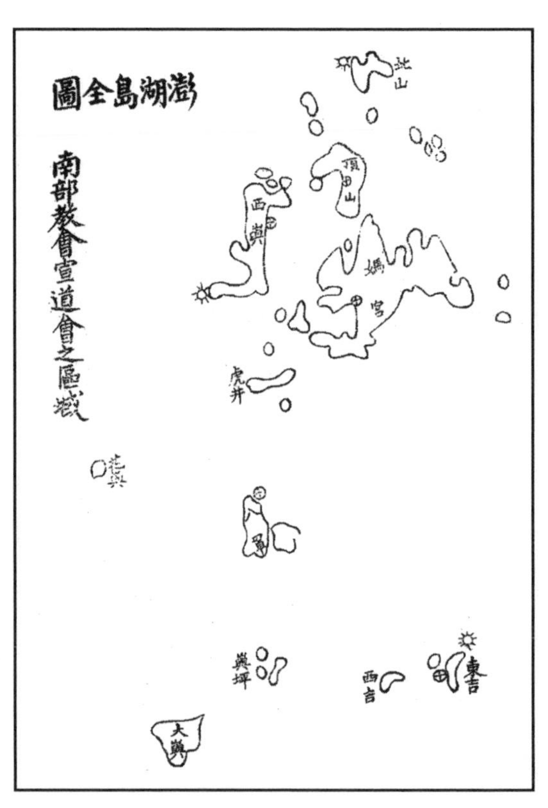

● 澎湖群島地圖【取自《台灣盲人教育之父》】

根據已故的皇家海軍柯林生船長（Captain Collinson）調查的結果，最大的島周長四十八哩，第二大島周長則有十七哩。最大的島位在東北方，當地史書將它命名為大嶼（Great Island）；第二大島位於大嶼以西，平均距離三哩，中國人叫它西嶼（West Island），歐洲人則叫它漁翁島（Fisher Island）。

馬公（Ma-keng）位於大嶼西南端，是澎湖群島的主要市鎮。馬公和島上最大、掩蔽最好的馬公港對望，同時也是澎湖群島和福爾摩沙西岸間，戎克船交易的中心。大嶼和漁翁島北端距離很近，這是因為兩邊的陸地剛好在那裡往內延伸，因而形成深礁湖或海灣，中國人便稱之為澎湖，如上所述，這個名字也用來統稱整個縣。其他的大島均座落在大嶼的南端，任何從馬公港駛離的船隻，都會先經過寬約六哩的八罩水道（Rover Channel），以及三哩寬的尖塔水道（Steeple Channel，即今望安島南方海峽），持續往南行，便可抵達群島最南端的七美（Junk Island）。

● 澎湖馬公海岸【取自《台灣懷舊》】

從遠處觀看，澎湖群島顯得很單調、乏味，全島各處的高度都不會超過海拔三百呎，大部分地區的高度都遠低於這個數字，地形很平坦，上頭也沒有樹林或灌木。必須近一點觀察，才會發現那些較大的島嶼，其實景致還算不錯。那些遠看以爲光禿、沙漠似的平原，其實上面已有高度的開墾。雖然強風、乾旱，加上貧乏的土壤，讓這裡很難看見稻田，但取而代之的是廣闊、隨風搖曳的高粱田，所以不會感到作物匱乏。許多村落的房子，都是用珊瑚牆打造，加上磚瓦屋頂，和福爾摩沙上用竹子和茅草蓋的房子完全不同，看來乾淨又堅固，並增添了整體景觀的吸引力。村落通常座落於舒適的小海灣，或是在靜謐的小灣上，在那裡，船隻既可以停泊，也隨時可以出海。

根據當地知識份子的說法，澎湖群島的人口約有八萬人。居民雖分散在各個島上，但島和島之間常有聯繫，馬公的官員和商人對各個島嶼的狀況也相當瞭解，所以此時要評估正確的人口數字，看來並不難。跟福爾摩沙一樣，大多數的澎湖居民都是來自福建省南方的移民後代。

通常，耕作是女性的主要職責，男性則負責捕魚，或是在福爾摩沙和澎湖群島間，從事以物易物的貿易。這裡出口的主要物品是鹽漬的魚、土豆、豬隻、家禽、蛋，用來換取稻米、番薯、水果、鹽和其他用品。遺憾的是，除了進口這些生活必須品外，當地也引進大量的鴉片。像這麼偏遠的地區，如果當地人對鴉片一無所知，相信也沒什麼好驚訝的，但事實並非如此，因爲這裡的鴉片需求量，遠超過福爾摩沙西岸的漁村。居民解釋道，惡劣的天氣有時會讓他們好幾週都被迫無所事事，也有很多人藉著抽鴉片，來紓解風濕和嚴重的頭疼。

有件可喜的事值得一提。澎湖的年輕人受了許多良好的教育，幾乎每個村落都有學校。有人告訴我，經常有上百個年輕人到台灣府參加三年一試的科舉。這裡常常可以遇見秀才，甚至有舉人出身澎湖。還有人向我指出一個不起眼的小島，說那裡有人在北京考取了大家夢寐以求的進士。

澎湖在17世紀早期就受到西方國家的注意。1622年，荷蘭遠征軍的指揮官試圖在澳門（Macao）建立基地未果。隔年，他們的小戰艇循著中國沿海北上，佔領了這些島嶼。他們在佔領的過程中，想必沒有遭到太大的反抗，因爲這時澎湖與福爾摩沙的貿易尚未存在，和中國的往來也不像現在這麼頻繁，而且澎湖當時的居民人數很少，幾乎全賴他們自己微薄的資源維生。因此，當地駐紮的官員做出結論，抵抗那些強大的外敵，根本就是瘋狂之舉，他們唯一能做的，就是眼睜睜看著荷蘭的旗幟，飛揚在這塊後來變成台灣轄下的澎湖縣。

當然，這裡發生的事很快就傳到了巡撫那邊。以下是柯林生船長的敘述：「廈門和福州的當局無法趕走這些新來的人，便要求他們移往較富裕的福爾摩沙。這個提議最初被拒絕，但經過一連串的談判、談判破裂、惡意攻擊、簽訂似是而非的條約，以及四千名中國軍人登陸澎湖，駐守在大嶼的堡壘後，荷蘭人才同意移往福爾摩沙，並在那裡建了熱蘭遮城（Fort Zeelandia，即今台南安平古堡）。因爲荷蘭人粗暴地對待澎湖當地居民及遭他們擄獲的囚犯，所以中國那邊的居民都不願意和他們進行交易。」

在這場衝突的過程中，清楚地凸顯了一個事實：這些歐洲早期的冒險家對澎湖的喜好，遠勝過較肥沃、幅員又廣闊甚多的福爾摩沙。原因很明顯，因爲澎湖擁有許多港口，但福爾摩沙卻有令人避之唯恐不及的東西：中國海上變化莫測的海潮，以及咆哮的颱風。荷蘭人攻打澳門的經驗，使他們一致認爲澎湖是比較好的選擇，因爲澎湖離中國只有一天的航程，離廣大的北方市場也很近，而且最重要的是，它所處的孤立位置，可以讓他們免於日常的困擾和突如其來的攻擊。

荷蘭人雖有意要削弱葡萄牙勢力，並在澎湖建造巨大的船舶及商業補給站來增強實力，但這個宏偉的計畫並未能實現。現在馬公港入口處，南岸上破舊的荷蘭堡壘遺跡，恰恰見證了這項不擇手段卻徒勞無功的企圖。

隔了整整兩百五十年之後，這個群島才又再一次具有舉國的重要性。1885年某個春日午後，福爾摩沙的居民聽到遠處傳來雷聲巨響，全都嚇了一大跳。其實，那不是雷聲，而是法國重型裝甲艦在摧毀漁翁島和馬公的堡壘時，所發出的震天聲響。這些堡壘配置了大量外國製造的槍砲，內有數千名緊急從中國召來的軍人駐守著。但這一切全都沒有用，戰鬥的方式與往日大不相同，法國的大砲艇已隱約可見了。

根據普遍的說法，雙方並沒有花費任何時間在初次見面的禮儀上，中國人立即對著前來的法國船隻開火，但法國船隻不爲所動，持續地往馬公方向前進，空氣中彌漫著不祥的寧靜。當雙方的距離縮短成來福槍的射程時，法國船隻忽然向城外的堡壘開火，砲火之猛烈，想必讓許多人滿懷恐懼與詫異。的確，有人說看到法國槍枝竟有如此這般的破壞力，中國的軍官和人民都從壕溝裡逃竄出來。但這個說法並不完全正確，因爲之後那些身體正面受傷，被送到台灣府教會醫院療傷的士兵人數，清楚地說明了不少可憐的平凡士兵，曾經可敬地抵抗過外來入侵者。

法國一佔領馬公，就發出公文告示，說事件的緣起乃因兩個大國的爭執，人民不須爲此負責，他們會保護無辜人民免於各種不必要的苦難，愛好和平的人民沒什麼好害怕的，並且他們向當地居民請求的任何商品或勞力，均願以時價來支付。

大約就在這個時候，孤拔將軍（Admiral Courbet）——孤大人（Kok Tai-jin）——的名號，開始深受澎湖人民的敬愛。在他的鐵腕治理下，法國水兵持有任何過多的事物都要受到檢查，他並以各種方式來讓大家知道，只要新的政權繼續維持，人民不發生騷亂，則人民的財產和安全就會受到保障。

● 孤拔將軍【原書附圖】

很多馬公的商店和房子，不是被船隻發射的大砲擊毀，就是被撤退的中國人毀壞，這些中國人不想留給法國人任何東西，也可能是想帶走一些戰利品。儘管如此，破敗不堪的屋況卻阻止不了上百位在開戰前逃離的居民返回澎湖，也降低不了他們想要盡可能賺取雪白美好的墨西哥洋幣的急切欲望，這些洋幣這時正陸續湧入當地。法國人大量雇用當地居民來做苦力和船夫，建築工和木匠也容易找到工作，而且法國人每天購買大量的魚、肉、蔬菜，價格讓中國佬大爲開心。在這段雙方相安無事的期間，歐洲人完全沒有進行迫害，中國人也完全沒有想過要報復。

法國人結束短暫佔領之前，在馬公造了兩座木製的登岸碼頭。雖然這兩座登岸碼頭是用上等木材建造的，而且很容易就可以拆解，但是當法國人撤退時，仍然讓它們保持原狀。另外，法國人也保留了一間眺望馬公的小教堂，那是供作太平間之用的。但令人深感遺憾的是，法國人不知是出於自私或謹慎，留下了很多未爆彈，有些是埋在地底，有些則放置在馬公附近的空地。貪心的中國人將腦筋動到這些危險的東西上面，卻不小心造成意外，因此發生了不下五起意外，至少有二十人死亡。他們成功地拆除一枚砲彈，用裡面的炸藥賣得三百錢，但是他們卻向未爆彈丟擲大石頭，希望把金屬打碎，再撿碎片來賣錢。最近的一起悲劇事件，有一位年輕人生還，但他的兩個同伴已被炸成碎片。當時，我剛好也在附近，便向地方縣令請求，把所有的未爆彈都集中到漁船上，然後丟到一百二十英尺的深水裡，但是縣令大人只以勉強一笑當作回應。

另外一件令人悲傷的事，就是看到三處孤寂的墳地，裡面埋了因病或重傷而去世的法軍官兵遺骸。最遠的一處墓地，座落在「馬公灣」（Junk Bay）對面的低矮山腳下，另外兩處則位於眺望馬公的平原上，那裡也可以看見澎湖港的海水。法軍待在澎湖的時間並不長，卻留下這麼多的墳墓，因此可以想見法軍的死亡人數是多麼驚人了。中國人承認，這不全是因爲戰鬥所造成，一談到法國人常因爲熱病和霍亂而長眠於此，他們也顯露出眞正的同情。這三座墳場的牆、門、木製十字架、還有其他物品，沒有受到當地人的破壞，都能保持完好。約在去年6月中旬，我和眾人站在一起，透過大門，看到尖碑上鑲著珊瑚，上面有可愛的手舉起，用來緬懷孤拔將軍。周圍的群眾非常熱切，也很健談，以下是他們對孤拔將軍的一些評語，他的紀念碑就豎立在眼前：「伊眞好膽！（I chin ho-ta!）」「伊不只嚴！（I put-chi giam!）」「伊勢體貼甘苦人！（I gau the-thiap kan-khaw lang!）」勇敢、公正、富有同情心，這是多麼高貴的見證啊！而這些評語竟然出自他所征服的人！有哪位眞正的騎士能達到比這更高的成就？群眾裡至少有一人脫帽向他致敬。

現在，該是提及澎湖傳教工作的時候了。約兩百五十年前，琉頓牧師（Rev. Joannes Lutgens）在此致力於數年的傳教工作後逝世。五十年前，著名的郭士臘先生（Gutzlaff）在前往福爾摩沙途中，曾在此停留，但時間相當短暫，也僅限於發放小冊子和經文。以上便是在我這次探訪之前，所有能找到的造訪澎湖的記錄。

四個月前，我離開台灣府，前往彰化的教會進行通常的牧會工作。之後，我得到機會，能夠到我們廣大轄區中的一些鮮少探訪的城鎮和村落傳福音。那時我忽然覺得，長久以來我想到澎湖去傳教的

● 孤拔中將墓碑【取自《台灣回想》】

希望，時機已經成熟了。當我向高長（Tiong）傳道師提到這件事時，他立刻熱切地表示想要陪我一起去，於是我們安排在5月底從大社出發。

我們往西南走了三天路程，來到沿海的村落東石（Teng-chioh，即今嘉義縣東石鄉），發現有艘戎克船要前往馬公。我打算搭乘的要求，似乎引起了船上其他人的疑心和貪念，但我們經過一番爭論，終於達成協議，正式揚帆了。我在那艘可憐的小船上，度過了最悲慘的三天。八個水手中，有五個人會抽鴉片，他們經常吞雲吐霧，讓船艙總是黑煙密佈，使我無法待在船底。另外，當我們慢慢沿河而下時，突然刮起強風，把我們卡在河口，還不時要將我們的老船吹上周圍的沙洲。到第三天，天氣好轉了不少，我們經過十個小時的順利航行，船隻終於在6月6日禮拜日晚上，平靜地抵達了馬公港。

隔天早上，我們一上岸，就被一群好奇的圍觀者包圍。因爲謠傳法國人希望再回到澎湖來，所以官府理所當然就派人來問我是誰？來做什麼？他們前來詢問時，我們正忙著販賣小冊子，當我告訴他們，我來自福爾摩沙的教會，來這裡只是要傳教，他們似乎很滿意我的答覆。

我們經過一些必要的準備後，前往林兼金老家所在的村落，他曾是我們在福爾摩沙「大學」[1]的老師，也是熱心傳播福音的傳道師，

註

1. 台南神學院創於1876年，早期通稱「大學」或「神學校」，為台灣第一所西式教育之大學。一百多年來，名人輩出，影響台灣歷史甚鉅。《使信月刊》有其早期「大學」外觀照片。請參閱：《使信全覽》（台南：台灣教會公報社，複刻本，2006年），Vol. 41, 1903, p. 85。

● 台南神學院前景【取自《南部台灣基督長老教會設教七十週年紀念寫真帖》】

但在幾年前死於家鄉。我們在南寮村（Lam-liau）待了兩天，村裡有一千位左右的居民，附近也有好幾個村落，看來是設立傳教分支的良好所在。雖然現在林先生的工作還沒有看到顯著的成果，但是居民對我們已故的弟兄卻相當敬重，他們現在聆聽講道也相當專心，心無旁騖。在我們的第一場集會中，大概就有三百多人坐到半夜，聽我們講述人類的原罪，以及藉著被釘在十字架上、之後又復活的救世主，我們才能獲得救贖。大家離開之前，問了許多問題，這些問題對我們有相當大的鼓舞，因爲它們清楚地證明，我們的講道並沒有白費。隔天，我們同樣也舉辦了一場很棒的集會，並且有幾十個人善意地來訪，和我們談談他們個人內心平靜的問題。我注意到，集會的時候，小孩非常高興能坐在群眾前排，幾位稍長的孩子也很高興能拿到精美的圖畫傳單。在大嶼的這個地區，派駐一位傳道師的時機已然成熟。至少有四個人曾在外地聽過傳教士的演講，他們對福音已有些許的認識，所以透過這些朋友的協助，就不難在當地找到適合建教堂的地方了。

接著，我們在赤崁（Chiah-kham）做了短暫的停留。赤崁是大嶼最北邊的鄉鎮，也是和福爾摩沙魚販進行買賣的小型中心。當地人聽說了我們在南寮附近的工作，已準備好迎接我們的到來。幾乎每家都派出代表，到岸邊的廟宇參加我們的集會。他們非常專注地聆聽，直到午夜才肯散去。

我們造訪了幾個地方後，我請高長弟兄去另外兩個村落傳教，我自己則僱用一條小船前往吉貝嶼（Kiat-poe-su），也就是海軍地圖上所稱的鳥嶼（Bird Island）。我很想到這個島來看看，因為中國海這個區域的船難，幾乎都發生在該島的北端。有幾個人告訴我，因為英國領事最近乘軍艦來，對那些經常拯救船難者的勇敢居民，提供了豐厚的賞賜，所以當地居民對外國人非常友善。當我們的小船越靠越近，船上唯一的乘客又是個外國人，很多居民便知悉我來訪的目的了。當我走上沙灘，馬上聽到有人大喊：「牧師！牧師！」（Bok-su! Bok-su!）我們的禱告在過去幾週以來不斷獲得回應，而

● 高長傳道【取自《南部台灣基督長老教會設教七十週年紀念寫真帖》】

這時的呼聲正是回應之一。叫喚我的那位仁兄，之前去過幾次台灣府，對我們工作的性質有些許的瞭解。之後，我向聚在海邊的民眾傳教。那時有一艘小船慢慢靠近，結果正是忠誠的高長乘船前來，他相當樂意幫助我，能力也很足夠。我大略地數了一下成排坐在沙地上的民眾，我們很快便聚集了約四百五十位聽眾。當天晚上，高長的講道深具力量，他用熱情和親切影響了眾人。

翌日，我們抵達員貝嶼（Wan-poe Island），在那裡待了幾天，進行宣教和講道。之後我們到白沙嶼（Sand Island）訪問。我們在前往漁翁島的十三個村落傳道途中，經歷了一次危險的航程。漁翁島上有很多傳教機會，相當吸引人。那些民眾全神貫注，首次聆聽關於永恆生命的話語，這幅畫面我永遠也忘不了。我們有些集會是在清澈的月光下舉行，同樣令人印象深刻。的確，根據過去的經驗，我相信在滿月的夏夜向村民傳教，時機最是恰當。當然，必須要以正確的方式來進行才行，民眾得事先知道我們已來到隔壁的村落，以及我們希望當晚能在廟宇或其他戶外地點和他們聚會。另外，必須注意隨處可見的調皮男孩，要特別當心他們來搗亂，因爲我們有好幾次傳教的機會，就是被成群頑童和村莊惡犬發出的咆哮噪音所打斷。最好一開始就先處理他們，只要一點小安排，就能夠爭取他們的心，甚至成爲我們最熱絡、最有用的小盟友。

如此一週艱苦卻愉快的工作即將接近尾聲，我認爲該回馬公了。我從各個方面都看得見清楚明確的傳教良機，所以希望租賃房屋來做爲當地的總部，以利進一步的發展。我也希望能夠進一步探訪南邊的八罩嶼（Rover Group，即今澎湖縣望安鄉）。因此，我們再度雇了一艘敞船，經過六小時顛簸的逆風航行後，終於登上馬公港口。我們不斷向上帝祈禱，希望能有熱心友善的當地人提供協助。我們對當地完全陌生，也不知道該向誰求助，只能將隨身的行李放在路邊等待。高長先到各處探詢打聽，他回報說，當地人因爲害怕被衙門的差役逮捕，所以不敢對我們表達善意。某位長者邀請我們到他店裡，說馬公人都聽說了我們的工作，對我們也很同情，但因爲懼怕官員，讓他們有所保留，再加上最近法國轟炸馬公一事，更讓他們卻步。最後有個人前來，說他願意負責幫我們找到房子。過了一小時，我們來到租屋處，發現它其實和馬廄差不多，又黑又髒又濕。我們在那裡接待所有來訪的人，每天向外面聚集的群眾講道。

在這種情況下，我們必須忍受粗糙的中國食物，以及難以入眠的住所。我因此而病倒了，感到極度地痛苦，身邊卻沒有人可以瞭解或解決我的需求。我幾乎不知道他們是如何把我弄上一艘官方的小汽船，將我帶往中國。高長弟兄繼續待在那裡傳教，而我則孤獨地空手離開。

我連續病了十天，但仍盡可能快地返回福爾摩沙。我一回到福爾摩沙，就從淡水長途跋涉到大社，在那裡，有台灣府的弟兄捎來的最親切、最友好的訊息在等著我。信上說道，我們這趟澎湖之旅引起南部弟兄很大的興趣，他們決定要捐贈款項，在那些島上進行長久性的宣教事業。我們抵達的那天晚上，大社教堂的聚會擠滿了人，我對他們敘述了澎湖傳教工作的細節，並告訴他們，這趟造訪已引起南部基督教弟兄的迴響。在我結束演講之際，一位備受敬重且深具影響力的弟兄站了起來，他說上帝確實回應了他們的禱告，而且，若非現在在場的人，長久以來期待先在自己的彰化縣城傳教，他將非常樂意幫忙澎湖的傳教事業。他接著說，爲了澎湖的宣教，他願意捐獻至少三十

● 馬公教會內部【取自《南部台灣基督長老教會設教七十週年紀念寫真帖》】

元。後來，第二個人站起來，願意捐十元，第三個人承諾要捐五元。在接下來的四十八小時內，他們達成了一項決議，即大社教會應努力在鄰近的彰化城內建立固定的傳教事工。

下列的句子可做爲上述描述的總結。不久，我們看到福爾摩沙南部教會團結一心，誠摯地履行在澎湖建立傳教事工的承諾，眞是令人精神鼓舞。他們募得足夠款項之後，便選派兩位傳道師住在那邊，要爲傳教運動建立長遠的基礎。現在，這些弟兄遇見了許多鼓舞的事物。即便如此，我們還是很難去高估，基督徒在漢人與野蠻人的改信過程中所發揮的影響力。他們把澎湖傳教事工視爲許諾的志業，因而這項新的、充滿希望的外地傳教，可以說具有無限的可能性。

33. 彰化遇險記

In Jeopardy at Chiang-hoa

彰化縣城一直是我們密切注意的地方。當地的居民以狂亂難羈聞名，我們試過好幾次，想要向他們傳教，卻都以混亂和騷動收場。但是，由於台灣府的醫院和其他事工，部分的當地居民已對教會有些瞭解，所以我們經常想，應該可以在那裡展開固定的傳教工作了。但要這樣做，我們必須先取得一個可以固定聚會的場所才行。

如果想要在中國的大城市找地方做傳教所，幾乎都會面臨不小的

● 地勢險要的彰化城【取自《台灣懷舊》】

困難，有時甚至會有危險。官府和文人都不喜歡傳教士，他們若要鼓動民眾反對傳教工作，實在易如反掌。最近大社的弟兄募款，準備要在彰化建立傳教機構，讓這件事有了新契機，也使我們意識到，該是斷然解決這個問題的時候了。

我剛好在夏天造訪彰化地區，非常欣慰能有機會伸出援手。我在幾位當地弟兄的陪同下，到彰化城做了兩、三次的初步探訪。經過我們的打聽，發現有位屋主經濟出現問題，他願意跟我們交涉。他在西門街（West Street）的寧靜路段上有兩間店，如果經過必要的整修，就可以用來當作診療和傳福音的寬敞場所。在這期間，我們暫時寄宿一間小旅社，住在兩個黑暗的小房間內。那是一間惡名昭彰的旅社，裡面匯聚了鄰近地區所有的害蟲和惡臭，有沒有人能夠告訴我，可有人住在這類的旅社而得以無恙呢？骯髒污穢、通風不良、凌亂不堪、有損健康等詞，都不足以描繪其惡劣情況，如果住在這裡的人沒有得霍亂、黑死病或其他致命的傳染病，那才叫人大惑不解呢！在目前的情勢下，我也幾乎不敢冒險出門，因爲「耶穌教會」（Jesus-Church）想尋覓根據地的消息，已在當地引發強烈的反對聲浪。

一開始，我們付了五十元給那位貧窮的友人，當作部分的款項，並讓他簽署一份文件，確認我們的交易。我問他知不知道，這就代表了我們能夠擁有他的房地產。他就像一般的中國人那樣，急忙抓了錢，便期待以一系列的意外事件爲藉口，讓他不必交出所有權狀。結果，五十元才落入他的手，馬上就在當天被揮霍一空了，所有權狀也散發給曾預支金錢給他的親戚。此時外界紛紛謠傳說，有錢有勢的外國人（他們認爲）還會支付更多的款項，許多債主便找上了門，堅持要先拿錢來付清他以前的欠債。

這時，彰化城裡排外和反傳教士的風潮日益熾烈。我們一位當地的弟兄外出購買日常所需時，馬上就被認出來，並被一群尾隨的人威脅要取他的性命。我有好幾次遭到群眾圍聚，他們用令人很不舒服的方式，粗暴地推擠我。還有一次，我走在城牆上時，許多人向我丟石頭，我只好倉皇遁逃到街上，繞過一連串的後巷，逃回我們令人沮喪的小房間。過了兩天，有些卑劣的人聯合起來，來到我們暫居的小旅社，決心要把我們逼走。他們衝破大門，開始大聲辱罵威脅我們。那時大概是凌晨兩點，但漆黑的街道被他們眾多的火把照得很亮。我馬上走出房間，態度和善地對他們說，時間這麼晚了，他們該回去休息，但換來的回應卻是他們的大吼大叫，不准我們在當地建立外國教堂。過了一會兒，群眾激動的情緒緩和下來，但這是因爲他們宣稱有了其他的策略，可以阻撓我們。顯然，此時只要有人率先動手，我們絕對會血染街頭。

我幾乎不知所措了。我們當中，年老的教會長老「歐拿」（Auna，音譯），因爲壓力和缺乏睡眠，已經開始崩潰。我們都知道，一旦此時放棄立場，將來就無法在彰化重新取得立足之地。我們不斷向上帝禱告，請祂替我們開啓一條道路，但一切仍是如此陰暗，毫無希望。最後，我懷著渺茫的希望，決定去拜訪縣令大人，看看他是否會介入此事，讓我們的契約得以實行。我想，他頂多會和之前幾位我們所遇過的縣令大人那樣，禮貌性地答應會調查這件事，然後再告知我們，我們要合法擁有土地一事，有著無法克服的困難。首先，我請衙門的差役將我的漢文名片呈上給大人，但是他們回覆我的信差說，縣令大人很忙。我再呈了一次，結果回覆說縣令大人正在睡覺，不希望被打擾。第三次上呈時，他們就拒絕接受我的名片了。所以我乾脆自己上街，穿過騷動的群眾，直接走進縣衙的大門。我經過第一、第二層門，直接站在縣令大人的官邸前。他一定有看到我前來，因爲我看到他急急忙忙地走進內室，匆匆繫上官袍。大人一出現，我相當震驚，也大大鬆了一口氣，因爲我們在八年前的某個特殊狀況下就見過面了。

爲了讓大家更加瞭解此事，我要稍微離題來說明一下。1878年，我曾前去恆春縣造訪當地幾個未開化的部落。當時在南岬附近，有人在人煙罕至的海岸，看到一小群官員和民眾，他們似乎對所謂美國船隻遭到船難，以及被蠻族掠奪一事，感到相當興奮。我經過調查之後，發覺那艘船的負責人行爲相當異常。那艘船是在某天晚上撞上柯涼灣（Kwa-liang Bay，即今恆春半島鵝鑾鼻附近），當岸上的當地人問他們有什麼需求時，船上的人卻拿來福槍對準他們，禁止任何溝通的行爲。當信差告知恆春縣令這件事時，縣令立刻就派了幾位官員前來，但這些官員也一樣遭到船上人員的驅逐。接著突然出現相當怪異的進展。就在天黑前，恆春的信差還在附近，另一艘船出現在這個荒涼的地方，在距第一艘船三百碼外下錨了。結果第一艘船的人急忙坐上小船，乘往第二艘船，然後第一艘船便轟的一聲巨響，炸成了碎片。從小船乘客的態度可以想見，這場爆炸是事先就預謀好的。

那時我在龜仔律造訪當地蠻人後，又往北走，到崙貝（Lambay Island，即今小琉球）傳福音，然後繼續北上前往打狗。我一到港口，很意外地發現當地出現不尋常的騷動跡象。港外停泊了三艘大戰艦，這裡從來都沒聚集過那麼多海軍軍官和水手。我也看見身穿長袍的中國官員，身旁有武裝士兵隨行，似乎相當程度地掌管了這個地方。我一抵達宣教所，英國領事就通知我，說南岬有艘船發生船難，並遭到野蠻人掠奪，法庭正在審理美國船長的要求，那位船長說，中國政府應賠償他所遭受的巨額損失。不知怎麼地，我忽然想到兩件事：第一，幾年前中國政府因爲類似的情況，付給了日本五十萬元；第二，這個美國同胞的行徑相當詭異。

好博遜先生（H. E. Hobson）是海關的稅務司，當天也處於警戒狀態，他一聽到我從遙遠的福爾摩沙南端來到這裡，馬上就請我告訴他，我所知的有關那兩艘船的故事：一艘載煤的船遭毀，殘骸被沖到岸上，恆春縣令派來的守衛，孤單地在水邊架起帳棚，他們銜命要盡可能地提供協助。簡言之，我在夏道台（To-tai Ha）[1] 的邀請下，出席了老友韓德生領事所主持的法庭。在場的所有中國官員中，以恆春縣縣令最熱情歡迎我，他的轄區正是所謂的船難和掠奪發生的所在。結果在我精心準備的那張狀紙的影響下，這位美國船長以惡意詐欺的罪名被押解入獄。

現在站在彰化衙門後廊的這位大人，就是當時那位恆春縣的縣令大人。一年前，他獲得升遷，負責掌管這個大縣的事務。在我剛進入時，他的態度有點強硬，但當他想起八年前我們相遇的狀況時，整個人的態度和神情立即大變。他馬上牽起我的手，禮貌地把我帶到內房，叫隨從拿點心來，並問我需要什麼幫忙。我告訴他，我們在這裡和地主的往來上遇到困難，地主收了我們租屋的錢，卻好像不願意或沒能力履行約定上的責任。縣令大人命令兩個隨從去把那個地主帶來，同時也和我天南地北地閒聊。那個可憐的窮人一到這裡，大人便

註
1. 夏獻綸，道台任期為1873-1879年。

● 彰化教會前景【取自《南部台灣基督長老教會設教七十週年紀念寫真帖》】

告誡他，如果他不馬上履行交易的責任，就會受到最嚴厲的處罰。可憐的傢伙！我眞心替他感到難過，他整個人嚇得手足無措。

之後我起身，辭謝縣令大人，但他卻親自送我出門，陪我走到內庭的中央，前面的兩扇大門都打開了，我們通過外庭，走到衙門的入口，群眾都讓出路來。然後，大人當著數百位群眾面前，用最熱忱、最有禮的方式與我告別。無庸置疑地，這件事情馬上傳遍城內，許多人也因此對我們改觀。的確，後來有人告訴我們，縣令大人曾告訴他身邊的人，說我是他的老友，八年前幫過官府，所以他不容許有任何人干擾我。

雖然這場會面經廣為流傳後，讓事情告了一段落，但是當我們眞正要取得房地產時，還是遇到很大的問題。所以我之後又去見了縣令大人兩次，他還是用一貫敬重友好的態度接待我。我們最後一次會面時，他說他要調到其他縣去了，而接替他的人，正是十二年前的某天早晨，我衣不蔽體地出現在他面前的那個人，當時我剛從白水溪教堂被燒毀的事件驚險脫逃出來。

最後我要說的是，在上帝掌管之下，我們在彰化這個排外的異教徒城市能夠有立足之地，要多虧縣令大人的幫忙，但是他現在卻躺在衙門，變成一具冰冷的屍體了！我們才剛買好教堂的房舍，仍有許多事情還沒安頓好，但此時這位高大、積極的官員，才四十五歲左右，卻不知何故，在幾小時內就發病猝死了。現在流言四起，說他是被毒死的，但我不認爲這種說法值得深思熟慮。

我們在這裡舉辦的第一場集會，擠滿了許多自願前來的聽道者[2]，場面相當愉快。我們用率直、寬容與耐心來對待這些人，結果許多人都對我們懷有好感。在他們之間的事工，需要花上一段時間，才會見到些許的成果。然而，不論是大社教會自願提供經費來興建此地教堂，或是我們現在已合法在此購得房地產，在在都讓我們心懷感激，並對未來深具信心。我當時表達這種感覺的方式，想必令我的漢人朋友感到訝異。我快四個月沒見到歐洲人了，天亮時又即將前往埔里社，所以在離別之際，我忍不住要一遍又一遍地高聲唱出蘇格蘭版本的聖歌，在我心中，這首歌已與「彰化之役」緊密地連結在一起。在此我要把每一句歌詞寫下來[3]：

註

2. 原書註：長老教會台灣大會於1912年10月24日在彰化成立，全體無異議通過，邀請甘為霖牧師擔任第一任主席。

以色列族你當照誠實講，
若不是上帝伸手照顧阮，
若不是上帝本身保護阮，
當時對敵起來欲攻擊阮，
發大怒氣阮就被伊吞去。

千眞萬確對敵欲吞滅阮，
阮可知影個欲緊緊吞阮，
個發大怒氣阮嘛攏知影，
凶惡縱橫萬物全然消融，
對敵掠阮靈魂欲落陰間。

彼時艱難如水淹阮身軀，
親像大水兇狂欲淹阮死，
感謝上帝有拯救阮脫離，
對敵欲吞親像勇猛野獸，
感謝上帝伸出全能的手。

阮親像鳥對敵有設羅網，

註

3. 此首聖詩有許多版本，原文為蘇格蘭蓋帝語聖詩版本（Gaelic Hymns），第97首：Now Israel may say, and that truly. 本譯文為福佬話版，摘自台灣基督長老教會《聖詩》，第44首：「以色列族，你當照誠實講」。蓋帝語版原文有四小節，而福佬話版卻僅收錄一、三、四節，故第二節之福佬話譯文，為校註者所增補也。

阮曾受掠四面無可盼望，
羅網破裂阮靈魂就釋放，
主耶和華創造天地主宰，
阮靠祂名永遠免受陷害。

後記：有兩件事和前述的彰化先驅性傳教活動有關，或許可以提一下。第一：當我某次休假回國時，英國伯斯郡布斯基（Bonskied in Perthshire）已故的巴羅伯牧師（Rev. R. W. Barbour），請我告訴他更多關於彰化傳教運動的詳情，之後他提供給我們海外傳道會一大筆經費，希望這筆經費的利息，能夠在福爾摩沙的中心——彰化，永久維持一座教會醫院。十六年來，在這間醫院中，蘭大衛醫師（Dr. Landsborough）以其精湛的醫術和熱誠的工作，向大家顯示了上帝的祝

● 蘭大衛醫師及醫師娘【取自《台灣盲人教育之父》】

●第一屆台灣大會（前排中央持圓帽者為甘牧師）【原書附圖】

福。第二：經過數年來友善的協商，台南、淡水的教會代表，於1912年10月24日在彰化的寬敞教堂聚會，將這兩個宣教團整合在統一的台灣大會之下。筆者有幸受到大家一致認可，成爲大會的主席。倫敦母會的秘書長白爲霖牧師（Rev. W. M. Macphail）出席了這次會議，彰化地區的基督徒代表、廈門大會的代表和其他人也一同前來，獻上恭喜及祝賀之意。願主保佑大家！

34. 魯凱族熱烈歡迎

Welcomed by the Tsarisen Tribe

漢人用「傀儡」（Ka-le）來指稱居住在福爾摩沙東南部的蠻族，而我剛好從探訪該處的幾個魯凱族部落歸來。之前我在南岸（Lam-gan，即今屏東縣新埤鄉南岸村）停留期間，發現當地教會長老的母親是魯凱族人，而且長老本身也很熟悉魯凱族的語言和習俗。聽完他所描述的魯凱族情況後，更激起了我的慾望，想要親身體驗一下這個族群和我最近所造訪的，位於埔里社東邊山區的霧番、蠻番（Ban-hwan）及「甘打萬」等部落，彼此之間有多大的差異。我在主持竹仔腳的聖餐禮拜之前，剛好有幾天的空閒時間，所以我便和這個教會的傳道師，以及一位健壯的挑夫，在上個月25日天剛亮就出發了。

南岸地區的東邊可見群山矗立，但要走到登山口，我們得先艱苦步行整整五個小時。正當前方還有一大段路途要走時，我們意外地發現，前面有一大群當地人在大吼大叫，看起來相當驚慌。附近沒有村落可供藏身，我們很可能會被捲入嚴重的宗族鬥爭。當我們越往上走時，才鬆了一口氣，原來是一大群漢人正忙著和蠻族交易。果然，他們身邊帶了很多煤炭、柴薪、毛皮、還有其他貨品。那些買賣者故意散佈消息，說我們此行不懷好意，準備要來傷害人，因而大大耽擱了我們的行程。一直到我們提供一點報酬之後，才有幾個健壯的傀儡番願意帶路，領我們到他們位於「加蚌」（Ka-piang，即今屏東縣泰武鄉佳平舊社）的部落。這個安排相當不錯，因爲據說掌管附近十八個部落的首領，就是居住在那裡。

不久，我們費力爬上陡峭的高山，從頂峰往下看，景色相當壯觀。西邊的稻田一望無際，交錯夾雜一片片的毛竹林，而往前遠眺，目光所及，層巒疊翠，鬱鬱蒼蒼。嚮導說那片山林已經進行開墾，每年都會產出很好的小米、煙草和番薯。日落前約一小時，我們在另一座山脈稍做歇息，在那裡可以望見「加蚌」。我們看著這個座落在壯麗景致之中的孤立部落，心中湧起無法言喻的歡喜，迫不及待要讓當地居民初體驗耶穌的故事和祂的慈愛。

我們一進入「加蚌」，立即被乾淨、儉樸的環境所吸引。他們的房子是用石頭建的，砌上大塊石板，這種岩板在福爾摩沙中部很常見。屋內的隔間看來很不錯，用來當作睡覺、煮飯、儲藏各式東西之用。當地居民看起來是個身材合宜、面容健康的種族，臉上沒有刺青的圖騰，衣著也很得體，很多人穿著顏色鮮豔的服飾，戴上耳環、手鐲和紅玉項鍊。

我們很快就被帶到酋長的住所。那是一間位於左邊的長型屋子，看來低矮，但很堅固，前方植有檳榔樹，以及寬闊的鋪石庭院。屋內已經聚集了一大群引頸盼望的村民。我們在走到酋長住所途中，看到另一個值得注意的建築，那是一間倉庫或穀倉，裡面保存了小米、芋頭、番薯等收成品。我們還注意到一個寬廣的石頭平台，它位在有四根樹幹的大榕樹底下，旁邊的人告訴我，這個平台是族裡用來審判或聚會的地方。

我已準備好要見酋長，但沒料想到，接見我的是兩位莊嚴的女

● 佳平社頭目屋宅（左為住家，右邊的茅屋為穀倉）【取自《生番行腳》】

士。在福爾摩沙南部，女性當酋長和部落長老並非不尋常的現象，但就我的記憶所及，在北部就沒有這種習俗。這裡的一切似乎都運作良好。這兩位歡迎我們的女士是姊妹，她們看起來相當睿智，並且很習慣於群眾的遵從。之前提到她們掌管附近十八個部落，而這些部落又各自有男性或女性首領在掌管。

之前，已有傳令者四處宣傳我們的到來，所以這裡聚集了相當多人。在介紹我們的重要時刻，以及之後我們就某些更嚴肅的問題進行演講和交談的時候，都大大仰賴部落裡某位會講福佬話的老人的幫助。前半小時的活動很有趣，進行了一些我預料不到的儀式，一位接著一位有影響力的族人站起來，向我們保證他們的友誼與殷勤。他們的語言帶有明確的音樂頻率，聽來相當悅耳，感覺和我們北部的熟番弟兄的語言很像，但我後來得知雙方的語言並不相通。

在行禮如儀之間，我用福佬話對他們說：所有在場的人都是上帝的子民；我經常聽說他們美麗的家園，現在我到此來當大家的好朋友；我來自很遙遠的地方，但那裡有些人會想到他們，並爲他們祈禱，希望上帝在天堂能夠眷顧他們；住在榮耀之天的就是上帝，祂是我們的天父；祂希望所有人都能成爲祂的子民；以及諸如此類的話。

那位年紀較長的女性酋長瞭解我的目的後，便說他們熱誠地歡迎我，也說他們這個寒酸的地方，沒什麼吸引我們的東西，但他們一定會竭盡所能地讓我們感到舒適。之後，我再一次對這些渴望的群眾，講述聖經裡比較簡單的眞理，他們全神貫注地聆聽著。我的話透過那位有用的傳譯，引起了他們臉上的讚許表情，讓我大受鼓舞。

最後，我們拿出幾樣禮物來，包括一塊十二碼長、顏色豐富的印花棉布，立即引起所有人的讚嘆與喜悅。這是一塊來自曼徹斯特最劣質的布料，上面有顯眼的花朵和漩渦的圖騰，然而，它卻在這些民眾心中留下了相當深刻的印象。所有的拘束都被拋開了，大家看著我，認定我也有參與這塊美麗布料的製作過程。消息立即傳開，說最厲害的巫師現在正來到這裡，他們緊繃的情感終於得以紓解，下令立即準備晚餐。

之後我們還舉行一場更大的集會，翻譯者「龜仔物」（Ku-a-mih，音譯）同樣幫了很大的忙。此時的進展在於告訴他們怎麼向上帝祈禱，如何用歌聲來讚美上帝。他們很喜歡埔里社熟番的曲調，我們用這種曲調唱了好幾首甜美的福佬話聖歌，這些歌曲肯定被反覆地傳唱。傀儡番顯然較能理解這些本地音樂，這不是我們從家鄉帶來的聖歌可以比擬的。這場集會一直到深夜才休息，我永遠都忘不了當時的情景，上帝讓我們能夠實際瞭解到，這些人民真誠自然的善良本質。

隔天早上我四處閒逛時，不經意看到山谷對面有個部落，幽美地座落在「加蚌」東南方的山丘坡頂。該部落看來人口眾多，而且往返那裡也不會太難，但當我請人擔任嚮導陪我同往時，他們卻馬上表示反對，叫我千萬不要去那裡。他們還說這趟路途比我想像的還遠，那裡的村民和他們關係不好，我在那裡可找不到東西吃，所以沒人願意陪我過去。

各式各樣阻止的理由，只讓我更想前往「本滴」（Pun-tih，音譯）一探究竟。我很樂意再說服他們一下，結果，約一小時後我就啓程了，陪同我的是傳道師，以及一位經驗豐富的當地老人。我們才走了一段路，就發現其他人並沒有誇大其詞，路途果真是艱困難行。我們攀爬而下，一路往下滑，途中所能接觸到的狹窄平地，都是預告著下一個更困難的路段。我們在攀爬至對面山丘的半山腰時，有一圈石牆頗引人注目，裡面是漢人被殺害後的頭骨。可想而知，當地有獵人頭的習俗。當天早上，我才指著一個破損的新鮮頭骨，對「加蚌」居民表達我的強烈反對，但他們立刻回應：「Lang-wah! Lang-wah!」意思是，他們所有和獵頭相關的習俗，不但不該責怪，反而該好好讚揚。

最後我們在「本滴」並沒有很大的收穫，當然，如果有那位樂於助人的老傳譯隨行的話，狀況應該會好一點。該部落的族長也是女性，年紀輕輕，受到邀請時有走出來，坐在離我們有點距離的地方。成年人圍繞在我們旁邊，盡其所能地提供我們所需的協助。我記下他們所說的一些語言。福爾摩沙各地原住民部落的語言雖有不同，但彼此之間顯然具有緊密的關聯性。所以懂一種語言，要學其他種語言就很容易，而且懂一種語言，就可以用來和數千人溝通了。

「本滴」的地勢很高（「加蚌」也是如此），所以看到居民還能享有大量清涼澄淨的水，相當令人開心。我們這時更是喜歡這裡的水，因爲他們除了水之外，不願提供我們其他更有價值的東西。我們雙手空空而來，所以族長及她身旁的顧問認爲，最好不要補給我們糧食，以羞辱我們這種可惡的做法。但他們無法阻止我們欣賞四周的壯麗景色，也無法阻止我們看到，山谷另一邊山坡上的兩處可愛小村落，它們跟「加蚌」只有一點點距離。

由於無法向當地的民眾講道，所以我們決定馬上啓程返回「加蚌」。當時我們眞的很餓，還得再攀爬一次那個陡峭的V型大山谷，但返回「加蚌」度過另一個夜晚，似乎是善用此趟旅程的最佳方式。「加蚌」人熱烈地歡迎我們歸來，對於這趟短暫卻艱困的旅程，他們還稱讚我們來回的速度相當快。我表達還想繼續探訪其他地方的意願，很高興竟然沒有人提出反對，反而爽快地承擔此事，安排由酋長本人、傳譯「龜仔物」，以及幾個勇敢的年輕人陪同，要跟我一起前去在「本滴」外圍處所望見的那兩個部落。

在此同時，由於禮拜二還有幾個小時是空閒的，我決定至少要花點時間，來瞭解當地人所使用的字彙。我選了榕樹下的石椅坐下，五、六個略通福佬話的男孩慢慢靠近，我一叫「龜仔物」，他就會過來，大家都很樂意幫忙，結果所有的人都覺得，這是一件既有趣又容易的事情。在他們的語言中，「阿」（a）這個音佔有很大的比重，就像馬來話那樣。而且，雖然很多字的發音不同，但毫無疑問地，他們的語言與埔里社的熟番，以及更東邊的蠻族所說的語言，有相當程度的類似性。以這點爲基礎，再加上我最近到南岬的龜仔律原住民部落所收集的資料，我敢說，只要能充分瞭解任何一種原住民族群的語言，再稍作一點點額外的努力，就可以在福爾摩沙的東部暢行無阻，這顯然也是獲得這些民眾信任的最便捷方式。誠然，「五旬節事件」[1] 就表示了教會應該以「他們各自的語言」，來傳揚神偉大的事工。如果沒有這種語言的力量，就無法改善福爾摩沙原住民的生活。官府當前在此開設學校、傳授漢文的計畫並未成功，因爲漢語很難發音，漢字又神祕難解，孩子們經常會逃避這些困難，再次跑回山林，過著自由自在的生活。

順道一提，我們在這些東部部落間所遇到的男孩，實在是很討人喜歡，個個善良、直率，而且身體健壯。他們很有趣、自然、自信，就像英國男孩那般。那天晚上，當我在記錄他們的語言時，他們是如何取笑我的錯誤！當我把五個小糖果罐四散在他們周遭之際，那是多麼美好的時光啊！我猜，我走到哪，那些勇敢的小傢伙都願意跟著我吧！年紀較大的人也不得不展現出和善的態度。毫無疑問地，在將來的很長日子裡，我們的來訪將一直成爲他們的話題。

第二天晚上，舉行了基督徒的禮拜，開場是由我們幾個人來唱聖歌，之後感謝上帝引領我們來到這裡，懇求透過耶穌基督，救贖眞知的光能破除這個地區的黑暗。之後，我試著講授一、兩個聖經的基本眞理，我們的小朋友抬頭仰望，大眼睛中帶著信任與好奇，而當傳譯試著「解釋使大家瞭解其中的意涵」時，大人也不時發出了讚許之

註

1. 「五旬節事件」是指《新約》使徒行傳二章1至5節的記載：五旬節到了，門徒都聚集在一處。突然，從天上有響聲下來，好像一陣大風吹過，充滿了他們所坐的屋子，又有舌頭如火焰顯現出來，分開落在他們各人頭上。他們就都被聖靈充滿，按著聖靈所賜的口才，說起別國的話來。

聲。他們似乎再次對崇拜中的讚美部分相當入迷，我們唱了「主耶和華是我牧者」和「我欣慕救主耶穌」[2]。雖然唱的幾乎都是福佬話聖歌，但我們還是努力引起他們的興趣，並教導他們來唱。

翌晨，我們前去造訪在「本滴」所看到的那兩個部落。較近的那個部落，他們稱做「吐苦霧」（Tu-kuh-vul，音譯），較遠的那個（約半哩遠）則稱做「卡拉路契」（Ka-la-lutch，音譯）。傳道師還是待在後方，我、我的童僕、翻譯者和一小群充作榮譽衛隊的武裝人員，則陪同酋長一塊旅行。有一次我四處環顧時，剛好看到隊伍中那位尊貴人物所採取的特殊旅行方式，可以說有點原始，也不夠威嚴，卻相當便利。一個強壯的夥伴帶著一條長長的布，也可能是獸皮，將它的一端繫在額頭，另一端則掛在後方，用來支撐酋長大人的膝蓋，因此酋長等於是被背負在這個男人的背上，看來相當挺直，並試著在這種很詭異的姿勢下，盡量保持舒適。我還要特別提及，相較於其他女性族人，這位原住民女士的衣服材質精緻許多，品味也更高。她的另一個特色是，腰際掛著一把長刀或匕首，木鞘有黃銅製的漩渦做裝飾。我們一接近「吐苦霧」，就放了幾聲槍，宣告我們的到來。剛好那時我走在最前面，最先遇見出來迎接我們的居民。這群人當中，有一位看起來像是首領的男子，他真是個高大英俊的傢伙。之後他們告訴我，他的確是部落的首領，而且是我們那位女酋長的丈夫。他身穿一件

註

2. 這兩首聖詩至今仍收錄在台灣基督長老教會《聖詩》中，分別是第六首與第二八四首。前首的歌詞出自蘇格蘭詩篇，在1871年由Jessie S. Irvine譜曲而成。後首的歌詞出自Anne R. Cousin，作曲為Chretien Urhan（1834），在1867年由Edward F. Rimbault編曲而成。

● 由背架衍生而出的背人器具【取自《台灣懷舊》】

光彩奪目的豹皮大衣，上面綴有許多銅製的鐘型小裝飾，因此他的一舉一動，都會發出黃銅撞擊的叮噹聲，這種聲音還不算太難聽。

這群人就像「加蚌」的朋友一樣，從他們款待我們的方式看來，他們生活過得還算不錯。就現在這個場合來說，他們確實是以直率、慷慨的方式來對待我們。我們在首領的屋內，遇見了一大群人，我該說這些人是尊貴的嗎？幾乎每個人都想把一碗碗的熱湯、大堆的肥肉、番薯吃個精光，甚至連他們平時賴以維生、不算難吃的小米粥也不放過。當這群屋內的人移到室外時，最明顯的景象就是，男性普遍喝著淡酒，我想這是基於對我們的尊重。他們敏捷地相互傳遞這種酒，用一種特製的杯子來喝，那是從同一塊木頭刻出的兩個杯子。當他們喝酒時，會以手繞著對方的頸子，彼此靠在一起。就我所見所聞來判斷，這些人不像水番和龜仔律蠻族，並非酗酒的族群。用完餐後，我們

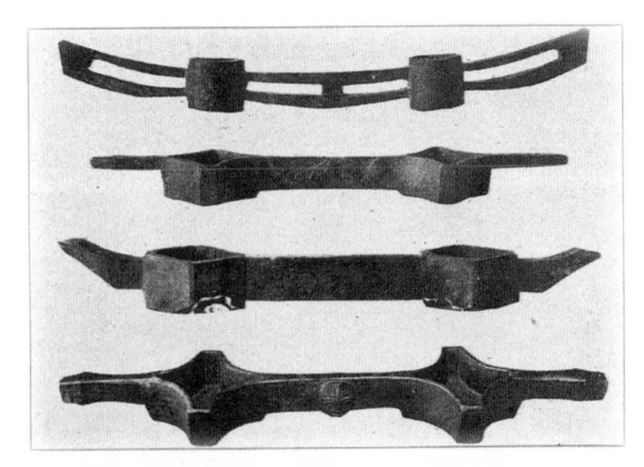

● 各式的連杯【取自《台灣回想》】

沒待多久就前往「卡拉路契」，一個比「吐苦霧」稍大的部落。同樣地，當地的人很敬重我們，也熱情慷慨地款待我們。

● 原住民習慣與人共飲，用以表示親善【取自《台灣懷舊》】

我們在樹蔭底下待了一會，很多村民開始聚集過來，該處剛好可以眺望漢番交易之處。他們一開始便請我喝一碗黃色麥粉狀的飲料，但我覺得安全起見，還是不喝的好；然而當地的成年男性卻認爲，這種飲料的滋味相當美妙，一口就喝（或吃）下肚了。顯然當我們來到時，他們發現沒有烈酒可以助興，但又想表示好客之意，所以就用我們面前這幾個大罐子裡的東西來招待。罐子裝的就是我剛才所提到的，是釀造初期的一團潮濕小米，這種狀態的生原料，飲用起來既不安全也不宜人，但有些飲酒老手竟然這麼享受這種飲料，實在相當不可思議。

當我們回到「加蚌」時，發現部落裡已聚集了很多其他部落的人，因爲他們知道我們隔天早上就要離開了。其中有群人來自「吐苦霧」，那是我們今天上午去過的地方。我們唱了更多首歌，並試著再次揭示我們此行的主要目標。我告訴他們，應該祈禱在不久之後，會有人前來教導他們成爲上帝的眞正子民；他們必須棄絕現在的行爲；上帝是全知的，如果人犯錯，上帝會替他們感到很傷心，但他們只要悔改，祈求因爲耶穌的緣故而寬恕他們的罪，上帝就會加以寬恕；如我之前所說的，耶穌是他們最好、最眞誠的朋友，如果他們單一地信靠耶穌，一切就會如他們所願，毋須害怕；耶穌最終會帶領他們上天堂，天堂是個美好的地方，所以要請求耶穌帶領他們上天堂。當然，我不知道透過「龜仔物」的翻譯，這些簡單語句的內容，究竟會發生多少變化，我更不知道在這些可憐的人類弟兄心中，「龜仔物」的話會引起什麼樣的意念。但我們很感謝他們的安靜聆聽，而且他們看來似乎能夠理解我們話語的大意。啊，即使用盡一切手段仍感到無助！啊，但願上帝慈愛的精神能夠很快地找到途徑，帶領他們獲得救贖的知識！

當晚要分別時，幾位居民送我們一些小禮物，包括之前提到的酒杯、「吐苦霧」族長雕飾精美的長刀、雕刻不甚精細的木盒，還有年輕人送的一些小東西。我該送的禮物都送了，但此行的最後，我還是送給「吐苦霧」的朋友一張色彩鮮豔的床單，中間織著一個大大的英國皇冠。我比手畫腳地解釋，這個圖像是在遙遠的英國，我們摯愛的領袖用來裝飾的東西。族長聽了笑一笑，似乎認爲這個東西可以提升他的權威，讓大家更加敬重他。

隔天我們起個大早，在太陽昇上我們背後的山頭之時，就已經走了一大段路了。我們第一個眞正停下來休息的地方，就是之前已提過的，在往內陸行進時所經過的那個交易處。在我們休息片刻時，一堆小商人立刻湧上前來，迫切想知道當地人怎麼款待我們，以及當地是否擁有黃金或其他値錢的物品。很多漢人都認爲，像我們這樣的旅程，目的一定是爲了珠寶（chu-po）或其他貴重事物。由於一天最忙碌的時間還沒開始，同行的傳道師又能夠讓許多在場的客家人聽得懂他的話，所以我們就站到一塊大石頭上開始傳道。很快就有一群人聚集過來，聆聽我們緩緩道出那位「無可比擬」的祂。我們能成爲這一偉大事業的使者，是多麼愉快的事啊！傳道師的演講相當敏銳，也很自由奔放。

我們繼續往回程前進，很快就抵達南岸的教會，回到了這趟冒險的起點。

35. 到偏遠地方傳教

Out Again by the Highways and Hedges

我們通常只有在出去探訪外地的教會時，才有機會在福爾摩沙各地從事傳播福音的工作。宣講上帝話語的重要使命，竟只是附屬性的地位，確是憾事一件，但若想到事奉的人數有限，既有的牧會和教育工作又得花費如此多的時間，我們實在很難想像能有更好的情況。儘管如此，我們偶爾還是會特別到偏僻的鄉鎮進行宣教活動，尤其是在農曆新年時，我們通常會趁著空檔，到更偏遠的地區宣教，一年當中，這算是最好的時機了。一年到頭，各地的人都爲了世俗的工作忙碌奔波，只有在十二月的最後一天，不論男女老幼，全都停下腳步，花上好幾天來拜訪朋友，尋歡慶祝，或只是到處蹓躂，什麼也不做。這時會有大批的群眾圍繞我們，聆聽我們的傳教。當然有人把假期都花在賭博和鴉片上，但仍然有人爲了聆聽更好的忠告，花好幾個小時來等待我們。

我們幾天前剛結束的那趟巡迴宣教，相當振奮人心。我體會到這類型宣教工作的必要性，也看到它對參與者所發揮的良善影響。有幾位當地弟兄與我一同參加這次的巡迴宣教。我們當初離開台灣府的時候，沒有任何特別的約定，對於晚上該在哪裡投宿，也沒什麼頭緒。我們在灣裡（Wan-nih，即今台南縣善化鎮）的市鎮上，大約聚集了兩百人，賣出約一百九十本的小冊子，並在一座廟前傳述神的話語。我們也在店仔口停留了一個多小時，在這個惡名昭彰的地方，努力告訴當地的群眾，除非他們悔改認錯，否則就只能在罪惡中滅亡。

在完全不認識神的人當中傳教，總感格外地困難。人們對於聖經中的「原罪」全然無知，他們不認識上主，不認識聖靈，對於天堂、地獄或任何基督教眞理，全都一無所知。當我們試著講解眞神上帝時，他們便下定論，說那就是他們所拜的某個偶像。當我們提到原罪時，這些人便立刻辯解說，他們不是壞人，只是一群認眞工作卻很貧窮的平民百姓。當我們談論到被拯救的極大恩典時，就有一些急迫的人問說，我們身上所穿的精緻外套，一碼布要多少錢？我們這樣宣教，一個月能賺多少錢？我們雖然遇到這麼多的挫折，但每當想起至高上主差派的使命和應允，我們便能重新得到力量。況且，看到有些人能從物慾薰心的人群中脫穎而出，漸漸活出耶穌的樣式，便讓人感到相當欣慰。我們確信，這樣的情形會一次次地出現，而這些成果不僅讓我們能繼續忍受宣教的辛苦，對其他人更是最欣喜激揚的事。

後來，我們前往土庫（Thaw-khaw，即今雲林縣土庫鎭）。我們隊伍中的許朝陽（Tiau）[1]弟兄，是台灣府神學院的學生，先前在這裡相當有名，現在，他和三年前尚未成爲基督徒時的朋友重溫友誼。我們

註

1. 許朝陽（-1902），雲林土庫人。原本計劃要當和尚，之後，在1876年12月31日，於嘉義由甘為霖接納受洗，其間曾任甘為霖雜役，後就讀「大學」（神學院），入學時間不詳。按其與甘為霖至土庫宣教日期為1878年2月，那時他已是神學生，可卻遲至1881年3月，他仍因與「教士會」木匠「萬師」之女的婚姻問題，而拒絕返回大學就讀，可見其就學時期頗長。之後，曾派駐大埔社、阿猴、木柵、拔馬、麻豆等教會，1902年因患痲瘋病，逝於麻豆教會。

在禮拜三下午抵達土庫，立即發現此地跟其他漢人和原住民聚落比較起來，樣貌十分不同。尤其在一年當中的這個時候，竟然看不到一排排供賭博用的長桌子，看來當地賭博的風氣已不復存在。我們一問之下，才知道當地名叫陳大鑼（Tan Toa-lo）的官員，不允許賭博這類的事，對於犯錯的民眾都處以嚴厲的懲罰。鴉片煙嚴格禁止，賭博絕不寬貸。

● 許朝陽傳道
【取自《南部台灣基督長老教會設教七十週年紀念寫真帖》】

由於此地偏離北上的主要道路，鮮少有歐洲人造訪，所以，對外國人的好奇心，正是一路上驅使這麼多人跟隨我們的主要原因。當我們說明來意後，他們興奮地喊說，當地最大的廟空著，可以供我們傳道，他們在那裡能聽得更清楚，我們也不會站在這裡打擾到其他人。於是我們便前往那座廟，在短短半小時內，那邊已聚集了一大群聽眾。一位資深的「聖經販售員」說，這是他在福爾摩沙所見過，人數最多、秩序也最好的群眾。廟公親切地拿出板凳，我們便輪流站在上面，向擠滿廟殿及廟埕的群眾宣教。

我想我們當天演說的三人都聖靈充滿。最令人欣悅的，是聽到許朝陽弟兄果敢卻謙遜的講道。這是他離開嘉義後第一次來到這裡，想當年，他還是貧困無知的少年，是個怎樣努力也無法脫離苦力或小販生涯的年輕人。因為他接受了外國人的邀請，到台灣府受基督教的訓練，所以街坊鄰居對他又憐惜又憎恨。有一些土庫人當眞認為我們拐走了許朝陽弟兄，他們這輩子再也沒機會見到他了。然而事實與這些荒謬的流言相反，許朝陽弟兄又再一次出現在眾人面前。雖然他是離開了一陣子，但從他現在整潔文雅的外表、無畏眞誠的話語看來，實在很難說教會像某些漢人所堅信的那樣，是個害人的機構，或讓好好的一個人變成野蠻的禽獸。

資深的「聖經販售員」李豹弟兄，也對著民眾高談闊論了一個多小時。看到他們充滿熱情的傳道話語所引起的效果，讓我更加體會到，我們多麼需要一群受過訓練的當地人來協助傳教工作。喔！如果每個鄉鎮都有一個這樣的人就好了！雖然我們的集會已經超過預計的時間，身體也感到相當疲憊，但是群眾仍催促我們開始販售小冊子，直到我們答應再多停留一天，好讓他們有更多的機會聆聽福音、購買我們的出版品時，他們才平靜下來。因此，我們在禮拜四舉行了三場集會，大約賣出了五百本小冊子。

大約也在這個時期，我跟三位學生在新港（Sin-kang，即今台南縣新市鄉）度過相當愉快的一天[2]。新港是一個漢人的大市鎮，位於台灣府北邊約八英哩遠處，很多當地的居民都曾經來過台灣府醫院看病。有趣的是，在17世紀前半期，這裡也是荷蘭傳教會總會的所在地。在我們來訪的前幾個禮拜，木柵的「米」（Bi，音譯）執事才剛來過，那時當地平埔番（已開化的原住民）的通事和很多鄰居均表示，他們很想多聽一些新的「救世主的教義」。

大約在早上六點，我們從巨大的北門出發。早晨的天空雖然不

註

2. 茲因甘為霖的《素描福爾摩沙》一書，是擷取自《台灣佈教之成功》書中部分內容，輔以筆記資料，再於設定段落主題之後，增補而成，是故，不免剪接題材，難保順序倒錯。例如，本篇前段述及土庫部分，摘自《台灣佈教之成功》第十八篇：「公路與圍籬」，日期為1878年2月；而論及新港部分，則引自第十七篇：「新港的佈道」，日期為1877年10月。請讀者諸君於閱讀引用之際，務必小心在意才是。

太晴朗，卻讓人感到格外涼爽，使我們毋需像平常那樣用遮陽眼鏡和洋傘。福爾摩沙早晨的露水是多麼的豐沛啊！當我們離開這座城市時，想到這些晨露就像是黑門（Hermon）和錫安山（the mountains of Zion）滴下的露水那樣，情緒眞是激昂無比[3]。在那天中午之前，上主也要將滿滿的祝福充盈在我們所選擇的這塊土地上。巴克禮牧師（Barclay）[4]正在黑暗密佈的嘉義地區；施大闢牧師（Smith）則在南方約五十英哩外的打狗；而我們敬重的醫師，在資深的「聖經販售員」及其他人員的協助下，也在台灣府蓄勢待發；在更北之處，則有馬偕和華雅各（Fraser）兩位牧師，以及一群訓練有素的傳道師，大家都期待著人子再來的一天。

我們沿途很少停下來歇腳。當我們抵達新港時，有一群三十多人的戲班也同時到達，準備在當晚進行盛大的表演。從種種外在條件看

3.《聖經》〈詩篇〉一百三十三篇第3節：「又好比黑門的甘露降在錫安山；因為在那裡有耶和華所命定的福，就是永遠的生命。」

4.巴克禮牧師（Rev. Thomas Barclay, 1849-1935），又稱巴多瑪，為蘇格蘭格拉斯哥人。他除了創辦「台南神學院」（1876年），整合培育傳道師之機構外，還回英國學習印刷術，創辦台灣第一份報紙：《台灣府城教會報》（1885年，即今之《台灣教會公報》），為台灣創刊迄今，歷史最悠久之報紙。此外，現行的教會羅馬字聖經，亦出自其手，文筆典雅，向為學習福佬話者之最佳教材。他除了博聞強記之外，亦以「電氣學」聞名於世，對攝影亦甚感興趣，《使信月刊》即有數幀巴克禮夫婦巡迴教會的攝影作品。請參閱：《使信全覽》（台南：台灣教會公報社，複刻本，2006年），Vol. 36, 1898, p. 236。巴克禮牧師曾因1895年，日軍攻台，兵慌馬亂之際，受府城耆老所託，甘冒危險，至市郊引領乃木將軍，兵不血刃入城，為救民於苦難之英雄，日本天皇事後特頒證「五等旭日勳章」，以嘉獎其功績。1935年，巴克禮牧師來台六十周年之際，逝世於台南，其後，且名列《大英百科全書》名人錄。

● 野台戲是當時民衆最佳的娛樂【取自《台灣回想》】

來，他們顯然佔盡優勢。一座廟前已搭起了大棚子，他們也有大量的服裝、武器，和諸如此類的器物。任誰都看得出來，圍觀的群眾正急切地等待觀看這些偶像崇拜、不潔的娛樂表演。但我們知道神與我們同在，所以便不再猶豫。雖然我們既虛弱又膽怯，但我們抬頭仰望，就像亞伯拉罕的老僕人那樣，默默祈禱上帝能讓我們順利進行，讓我們的話語能在這些勞苦重荷的新港人心中發酵。

沿途已經有一些群眾開始跟隨我們，當我們走過繁忙的市集時，跟隨的群眾更是快速增加。最後我們來到一塊寬闊的空地，在此展開我們的工作。理所當然地，想知道我們爲何而來的疑問和意見源源不斷。有些人認爲，這裡只是我們北上途中的一個歇腳點，我們的轎子和包袱就在後面；有些人認爲，我們是要來施展醫術的；還有一小部分人以爲，我們是歐洲的批發商，要到這裡尋找販賣鴉片的商機；以及種種諸多的猜測。當我們告訴當地的居民，這些並不是我們來此的目標，我們來這裡，是爲了講述眞神，以及如何達到永恆幸福的途徑，他們聽了後顯然放心許多。要向一群異教的漢人聽眾講述聖經的眞理，實在是一件極端困難的事情。

一開始，他們的話題總是放在與靈性毫無關係的事物上；然後，當他們開始注意聆聽時，卻又不斷地誤解我們不完善的口語所表達的種種意義。在這種場合，我們只有盡可能地簡單扼要，每個人一次只闡說一個論點，我則以「這世上只有一個眞神」來做爲開場白：祂無處不在、無所不知、神聖又仁慈，並看顧一切祂所造的，最終會依照每個人的行爲做出審判。當我在講道時，時常有人打岔，還有一個好管閒事的人，就像似懂非懂的翻譯員那樣，直說我在倡導他們崇拜的，其實就是「天公」（Thi-kong）。這個「天公」，是他們自己創造出來的比較高檔的神祇。

其中一位神學生的演講非常生活化，也很實際，他探討人在神的眼中所犯的過錯，像是不認主、拜偶像，還有我們日常生活所想所見的惡行。當他提及抽鴉片煙時，就有人趁機說，都怪我們外國人種植鴉片。他的意思是說，要不是外國商人提供鴉片來源，漢人也不會有人吸鴉片。這件事在很多場合都被提及，而我發現最好的方法，就是坦承我們對這些貿易商人著實也感到很大的遺憾，但即使如此，這也不能當作有人吸食鴉片的愚昧藉口。對於這樣的解釋，通常大家的接受度都很高，但每當想起我自己的國人，必須要爲鴉片在中國氾濫，使得成千上萬的人淪爲無助的受害者，而背負起很大的責任時，心中的羞愧實在令人難以抹滅。我們在此停留約兩個小時，進行講道，並和許多人交談。有些人對於講道內容提出疑問，也有人表示他們想要更深入瞭解這道理。結束時，我們很快地就賣掉了三、四十本基督教的小書籍。

我們回到之前所提的那座廟，看到那群戲班子幾乎全都擠在神像前賭博。我試著向跟在我們身後的人說些話，但情況實在過於混亂，所以我們又再度回到市集，在那裡的一家小吃攤先吃點東西。之後，我們就站在一間無人居住的大建築物前面。幸好這棟建築物有寬闊的遮陽棚，能幫我們阻擋中午的豔陽。特別就在那一刻，我發現這一趟新港之行並非全然沒有收穫。我並不是說，這趟旅程遇見有人馬上認罪，或是立刻全盤接受神的話語。不，漢人的心是極度世俗性的，對於心靈的事，他們要很慢才會注意到。我只是說，在這趟旅程的第二站，我們比以前更能暢所欲言，來參加的群眾比以前的更有知識，似乎也更能體會我們所要傳達的訊息。我們的小冊子也賣得更快了，現在的需求量已經比我們所準備的多出許多。

我們在下午起程回台灣府，到達台灣府時已近天黑。比起過往，大家都覺得現在台灣府多了許多宣教士和神學生，所以可以偶爾到新港宣教，也不致於會影響到這裡的日常事奉。

36. 撒在荊棘和好土上的種子

Seed among Thorns and on Good Ground

竹仔腳是位於打狗東南方約十哩遠的漢人村落，基督教事工在當地已經進行了六、七年的時間。一開始的宣教活動，要大大地感激當地一位武秀才的貢獻[1]，他虔誠的信仰，激發了許多較爲貧苦的人對福音的興趣。以下根據我最近一次探訪所做的札記，可以一窺當地目前的情況。

我在禮拜六下午一抵達竹仔腳，馬上就開始口試要受洗的候選人。他們不知怎麼的，都有點答不上來。這些候選人的日常行爲，說不好也不是，但就沒什麼特別值得頌揚的事蹟。每當我們面對這種情形時，都不知道要採取什麼做法才對。問道理時，他們的回答聽起來，的確是對聖經的救贖眞理有些許的認識，生活上也沒什麼好挑剔的，而此時，他們來到這裡申請受洗，也是出於自己的意願。很明顯地，我們應該要同意他們的請求，否則我們必須提出有力的證據來回絕他們。對於所有接受審查的人，我們不可能一一指出他們的某個回

註

1. 阮慶，屏東竹仔腳竹林村人，其父為舉人，本人則為武秀才，有軍職，因眼疾至旗后醫館就醫，而受洗成為熱心的基督徒。

● 竹仔腳教會前景【取自《南部台灣基督長老教會設教七十週年紀念寫真帖》】

答或某項作爲，情況嚴重到我們非得拒絕他們的請求不可。人本來就有許多不同的儀態和舉止，這些非常有助於我們去瞭解，這些人信主前後的行爲差異。誠然，當我們和這些人同坐時，我們無法確定聖靈會幫助我們到什麼程度。總而言之，我們必須記住，我們的責任不僅是要阻絕虛僞和罪惡無知的人被接納，更不能讓眞正渴慕聖餐恩典的人被拒於門外。聖餐的筵席是爲了那些飢渴的人設立的，而軟弱的人最需要我們的關懷和注意。在當前這一場合，我知道我們只能接受「著」（Thiok，音譯）弟兄和另一名婦人。這位婦人敬拜上帝已有一段時間，雖然她對聖經的瞭解不深，但據說她的行爲深具基督徒的樣式。

審查完畢之後，當地的傳道師來跟我討論一件事情。他說，自從教會中唯一的長老和執事相繼過世後，他就感到相當孤獨無助。他對於教會的一切收支都由他一人掌理感到不恰當，而做家庭拜訪也深感不足。他提到，如果隔天能指派阮為仁（Ui-jin）[2] 弟兄成為新的執事，那該有多好。我告訴他，他的提議沒什麼不妥；相反地，我們對他的處境感到相當同情，也會盡一切所能來幫助他。至於阮為仁，就我所知所聽，都有利於他。好幾年前，他就由李庥牧師施洗，現在是一位眞誠且行為端正的好人，在出席聚會方面，更是大家的典範。我們討論之後，我同意指派阮為仁這份工作，但必須會友們全體無異議通過才算有效。這種程序雖然與長老教會的做法不符，但對於任何成熟穀物眾多、工人卻稀少的地區，卻是不可避免的。

● 阮為仁傳道【取自《南部台灣基督長老教會設教七十週年紀念寫真帖》】

禮拜天早上的聚會人數，比往常減少許多，但讓人感到欣慰的是，有三、四位弟兄能仔細地翻到我所提及的聖經章節。洗禮之後，我只需簡短說明一下提名阮為仁弟兄的事。我說，會眾們都知道職務

註

2. 阮為仁（-1901），屏東潮州竹仔腳下庄人，1878年設立為執事，1886年曾至「大學」（神學院）進修，同年改派為竹仔腳傳道師。其後，曾派至迪階、石牌、岡仔林、阿里港等教會服事，1901年11月24日逝於柑仔林教會駐所。

的空缺需要補齊，而在現在的狀況下，先指派一位執事，對教會事工也會很有幫助。我接著說，許多人都認爲阮爲仁能勝任，但決定權還是在諸位手上，我會到會客室稍坐一會，在這段期間內，會眾可以提出反對意見，或提名他們認爲適任的其他人選。約半小時後，幾個人來跟我說沒有人反對，也沒有其他的人選，大家都很滿意這樣的決定。因爲下午已經安排好聖餐禮拜的活動，所以我決定，現在先稍微延長聚會的時間，讓阮爲仁正式就職。這是一個很簡短的典禮，內容包括：讀一段相關的經文、簡單闡釋、宣誓、祈禱、握手接納；對擔任職務的弟兄做簡短的演講，說明他們的職責所在；最後以詩歌、讚美和祝禱來做結尾。我們在下午舉行一場相當有益的聖餐禮拜，大約有三十個人聚在主的桌前，至少對某些人來說，不禁想起初代使徒的一句話：「在路上，他和我們說話、給我們講解聖經的時候，我們的心豈不是火熱的嗎？」[3]

後來我與當地會友交談寒暄時，不禁感嘆教會事務的衰落。看來安息日的聚會人數不僅大幅下降，就連平日時間也沒有人願意到教會來領受神的教導。當然我們不應該忘記，竹仔腳的人相當窮苦，他們得靠平日辛勤工作，規律地日出而作、日落而息才能養活自己。此外，這裡的人完全不能閱讀，也不會寫字，甚至當中少數受過教育的人，有時候也不能理解漢文句子的意思[4]。擺在我們面前的事實是，

註

3. 這段話出自〈路加福音〉二十四章32節，兩位門徒在往以馬忤斯的路上，與耶穌相遇後，發自內心讚嘆的話。
4. 當時所謂「受過教育」的人，乃指曾上過「教會小學」的人，只會教會羅馬字而已，但有時會用教羅學些漢字。

很顯然地，我們是與這般的弟兄打交道，除了對他們勸勉出席禮拜，使他們生活在榮耀中間，而提供特殊的價值之外，我們不能做什麼。

不用說，與我們家鄉的會友相比，這裡的弟兄所處的環境極端不同。對前者來說，上教堂是一件理所當然的事，在教會中有許多機會和良好的勸導，來增進對基督的認識，在生活各方面也都能有所規範。對後者來說，以這次受洗的「著」弟兄爲例，他年約三十歲，不識字，靠與人合夥開一家小雜貨店來維生，那間店位於溪洲（Khe-chiu，即今屏東縣南州鄉），約在竹仔腳兩哩遠處。假設他的信仰是不眞誠的，那麼，鑒於如此假裝所需承受的種種壓力，我們可以說，他的信徒身分不可能維持得太久。亦即，若非傳講的福音眞的成爲他生命的救贖者，就是他會因爲無法得到他所期盼的世俗財富，進而感到失望，最終又回到他原本的異教徒信仰和生活。現在換一種說法，假設他確實「得到上帝的恩典」，所以他在村裡的地位，以及他往後的生涯，都因此獲致不小的利益。那麼每個人都會想知道，他在竹仔腳教會的服事到底是如何影響他。因爲他的改變，不可能是起因於與其他村民的往來，畢竟這些村民都不贊同基督教，覺得成爲基督徒是錯誤的；也不可能是擁有一本漢文聖經，因爲對他來說，持有漢文或赫人文（Hittite）[5] 的聖經，其作用均無不同。

對個人來說是這樣，對那些貧窮、沒受過教育、零星散佈的會眾

註

5. 赫人（Hittite）乃聖經的稱呼（〈創世記〉二十三章），俗稱西台人或希泰人，西元前兩千年建國於土耳其中部，西元前十五世紀末至十三世紀中葉，為西台王國最強盛的時期，是首先發明冶鐵技術的民族。其後，王國逐漸沒落，至西元前八世紀為亞述帝國所滅。

來說，也是如此。因此，這些會友因爲缺席禮拜所導致的損失，也就明顯可見了。特別是在極其艱困的情況下，他們仍感激般地等待上帝的恩寵，而這些所帶來的祝福，讓他們的靈性長進，與上帝同行。關於竹仔腳的會眾，我們應該記得，他們唯一的長老和執事才剛過世，這對會友及慕道者來說都是一大打擊。這位已逝的長老是一個非常活躍的人，他是當地縣裡的武秀才。他花費很多時間來拜訪會友，我也很高興地得知，他還時常爲那些身體病痛的人禱告。如果有些信徒看到，這個宣教先鋒竟然如此逝世，便推論說參加這項運動根本沒有帶來好運，因而不想再繼續參加，那麼，我一點也不會驚訝，畢竟漢人是相當迷信的民族，這種作爲正與他們的迷信特質相吻合。當然，與會人數的下降，可以用通常的理由來解釋。有些人離開，是因爲他們一開始就不熱衷參與，但大部分的人變得冷淡不在意，則是因爲我們這兩位令人悼念的長老及執事，已不能再關心他們。

在我離開之前，我和當地的傳道師到附近的村落拜訪。其中有一個鄉鎮，大約一哩遠，有幾位會友和先前的慕道者住在那邊，後者已經恢復偶像崇拜的習慣。兩、三位先前的慕道者很親切地接待我們，他們知道我們傳的福音是好的，也表明了想回竹仔腳聚會的意願，但他們不免嘆氣地說：「唉，這個世界把我們綁得死死的。」有些人說，他們實在太窮了，挪不出時間去敬拜上帝。有一位弟兄甚至說自己是壞人，不配到教堂去。當然，我們到任何地方，都盡最大的努力來回答反對的意見，解釋他們的困難，也不斷地向他們提出邀請：「願上帝祝福你們。在上帝的聖殿裡，永遠都替你留有位子。」之後，我們又前往另一個比較遠的村落。那裡有一個會友，長久以來，一直在試著進行教會宣教，但我必須抱歉地說，他的努力並無法得到我們的讚許。這個會友基本上不太可靠，據說他沉溺於一些可疑的勾當，我想不久之後，他就必須接受教會戒規的處罰了。

這兩天回台灣府的路途中，我的情緒相當複雜，我看到許多人因爲缺乏知識而毀滅，而我們對會友的關心也還不夠。這些會眾就像沒有牧者的羊群一樣，散落於野外各處。主啊，請來幫助我們，派遣工人來收割祢的收穫吧！

之後，我又有一趟往北的旅程，這次就遇到較多激勵人心的經驗了，有些敘述在此提出來，應該不至於太離題。這回，有個前途相當看好的神學生葉紅溪（Ang-khe）[6]陪我一起去。我們禮拜四一早就出發，預計要前往與台灣府北邊相接的嘉義縣，它位於福爾摩沙西部中央的位置。在1872年年初，固定的傳教事工就已在嘉義展開，我們在一開始時遭遇到很多的阻力，但現在這地區已有六個教會。我們似乎有好理由來盼望，這些教會只是未來更加迅速、健全擴展的教會運動中，所結下的第一批果子。

我和葉紅溪出發的頭一天，在好幾個歇腳處都有絕佳的路邊傳教機會，當中以茅港尾（Hm-kang-be，即今台南縣下營鄉茅港村）的印象最深，那是一個離台灣府大約十六哩遠的偏僻市鎮。我們在一家店的門口停留了約一小時，這家店門口的牌子上寫著「極樂」（Complete Happiness）兩個大字。我們在家鄉的朋友們絕對想不到，這樣的字眼，竟出現在一家鴉片館的門口，但事實就是如此。近年來福爾摩沙

註

6. 葉紅溪（-1886），大社人。1883年9月入「大學」，1886年3月受派為「中學」助教，同年8月6日，染傷寒與瘧疾而亡。

濫用鴉片的情形越來越嚴重，而人們似乎早已把羞恥心丟在一旁，對扯上鴉片買賣或吸食一事，一點也不在意。吸食鴉片的人認爲，這是得到快樂的必須品，而鴉片館發現這一行實在太好賺了，所以不擇手段地廣增客源，想多掙點錢。

我們第一個晚上待在鹽水港（Kiam-tsui-kang，即今台南縣鹽水鎮），聽說這是島上最大的市鎮之一。鹽水港離西海岸大約三哩遠，離通往嘉義的主要幹道，也差不多三哩遠。我們經常到這市鎮來拜訪，很多以前醫院裡的病人也都住在這附近，然而就我們所知，鹽水港仍籠罩在精神黑暗之中。我們抵達之後，就開始向一大群民眾傳福音。直到夜深，我們才不得不解散離開。我們在傳道期間，不停地被人打斷。有一、兩位聽眾說，我們是法國派來的間諜；其他人說，我們是來尋找鴉片商機的外國商人；有一小部分的人則說，我們是到處看診的醫師；但是大部分的人都認爲我們是好人，是來勸請大家行善的。

禮拜五早上我們再度啓程，經過三個小時的勞碌奔波後，來到牛挑灣（Gu-ta-wan，即今嘉義縣朴子市）這個大村落。因爲我們已決定在此住上一晚，這個地方也可能會成爲我們傳道會熟悉的名字，所以，多談一點我們此行的目的與結果，應該不至於離題才對。距離我們初次得知牛挑灣有人想認識福音，到現在還不到六個月的時間。當時我們沒人來過這個地方，也沒人聽過這個名字，別人跟我們描述說，牛挑灣是在嘉義市西南方約十二哩的漢人大村落。當三位神學生過完暑假返校之後，我們才得到比較確切的消息。他們在返回台灣府的途上，特意到牛挑灣待了好幾個小時，經過觀察後發現，當地的居民眞的想得到上主的教導，大約三十人放棄了原本的偶像崇拜，開始每天

● 牛挑灣教會前景【取自《南部台灣基督長老教會設教七十週年紀念寫真帖》】

研讀新約，並且唱聖詩。所以，當我們此行抵達那裡時，就預期會受到大家溫暖的歡迎。果然，這些人為了我們的到來，放下田裡的工作，提供我們合宜的住宿，還帶豐盛的食物來給我們。他們用各種方式，來表達對我們此次造訪的歡欣和感謝。這些村民也帶我到鄰村去，那邊有五、六個家庭已放棄偶像崇拜，開始學習基督徒的生活。那些願意與我們生死與共的人，很快就召開了一場集會，很多外地人也前來出席。每一個人都表現出認同的熱誠，讓我們受到很大的鼓舞。最初的那棟建築容不下這麼多人，所以就改在寬闊的戶外，擺上一張大桌子，我們每個人都輪流站上去演講，一直講到筋疲力竭爲止。那時正好是滿月，很少有演講的場合能讓我感到如此的鼓舞、印象深刻。因爲人們一直不肯離去，所以我們在聚會結束之後，又有許多愉快的對話。其後，有一個弟兄說他願意提供場地，另有約二十個弟兄表示，願意自費來蓋一個禮拜的場所。大家同意建造竹架結構的房子，就能充分滿足目前的需求。

就我所知，牛挑灣的宣教運動，似乎在更早之前就已經萌芽了。他們告訴我，大約在三年前，有幾個村民到處找工作，其中兩人偶爾來到岩前那個基督徒很多的村子。他們在那裡遇到「主旺」執事，執事親切地招待他們，並告訴他們，藉著神的慈愛才能得到救贖，又送給他們幾本禱告會所用的聖詩。大約在此同時，有一個牛挑灣的人到嘉義市去，在那裡，也有一個慕道者對他傳講耶穌基督的恩典降臨。嘉義市的黃西經（Se-keng）長老之後便來到牛挑灣，發現很多村民已經宣誓要信主，讓黃長老又驚又喜。

我在禮拜六早上要離開之前，我們的朋友要求讓神學生葉紅溪再多停留個八天十天，幫他們看顧禮拜堂的建造，也請他在每晚禮拜完後舉辦讀經班。我爽快地同意了，離開他們的時候，心情就像找到銀礦的工人那樣愉悅。我相信，牛挑灣很多優秀有潛力的小伙子，總有一天會發光發亮，因爲，有好幾位成年人已經在討論，要將他們的兒子送到台灣府的中學去讀書了。

在這次傳教事工的拓展過程中，有幾件事特別引起我的注意：第一，上帝用來傳福音的工具，就是當地弟兄們的信心，以及他們基督徒的樣式。第二，我們所分發的簡單聖詩本，的確能夠用來傳遞神的話語。這是廈門那裡的傳教士替我們準備的，其中只有簡單的五十九首詩歌，但這些詩歌按照時間順序排列，完整地含括了聖經中最主要的幾個思想教義，詩歌中的用語也簡單易懂。如果弟兄們在每次的安息日，都能用部分的時間來查看聖經，以找出和聖詩互相呼應的經節，那豈不是好事一樁？第三，我在牛挑灣發現的另一件趣事，便是當地的信徒幾乎都是全家一起來信主（無疑仍有甚多不完善之處），宣稱他們站在主這一邊。我們依依不捨地互道珍重，要不是早已安排好安息日要在縣城舉行特別禮拜，我一定很樂意在此多待幾天。

我在禮拜六早上出發，以便到達嘉義時，能夠來得及審視幾位要受洗的提名者。在這些人當中，我最後決定有兩位能接受洗禮，其中的一位，便是從牛挑灣搬來此地居住的弟兄。嘉義的任職者向我報告當前教會的情形，很高興得知，教會在這個重要城市中，有著持續蓬勃的進展。此時沒有戒規的案子需要處理，弟兄們的信仰告白也顯露出鼓舞人心的眞誠。禮拜天主日的聚會狀況也很好。整體來說，這趟造訪讓我感到相當地愉悅，同時也獲益良多。這禮拜的頭幾天，我忙著到各個弟兄的家庭拜訪，或做其他事務，讓我不虛此行。

禮拜四，我起身前往一個叫斗六的大市鎭，它距嘉義往北大約一天的路程，座落在通往我們埔里社教會的路途上。我們以前常在斗六的公共廣場做露天傳道，但都沒什麼明顯的成果，一直到1883年的春天，有幾個人開始顯露出對福音的興趣。大約在半年前，巴克禮牧師有幸替三位來自斗六的年輕人施洗。現在這裡大約有三十人會固定聚會，所以我們有好理由能懷著感激和希望之心，期待斗六未來的進展。這是個人口眾多的地區，所以目前這盞微弱的亮光，將會爲那些勞苦而疲憊的人帶來引導和平安。在我這次講道時，大約有四十人認眞聆聽〈路加福音〉中所記載的那段得人如魚的故事[7]。

禮拜五下午我回到嘉義，隔天早上就往南前去岩前，在本月4日及時趕上那裡的洗禮和聖餐禮拜。我的預備工作包含口試五位受洗的提名者，其中一位叫林赤馬（Lim Chiah-be）[8]，這個年輕人跟著我們一同敬拜已有一段時間。他現在在岩前擔任學校教師，因爲熱誠的基督教信仰（除此之外，找不到其他的原因），遭受到很多的迫害。我相信赤馬的信仰告白是眞誠的，但我實在沒辦法在這次接納他。經過半小時的詢問道理之後，他突然變得怪異且興奮，他相信，經常在他面前徘徊的發光體，就是聖靈，沒有任何東西可以幫他解惑。我對這件事不想著墨太多，很明顯地，這位弟兄的健康情形相當虛弱。當地傳道師的證言顯然更有參考價值，過去五個月來，他和赤馬有密切的往來，發現赤馬眞心想要成爲主的追隨者。所以在我們下一次來此牧會

註

7. 〈路加福音〉五章1-11節：「耶穌站在革尼撒勒湖邊，衆人擁擠他，要聽神的道。他見有兩隻船灣在湖邊；打魚的人卻離開船，洗網去了。有一隻船，是西門的，耶穌就上去，請他把船撐開，稍微離岸，就坐下，從船上教訓衆人。講完了，對西門說：把船開到水深之處，下網打魚。西門說：夫子，我們整夜勞力，並沒有打著甚麼；但依從你的話，我就下網。他們下了網，就圈住許多魚，網險些裂開；便招呼那隻船上的同伴來幫助。他們就來把魚裝滿了兩隻船，甚至船要沉下去。西門彼得看見，就俯伏在耶穌膝前，說：主阿！離開我，我是個罪人。他和一切同在的人，都驚訝這一網所打的魚；他的夥伴西庇太的兒子，雅各、約翰，也是這樣。耶穌對西門說：不要怕，從今以後，你要得人了。他們把兩隻船攏了岸，就撇下所有的跟從了耶穌。」
8. 林赤馬（1857-1943），字學恭，嘉義民雄人。1888年3月就讀「大學」，1891年底受派至岩前，後至店仔口，最後派駐彰化，並於1903年按立成為彰化、新吉庄、社頭崙雅、茄苳仔四堂會之牧師。《使信月刊》有其封牧相片。請參閱：《使信全覽》（台南：台灣教會公報社，複刻本，2006年），Vol. 41, 1903, p. 240。

● 林赤馬（學恭）牧師【原書附圖】

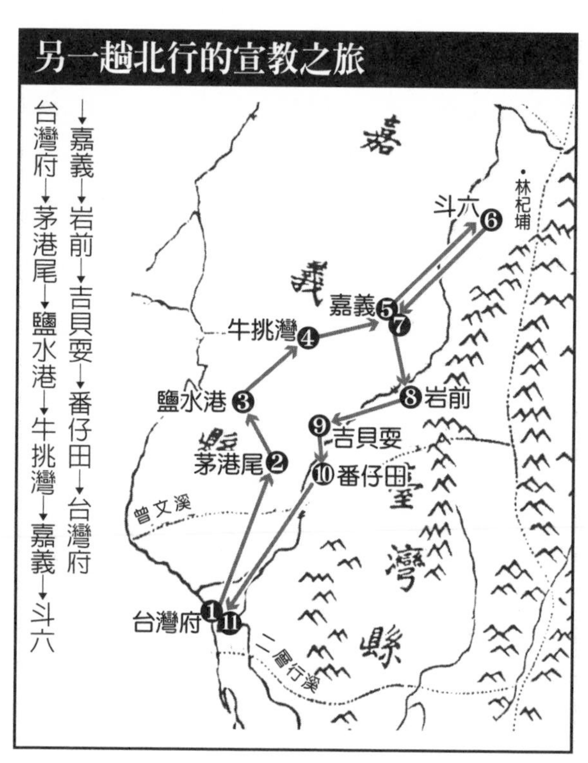

時，他很有可能會被接納。這次，我替兩位弟兄和一位姊妹施洗，並且任命另外兩位爲執事、兩位爲長老。岩前的會眾最近時常受到非法匪幫的侵擾，這些匪幫四處徘徊，勒索任何被他們鎖定的對象。我們已經有一些弟兄遭到這類的壓迫，聽到他們令人憐憫的描述，我卻幫不上忙，心中眞是痛苦萬分。

6日，禮拜一，我從岩前出發，到達吉貝耍的教會時，差不多已是中午。那裡的會友名冊有所修訂，內容也有更新。我必須說，對於無法幫助「謝」（Chia，音譯）姊妹和她的丈夫彼此取得諒解一事，我實在感到遺憾。當我在嘉義的時候，她丈夫難過地跑來跟我訴苦，說她不願與他同住，而且常常跑回她在吉貝耍的親戚家。另一方面，「謝」姊妹則說，她丈夫沒有替家裡購置最基本的傢俱，而且，每當她丈夫明明應該開口感謝鼓勵她時，卻經常說一些責備的話。就這個案例來說，當然雙方都有錯。要不是我們發現，家庭中的小糾紛，經常會成爲阻礙傳教進展的重要因素，這種事根本不値得一提。漢人所遵循的那套訂婚和結婚的體制，實在無法爲任何家庭帶來平靜與舒適，我們或許應該在將來的大會中，好好來談論一下這個問題。

禮拜一晚上，我和番仔田的弟兄有個愉快的聚會。禮拜二，我就抵達台灣府。我爲這一路上看到的景象心存感謝，也對我們在嘉義的教會運動充滿信心。這一切的讚美都歸於神！

37.「聖經販售員」李豹的報告

Report from Colporteur Li Pa

我們資深的「聖經販售員」李豹弟兄，剛剛跟我回報他最近這兩個月來的聖經銷售，以及在彰化地區的巡迴傳道情況。我在此簡單地記錄一下。他把我們在大社的教堂當作總部，每當下大雨無法到處兜售，或袋子裡需要再補充書籍和小冊子時，他總會回到那裡。

他說在4月14日，他往西到海岸邊的市鎮梧棲，那裡有些反對的阻力，但也得到很多的鼓勵。當他在廣場宣教時，有一個喝醉酒的人闖進來，造成了不小的騷動，這時有個人趁亂偷了許多書。即使如此，他還是努力賣了一百三十六本小冊子和傳單，還舉行了幾場露天聚會，也和商家與居民們有很多愉快的談話。有一個看起來富裕的文人對他非常親切，另一個人則是好心地邀請他共進晚餐。

5月1日，他到圍有城牆的大甲鎮去，那裡的人已經完完全全沉溺於鴉片之中，但少數人曾在大社或是我們附設的醫院裡聽過福音。其中有三個人，假裝對他所傳的道理很感興趣，便索取了很多的書冊，佯稱要回去拿書款，但可憐的李豹，他怎麼等也等不到他們回來，倒讓旁觀者暗地裡樂不可支。李豹在那邊宣教一陣子之後，一家大雜貨店的老闆請他進去歇一會兒，有許多鄰居圍過來，問了一大堆跟「這個道理」相關的問題。這不失為宣講的好機會，所以他告訴他們，關於認罪以及耶穌的事蹟。他在大甲賣了一百零一本書冊。

5月3日，他又再次出發，這次是前往「牌子」（Pai-a，音譯）。那裡的人們熱情地歡迎他，並且認眞地聽他講道。一個很窮困的乞丐，一口氣買了三張傳單，雖然令人印象深刻，但總不免讓人懷疑，他是否會走到人群的外圍，然後用兩倍的價錢轉賣。李豹弟兄也遇到了一點麻煩，當時他被請入一家當舖，裡面的人就刁難這位傳福音的人，問他為何要到處替外國人的教會奔走。另外，有一位看起來聰明、富裕的婦人問李豹，他所說的是否為眞，並問他這些書籍所寫的是不是都與福音相關。在這裡，他賣了五十四本書，其中包括二十本紐曼（Newman）所寫、已譯成漢文的書籍——《信靠神》（*Come to Jesus*）。

從7日到9日，他在大社東北方的幾個村落巡迴傳教，之後還順道去「頭仔溪」（Thau-a-ke，音譯）和三十張犁（Sa-tsap-tiu-le，即今台中市北屯區）。在這兩處，他分別賣了三十九張和五十九張傳單。在這些地方，他的露天佈道都吸引了大量的聽眾，而且，他也有很多機會個別地跟人們談論「上帝之國」。

● 李豹傳道全家【取自《台灣盲人教育之父》】

5月14日，他前往一個新興城鎮——東勢角。那裡有許多聰明的客家人，他對著他們說：「神已經幫我打開門，祂讓我在那裡，用溫暖的話來說出神的道理。」他在那裡賣掉了一百一十九本小冊子，其中有一個富裕的人買了五十四本，要送給他的親朋好友。店門口掛著「黃金長壽」（Golden Longevity）的當地老醫師，聽到這些道理後，非常開心，並對傳道人相當親切。

同一天，他又前往東大墩（Tang-toa-tun，即今台中）。在那裡，他也用愛和勇氣來傳講道理。在這個重要城鎮的某處，有許多人正沉溺於賭博，但當我們的弟兄邀請他們來聽福音的時候，他們也沒有表示不悅。當他們聽到李豹說，他以前也是惡名昭彰的賭徒，並在上帝的眼中，犯下更多的罪行時，他們都睜大了眼睛。

我深知他接著會怎麼說。他會告訴眾人，他過去和現在的一切。他會讓眾人突然放聲大笑，但下一刻馬上就安靜下來，深怕漏聽了什麼。上帝在他身上所施的憐憫與恩典，以及祂現在準備要賜福給大家，就是他所傳訊息的主旨所在。他所傳講的，都是他的所見所聞。李豹弟兄可說是個天生的演說家，看他激起人們的善意，並用敏銳的機智來辯駁所有的反對意見，眞是一件享受。到現在，我已經認識他好幾年，而且很高興地發現，他是一個全心事奉主耶穌的弟兄，總是不辭辛勞地爲別人服務。我們一起經歷了許多困難，他的講道讓我相信，這些話是出自一個眞心相信自己所說的人。當他還跟著戲班到處演出時，有一天他來到台灣府的教堂，正好聽見文長老在講述所多瑪城（Sodom）和娥摩拉城（Gomorrha）的滅亡，不久之後，他就受到上帝的感召了。從那時起，李豹就一直是教會中最表裡如一，且最有用的同工。願神派遣更多像李豹弟兄這樣的同工。

38. 講壇上的學生卓老生

Student Lau-seng in the Pulpit

在我們宣教活動的早期，外國傳教士的人數太少，卻有太多新開闢的禮拜堂亟需人手，所以有時當地的弟兄在還沒有受過完善訓練的情況下，就得被派遣到各地。由於這些弟兄一開始時有些無所適從，所以我擔心，他們所做的解說與演講會令人不太滿意，甚至有時會產生錯誤的詮釋。我希望讀者對此能有完整的概念，所以特地提出一個實例來說明。我們有一位弟兄，他善於利用家常的例子來說明聖經的基本眞理，所以往往能對年輕同仁的心靈，引發很大的興趣與激勵。某個傍晚，這位中年的演說專家向一群會眾講道，他選擇的那段經文是：「就要愛慕那純淨的靈奶，像才生的嬰兒愛慕奶一樣。」[1]在確定大家都站穩且安靜下來之後，他的開場白如下：「是的，各位弟兄姊妹，在這個經節裡，我們看到聖經用字優美而且比喻恰當。還有比嬰兒更好的比喻嗎？你們能夠從這之中看出一些道理嗎？這個嬰兒需要的是什麼？營養。什麼樣的營養？奶水。完全、純淨、新鮮的奶水。他要從哪裡得到奶水？從他媽媽的乳房。他媽媽有幾個乳房？兩

註

1.〈彼得前書〉二章2節。

個，只有兩個，一個代表舊約，一個代表新約。所以當嬰兒在左邊那個較乾癟的乳房未得滿足，我們就得讓他換到具有充足奶水的另一邊，因爲耶穌就是告訴他的門徒，要往漁船的右邊撒下網，才能捕到大量的魚。」[2] 諸如此類。在此，我應該要爲做了太多注釋性的說明，向讀者們致歉。

爲了要讓他們接受更好的訓練，幾年前就有人提議，要派一些有希望的小伙子到廈門的神學院去，但是我們後來發現，這樣的安排行不通，還是得靠本島的傳道會自己來訓練。所以，我們取消了打狗的分會，以台灣府做爲福爾摩沙唯一的傳教總部。這樣一來，我們的神學生不管在課堂內還是課堂外，都能持續受到傳教士的照管。緊接而來的另一件要事，便是聘請盧良先生（Law Liong）[3] 擔任常駐的漢人講師。他好幾年前就已經在廈門受洗，不論能力或人品，全都值得我

註

2. 甘為霖在本書中，提到幾位本土傳道的講道，一位是三十一章〈放逐到廈門的愉快時光〉中的「含」，他先主觀的認為「含」：「這個人很乏味，做事無精打采」，但在聽了他的街頭佈道後，評價卻是「一場最深思、最生動，又最精神飽滿的演說」，而自認「學到了教訓，不要以貌取人，不要太快就驟下評語」。其次，是三十五章〈到偏遠地方傳教〉中的許朝陽，稱許他的講道是「果敢、謙遜的講道」，以及評李豹云：「充滿熱情的傳道話語。」可是在此，甘為霖不厭其煩的抄下講章的用意，卻是在說明「大學」設立前教育之不足，以致講員引喻失義之狀況，該員引用之經節為〈彼得前書〉二章2節。接著，將之與「大學」設立後，經嚴謹訓練，卓老生條理分明、生動有力的講道對比。
3. 盧良，字英康，中國福建廈門人。1877年受聘為「大學」舍監兼講師，其子盧三元亦於該年底就讀「大學」。盧良後因不當管教學生，而於1881年遭「教士會」解職，其子亦因素行不佳，同時遭退學處分。

們的敬重。他在此的協助，讓我們相當滿意，等到將來我們正在興築的這棟神學院落成後，我們希望在他的事工上，能有更重要的進展。

目前，有七個學生正在受訓，他們每天上課五小時，但一直到深夜，還時常可以聽到他們大聲朗讀的聲音。傳教士們負責監督他們的學習進度，替他們簡短地講解聖經經節和其他科目，有時還會舉行考試。現在他們正在研讀〈腓立比書〉的起源和內容，而這個月的最後一天，我就要替他們舉行筆試和口試。

這些年輕人有時跟著我們，到較遠的教會去拜訪。這些活動對他們相當有吸引力，因爲在這段離開教室的期間，他們有很多機會得以熟悉所期盼從事的工作，以及實際的運作情況。在最近一次的拜訪中，有一位神學生的短篇講道讓我大感欣喜。我們在禮拜六抵達杜君英教會，卓老生（Toh Lau-seng）[4] 被邀請去主持隔天上午的禮拜。他是一個從拔馬來的平埔番原住民，過去三年一直都在受訓，但仍是一個小伙子。那天，他對著大約六十位來參加禮拜的人講道，他是這樣談論「奔走那前途的路程」[5] 的：

我並無任何經驗，所以請各位要懇求上帝，能讓我這一未周到的講話也可作指針及鼓勵，使每一位都更忠實地跟隨主。

註

4. 卓老生（1858-1933），字大昌，號道生，台南左鎮人。1876年入「大學」就讀，為首屆學生。1880年起，派駐阿猴、加納埔，其後考取生員，轉任教於菜寮庄、溝坪庄、木柵、岡仔林、岩前、山豹等地。
5. 以下譯文摘自〈奔走那前途的路程〉一文。詳見：賴永祥，《教會史話（四）》（台南：人光出版社，1998年），pp.171-172。

首先來談奔走路途要如何準備，當放下所有重擔及罪。在世上的賽跑要得獎，人都知道要輕裝而且要全力以赴；如果賽跑在眼前，他並不在意而不放棄一切的放縱，到時他就知道他確愚戇。所以，兄弟們，我們該提起精神來跑路，走上帝誡命的路，要直向天國之門。要上帝的讚許及光榮，需要「重生」。要認識此，要查看自己的心，不要欺騙自己，而敗於最後。上帝恩典會臨到每一個，但要領受就需要有願望、智慧及能力。恩典救拯是給經耶穌基督的緣故來就近祂的。

第二項要考慮的是如何跑走路程。其實答案在近處就可得，就是要存心忍耐，仰望爲我們信心創始成終的耶穌。聖靈指示我們要存心仰望確信上帝允許的報賞。雖然靈的仇敵，很多鬼計多端而力強，但不必害怕，只要心繫於上帝就可平安過去，上帝的子民只要忠於善語善工，要關心的就是仰望、思考並學習主耶穌的模樣；前面有主，也只有主是我們所信所跟隨，其他阻礙自當可克服。

第三項就是路程的結局。如經上所記：「上帝爲愛祂的人所預備的，是眼睛未曾看見，耳朵未曾聽見，人心也未曾想到的。」在世上，上帝的子民也曾遇試煉，有時也因爲信主的緣故而加受迫害。但他們會得永生而得天國的報賞，而這些是不朽壞、無足與比、永不褪色的。這是成功的行天路者的結局，願今日在場的所有朋友們都能選擇走上此路！

上面所記錄下來的，雖是當天卓老生弟兄所講的概述，但實在不足以表現出當天他那種純樸、不誇張又眞誠的講道風采。

39. 烏牛欄的就任典禮

Ordination at Aw-gu-lan

爲了讓以下的札記更加完整，我必須再次提醒讀者埔里社平原的地理位置，它位於彰化城東邊大約兩天路程的山區裡，大約散佈著三十個小村落，總共約有一萬名成人，他們是福爾摩沙已開化原住民族群中的熟番。另外，比較南邊的一支則是平埔番，正如族名所指的，是居住在平地的原住民。必麒麟先生，這位新加坡前任的華人護民官，是第一個讓外界認識到埔里社原住民的歐洲人。之前他所從事的福爾摩沙中部之旅，引導了三、四位埔里社人，長途跋涉來到台灣府的附設醫院，那時的主事者是馬雅各醫師和德馬太醫師。

提到埔里社的宣教工作，大家不能忘了已故的李麻牧師，他是第一批到達埔里社宣教的傳教士之一，並在1872年爲埔里社的第一批信徒施洗。從烏牛欄開始的宣教工作，很快地就傳到其他村落，直到每個主日，都有四群小會眾分別在各自的村落中聚會，這些會眾中，總計有約一百六十位已受洗的成人。因爲熟番是個簡單、容易受影響的族群，並不斷遭受附近狡猾的漢人移民欺詐，所以任何有影響力的外國人來訪，都會受到他們最熱情的歡迎和最慷慨的款待，這也是此地的福音傳播，在一開頭就能如此迅速而廣泛的原因所在。但當他們發現，接受福音就得棄絕古老的迷信與習俗，基督之國是精神的國度，而且，通往永生之門不僅狹窄、路途又相當艱辛的時候，就開始出現反動的現象。埔里社教會萎靡的情形，已經持續了好幾年，一直到曾持衡（Tsan Chi-heng）[1] 傳道師做出了種種努力，整個情況才出現令人期待的轉機。以下所記載的，就是曾傳道在1905年4月於烏牛欄的就任典禮。

曾先生[2] 做我的僕役已經好幾年了，他總是勤奮、有禮，也很樂於助人。在跟隨我一陣子後，他規定自己每天機敏地完成份內的工作後，即回到位在我書房樓下的房間，我晚上常常聽見他在那裡練習漢字的發音。他在各方面的學習都有長足的進步。後來，在我休假後，他就進入神學院修業。

曾先生在修完四年令我們相當滿意的課業之後，被派遣到社頭

註

1. 曾大量，字持衡，原為甘為霖的廚師，後於1895年就讀「大學」，畢業後派駐社頭崙雅，1905年4月13日於埔里烏牛欄教會按立為牧師，並於會後攝影留念。由於《使信月刊》亦刊登該相片，並附詳細說明，是故，我們才知道，原來甘為霖把本書中的相片說明弄錯了，原註明為「甘為霖與本土工作者」那張才是曾持衡就任相片，前面三人從左至右，依序為：林學恭、甘為霖與曾持衡，後面七人為與會的代議長老或傳道：東大墩吳兆祥、社頭崙雅洪清和、烏牛欄阿為開山、茄苳仔胡肇基、新吉庄林烏番、彰化蕭著與嘉義黃茂盛（非排列順序）。請參閱：《使信全覽》（台南：台灣教會公報社，複刻本，2006年），Vol. 43, 1905, p. 225。至於，原註「曾弟兄在烏牛欄的就任典禮」的那張照片，則為劉茂坤封牧典禮後合照（1898年4月7日），前排五人從左至右，依序為：潘明珠（1898年4月2日封牧）、甘為霖、廉德烈、巴克禮、劉茂坤，該相片之標題原為：「大會與新牧師」。請參閱：《使信全覽》（台南：台灣教會公報社，複刻本，2006年），Vol. 36, 1898, p. 214。
2. 按宣教師稱呼慣例，在按立封牧之後，一律尊稱為「先生」（Mr.）或「牧師」（Rev.）。

（Sia-thau）教會當傳道。雖然他深受眼疾與當地的潮濕所苦，但是好幾年來，他的表現還是很稱職。兩年前他被派往埔里社，因爲山上新鮮的空氣，他的健康狀況馬上好了起來。他到烏牛欄之後，挨家挨戶地登門造訪，也到鄰近的村莊去拜訪。沉寂已久的禱告會再次開始，凡是在路上遇到的小孩，都被他帶來上課和詩歌教唱，而且他也費心規劃主日敬拜，盡量以活潑、有吸引力的方式來呈現。曾弟兄走遍更遠的村落，四處尋找那些與信仰脫節的人，並對任何想聽講道的人，傳述上帝的信息。他在一小群忠心同工們的幫忙協助之下，非常愉快地工作著。

「教士會」很快就得知，這些偏遠地區的教會出現了顯著的改善，於是由巴克禮先生前來察看。在那裡，他爲二十二人施洗，指派十位弟兄成爲長老和執事，並發出一份滿懷希望的報告，說明當地的改善情況。幾個月之後，我們得知曾弟兄和教會的任職者，已經在吳家莊聚落傳福音了，這些村落在埔里社南方約一天的路程，他們開啓了這個地區的第一扇福音之門。

我們在埔里社的宣教運動已進入了另一個階段。當地的弟兄們都知道，大約兩、三年之後，傳道師就必須被換到另一個教會去服事，但他們希望曾先生能長久留在那裡，所以就遞交了一份申請書，希望大會能任命曾先生成爲當地的牧師。因此曾先生必須返回台灣府接受檢視，只有通過這道程序，他才能成

● 梅監務牧師
【取自《台灣盲人教育之父》】

爲有資格封立牧師的傳道師。他在順利通過考試和授與證書之後，烏牛欄小會馬上辦理審核手續，於是「台南長老大會」指派梅監務牧師（Campbell Moody）[3] 等人去安排。所有人都一致認同曾先生，於是決定上任典禮在4月13日舉行。當天我被邀請來負責「會正」（大會主席），彰化的林赤馬牧師則負責勸勉講道。由於熱帶地區的天氣實在太難預測，所以長老教會的決議有一條附帶規定：「若因大雨，主事者不克前來，則在場者有權當下判斷，做出最適切的安排。」幸好當天沒有發生如此不幸的事情[4]。

4月7日，我就從台灣府出發，同行的還有我的夫人及女兒瑪莉。

註

3. 梅監務牧師（Rev. Campbell Naismith Moody, 1865-1940），蘇格蘭人，1895年與蘭大衛醫師（David Landsborough）、廉德烈牧師（Andrew B. Nielson）同船抵台。1896年起，與蘭大衛開拓彰化副宣教中心，締造醫療宣教最成功的範例。梅監務的台、英著作多達十四本，幾與甘為霖不相上下，因其生活簡樸刻苦，是故甘為霖稱他為「英國乞食」。關於其詳細事蹟，請參閱其英文傳記：《宣教學者梅監務》（*Campbell Moody, Missionary and Scholar*，台南：台灣教會公報社，2005年）。《使信月刊》有其獨照。請參閱：《使信全覽》（台南：台灣教會公報社，複刻本，2006年），Vol. 39, 1901, p. 294。
4. 根據《南部大會議事錄（一）》，1905年3月14日「台南長老大會」有如下記載：
   32. 梅監務答覆烏牛欄聘牧師之事以所查皆妥亦會眾同心協力並無阻礙所欲聘定者即曾持衡是也黃能傑舉議當納之大會准
   33. 烏牛欄長老呈獻聘帖欲請曾持衡紀事將帖讀爲大眾聞之復請會外之人暫退大會商量許久而宋忠堅舉議宣將聘帖交與曾持衡大會准即請彼入會正即問之喜否他即應之曰喜遂以聘帖交付曾持衡並請梅監務祈禱感謝上主
   34. 議定四月十三號舊三月九號會集於烏牛欄以立曾持衡爲彼堂會牧師如有雨阻欲往者可自主遂派甘爲霖爲會正林學恭勸新任牧師與會眾

我們搭火車到員林街（Wan-lim-koe，即今彰化縣員林鎮），當晚住在東邊五、六哩遠的草鞋墩（Chau-e-tun，即今南投縣草屯鎮）禮拜堂。隔天，我們走一條新的路進入埔里社，到達烏牛欄時，大約是傍晚五點。緊接著的三天，我忙著開會和口試受洗的提名者，然後，最重要的日子來臨了。之前已下了好幾周的滂沱大雨，所以當時間越來越逼近時，我們有點擔心林牧師可能趕不到。

● 跟隨甘為霖牧師來台宣教的甘夫人
【取自《南部台灣基督長老教會設教七十週年紀念寫真帖》】

● 曾弟兄在烏牛欄的就任典禮（前排從左至右：林學恭、甘為霖與曾持衡）【原書附圖】

● 大會與劉茂坤封牧典禮（前排從左至右：潘明珠、甘為霖、廉德烈、巴克禮、劉茂坤）【原書附圖】

還好，正當大家準備開始禮拜，他終於出現了。林牧師雖然又累又餓，但很高興總算及時到達。那天上午的典禮雖然簡單，卻讓人印象深刻，到處都是花草和裝飾品，而寬大的講台上坐滿了長老教會的成員。當曾先生在眾人面前跪下，按首宣誓就任時，許多人眼中滿盈喜悅及感恩的淚水。「外邦中就有人說：耶和華為他們行了大事。耶和華果然為我們行了大事，我們就歡喜。」[5]

註

5. 語出《聖經》〈詩篇〉一二六篇2-3節。

40. 語言問題和文獻

Our Language Problems and Literature

現在福爾摩沙書寫和印刷的字體有兩種：一種是普遍流通的漢文，另一種則是日文。日文主要也是由漢文構成，再由大約五十個類似字母的音標註在旁邊，以協助發音和傳達意思。

當前有些外國人，對於漢文書寫的不便性發表了一堆意見，但很少人能比傳教先驅明恩溥先生（A. H. Smith），更有資格來討論這件事。以下是他對這個問題的看法：

我們大致上可以說，就口語來說，漢文並不像日語、阿拉伯語、泰米爾語或土耳其話那麼困難。外國人之所以覺得漢文世界難以進入，最困難的地方就在於書寫。中國人並沒有察覺這個缺點。他們非常喜愛漢文的精練性、延展性，以及圖像般的美感。漢文常常藉著圖像般的文字來表達意義，感覺就像提著微暗的燈籠，在灌木叢之間穿梭。毫無疑問地，漢文爲了因應現代的情勢，正處於擴展的階段，沒有理由認爲，漢文一定會（或可能會）被其他語言所取代。

以下這段摘錄自已出版的滿洲（Manchuria）宣教士報告的文字，可以用來清楚地說明，只要有直接的鼓勵與協助，即使是中等資質的民眾，也能學會這些表意文字：

多年來，滿洲地區的聖經銷量，一直超越中國的其他省份，其他相關福音書籍的銷量也不在話下。基督教所引發的一個間接效果，便是在當地帶動了想要識字的慾望。很多男女老少在歸信基督教前都不識字，但現在，他們卻對自己的文字有了基本的認識。根據一本宣教士的受洗名冊顯示，這十年來，許多弟兄在剛開始信主時，完全不識字，但後來幾乎有百分之九十的受洗者，在洗禮前就能閱讀大部分的教義問答和部分新約聖經的文字。識字已漸漸變成受洗的門檻之一。

日本在1905年打敗了難纏的勁敵，中國則因近年來所經歷的動盪情勢，使這兩國對各式的教育事業產生了強烈的需求。公辦學校和改良的教學法開始在各地發展，每年大量印刷的書籍、期刊和報紙，數量驚人，令人眼花撩亂。不消說，如此快速增長的文獻，其內容涵蓋了所有的知識領域，包含教育、歷史、科學及宗教等方面。

在這股前進的潮流中，福爾摩沙並沒有被遺忘。八歲以上的孩童，必須要接受義務教育；每個大村莊都設有公辦學校，提供免費的日語和漢語教學；在台北（福爾摩沙新首都）、中部的台中、南部的台南（以前的台灣府），每天都有日文和漢文報紙發行。我們最新一批的傳教士，也都要到東京學習兩年的日語聽寫。

當然，英國和加拿大長老教會很快就察覺到，情勢的改變勢必會對宣教活動造成衝擊，尤其是亟需培育一批受過良好教育的本地傳道師、牧師、福音傳播者和老師。在福爾摩沙的外國同工們也認為，現在的情形已經不容姑息，教會不能再忍受一群無知的信徒，不能再付薪資給一些不適任的弟兄，讓他們繼續指導或帶領他人。如果我們能有多一點傳教士和資金，必定可以做出令人滿意的進展，但我們實在不能再抱怨了，看看英國和加拿大的會眾，他們是如此的相挺，即使他們本身也有沉重的負擔要面對，而母會在他們的能力範圍內，也是竭盡所能地幫助我們。

41.福爾摩沙教會的讚美詩

Church Praise in Formosa

在我們東部教會的禮拜中，讚美詩扮演了相當重要的角色。很多當地的弟兄既窮又不識字，因此需要這種簡單的方式，來幫助他們增長對基督教的認識，增加他們對聖靈的盼望。我們在幾乎不可能的情形下，竟能目睹到弟兄的進步，實在值得大大的讚嘆。所以說，我們那本小小的詩歌集，具有相當大的價值。

好幾年來，在福爾摩沙各地教會使用的聖詩集（《養心神詩》），只有五十九首詩歌，其中有些是原創作品，有些是從詩篇或英語國家，會友們耳熟能詳的著名詩歌翻譯過來的。就目前所知，所有詩歌的編曲和翻譯，都是廈門早期傳教士的功勞。

最近在福爾摩沙南部長老教會的一場會議中，決議要發行一本蒐集得更完善的聖詩，以滿足教會的需求。在這方面，我們曾多次試著跟廈門的三個傳教會合作，期間也蒐集了不少有用的資料，但由於我們地理位置的孤立和缺少頻繁的溝通，使我們最終體認到，如果想達到預期的目標，只好自己獨立作業。

因此，長老教會指派一個委員會，由我擔任召集人，我們必須勤勉從事，以便在六個月後召開的會議中，讓這本聖詩能夠獲得認可採用。結果，在1900年10月的會議中，這本由教士會所印行的新詩歌集

（《聖詩歌》）廣受好評，並獲得長老教會一致通過，推薦域內所有教會都使用。當然，弟兄們起初不太熟悉一些新曲調，不過很快地就能朗朗上口了。我們那些較落後的山區教會的弟兄（也就是漢人所說的平埔番和熟番），他們天性愛唱歌，而且他們既有的曲調，也可以用於基督教的用途。有些原住民曲調具有哀愁之美，有些則帶著勝利與盼望的精神，相當激勵人心。在過去尚未信奉基督教的時候，這些曲子是他們在婚禮中圍著篝火唱的，有些則是出外打獵或其他活動時的歌曲。我常常建議我們的女宣教士們，希望她們有人能用紙筆，將這些原住民曲子記錄成冊。

在大略敘述編輯中國地區的聖詩歌過程之後，以下就抄錄一首新版本當中的詩歌「替我打破石磐身」[1]：

註

1. 根據《台灣教會公報全覽》對《聖詩歌》的說明如下：

論「由雜錄及『會報的』」，千搭兩首以外，沒的確知是什麼人做的，第80首〈今我有這朋友〉，是施牧師做的；也42首〈替我打開萬世磐〉是甘牧師做的。（請參閱：《台灣教會公報全覽》，Vol. 3；1900年12月，第189卷，p. 93。）

亦即，此歌乃甘為霖之羅馬字譯作，他為了讓英文讀者對照唸出福佬話的意思，不但採羅英對照逐行排列，而且有幾行羅馬拼音歌詞改為倒裝句型。目前，此歌仍收錄在台灣基督長老教會的《聖詩》，第189首中，又因曲調之不同，而分為A調與B調兩首。下面歌詞，左邊為甘為霖羅馬拼音譯作，中間為校註者漢譯，右邊為現行譯文。

替我打破石磐身

甘為霖羅馬拼音譯作	阮宗興漢譯	現行譯文
BAN-SE-POA, thoe goa phah khui	替我打開萬世磐	替我打破石磐身
Tsun goa bih, chiah bian lian-lui	准我匿才免連累	使我匿佇祢內面
Tsu si liar, peng chhak heng-hah	兵鑿胸脅主死啦	祢受鎗鑿脅下開
Huih tsui lau chhut tui hit tah	血水流出自彼搭	孔嘴流出血與水
Chin-chia si ho goa thang siu	眞正是使我可受	二項功效我攏愛
Sia tsoe i-kip chheng-khi-siu	赦罪以及清氣像	赦罪洗心除惡事
Sui-jian goa chin-lat tioh-boa	雖然我盡力著磨	我雖然盡力服勞
Kam oe than lut-hoat chit poa	敢會趁律法一半	豈能守法到一半
Na jiat-sim, ng-bang chin-cheng	向望進前愈熱心	雖是慇懃無厭懶
Na thi-khau, til-tit bo theng	直直無停愈啼哭	目淚常流心不安
Che long-tsong boe siok goa tsoe	這攏總獪贖我罪	靠這攏不贖我罪
Chi-u Kiu-tsu Ia-so oe.	只有救主耶穌能	只有救主耶穌能
Goa khang chhiu chhin-kun Kiu-tsu	我空手親近救主	我今空手來就近
Tok-tok sip-ji-ke kui hu	獨獨十字架歸附	十字架下求施恩
Goa thng-theh, I ho goa chheng	我褪裼伊使我穿	赤體望祢賜衣裳
Goa soe-bi, ho goa toa heng	我衰微使我大興	軟弱望祢肯培養
Goa la-sam, pek-oa tsui-pi	我垃圾爬活水邊	污穢進到活泉邊
Kiu-Tsu soe, chiu goa bian si	救主洗就我免死	求祢洗我攏清氣

Goa si-mia hek-si iau oah	我生命或是猶活	或是世上在渡活
Hek lim-chiong, kap se-kan soah	或臨終及世間煞	或是臨終目合倚
Hek boat-jet, seng kau kek hng	或末日昇到家園	末日神魂離地面
Khoa goa Tsu che-ui sim-mng	看我主坐位審問	看祢坐位判萬民
BAN-SE-POA, thoe goa phah khui	替我打開萬世磐	替我打破石磐身
Tsun goa bih chiah bian lian-lui	准我匿才免連累	使我匿佇祢裡面

42. 島上的婦孺

Women and Children of the Island

我們的敘述將從早期的居民開始，所以下面先討論高山部落或野蠻人，然後是已開化的熟番和平埔番，最後才是福爾摩沙島上將近三百萬的漢人。

正如一般預料的，這些未被征服的部落內的女人，過著非常辛勞的生活。男人通常忙著追逐獵物或獵人頭，而女人除了要照顧小孩

● 織布中的泰雅族婦女【取自《台灣懷舊》】

和家務外，還要在小小的田地上種植芋頭、小米、番薯和蔬菜。她們還得花時間準備棉線，以編織成外套和圍裙。有時候，她們還得跟著去狩獵，替男人背負東西或烹煮食物。這些部落人具有強烈的倫理觀念，而且彼此之間有很緊密的感情聯繫，所以他們都很體貼地對待部落中的婦女。跟那些古板的漢人比起來，部落年輕人的追求交往，多了正常的情感交流。他們的結婚儀式如果沒有飲酒過量的話，肯定會好得多。因為這些高山部落的男女沒有自己的書寫文字，所以對於教育完全不瞭解。

● 背負柴火的原住民婦女【取自《台灣懷舊》】

在此可以稍微提一下，我們從其中的一個部落，召集了幾個女孩到淡水女學堂就讀。她們很快就適應了那裡的環境，而且表現出勤奮及良好的領悟力。此外，日本當局為阿美族（A-mi-a）和東部其他歸降的部落所興辦的公立學校，現在都已展現出良好的成效。

至於那些散佈在高山之間的小部落，當地的男孩由於大量的戶外運動和健康的飲食，個個都是朝氣蓬勃的小伙子。他們最專精的兩項消遣，一是摔角，另一則是獵取人頭。後項約需五、六個一起參與，其中兩、三個拿著棍子充當鋤頭或犁，扮成在農地工作的漢人，其他人則在樹叢中潛行，直到他們發出令人毛骨悚然的嗚吼聲，就向中間的人撲去。如果那些被攻擊者能夠打倒攻擊他們的人，或是能順利逃脫，那麼下次就要角色互換。但如果攻擊的那方贏了，他們就可以在「人頭袋」中，放入一顆大大圓圓的葫蘆來代替人頭。最後，他們就在一片狂歡和喧鬧中結束這場遊戲。

福爾摩沙已開化的原住民（熟番和平埔番），他們主要的特徵，就是以佃農或傭農身分過著窮苦的生活、不識字，以及放縱的婚姻和離婚習俗，所以對於他們的婦女或孩童，我們並沒有太多話可以說。無疑地，他們當中仍有和樂的家庭，而且以他們的標準來說，生活也還算愜意，但更多的家庭都有待改善，才能變得更整潔、更有知識，以及更有益於族人。在這裡，要遇到有過三個甚至四個丈夫的年輕女孩，並不是什麼稀奇事，因爲只要男女之間有一點點不順遂，他們馬上就會尋找新的伴侶配對。的確，這裡的成年人不像漢人那樣個性沉穩、精明、意志堅定。因此，由於他們的閒散習慣、愛喝酒，又常抵押土地借高利貸，所以漢人就慢慢地侵佔他們的土地，直到這些番民被驅離肥沃的田地，轉往狹小貧瘠

● 平埔族婦女【取自《Pioneering in Formosa》】

的山坡地種植番薯為止。番民的小孩都沒受什麼教育，父母要求他們帶著耕牛去牧地吃草，或到水溝裡打滾。

● 傳統客家婦女的裝束
【取自《台灣懷舊》】

接下來要提的，就是佔大多數人口的漢人。漢人由超過兩百萬的福建移民或後代，以及大約二十五萬名廣東省來的客家人所組成。客家人是一個有些奸巧、卻富進取心的族群。與福建女性不同，客家女性已放棄了裹小腳的惡習，所以她們能夠在外頭，靠背負重物或做苦力，來賺取不錯的收入。客家人勤於訓練讀寫，所以跟其他族群的人比較起來，客家婦女和孩童在這方面取得了領先。客家人通常會讓孩童接受教育，不管是到已立案的私立學校，或是到公學校就讀。令人遺憾的是，到目前為止，本島上仍沒有傳教士能夠學會客語。客家人之間充滿了傳福音的機會，希望我們在不久之內得以掌握這些契機。

至於福爾摩沙島眾多的福建人，他們有一些習俗值得在此一提。其中之一是，他們的婚姻大多由雙方父母決定，或是拜託媒人來居中牽線。換句話說，這兩個年輕人不會彼此追求，或像西方社會那樣，用情書來傳達愛意；也經常可見男女雙方還是嬰兒時，便被訂下終身的婚約。婚姻通常有兩種形式：一種是新郎「迎娶」坐在密閉花轎中的新娘到男方家，通常會與公婆同住；另一種則是由年輕男子「入贅」到女方家。「迎娶」式婚姻，包含所有婚前的諸多步驟，是法律上眞正具有效力的婚姻；而「招贅」的新郎則處在附屬地位，得在女方家幫忙管理家務，地位通常不會比僱來的傭人高。

另一個值得一提的現象，就是他們普遍都納妾，以及很輕易就能離婚或離棄。舉例來說，漢人不必採取法律途徑，就能休掉無法生出兒子或多嘴的妻子。此外，漢人男性常被說成有兩、三個妻子，但其實這麼說並不精確，因爲他們只「迎娶」唯一的妻子，其他被帶進家門的，只能稱作妾。這種制度所產生的弊病顯而易見，當中最嚴重的，就是它剝奪了很多守規矩又正經的女人的權利，這是任何事物都無法取代的。

● 舊時嫁娶的花轎與聘禮【取自《台灣回想》】

雖然我不太願意提及，但我仍不得不指出這個事實：近年來許多年輕女性，甚至是十幾歲的少女，都被引誘進一個極度不道德的組織當中。它充斥在各個城鎮或大型村落之間。本來這種惡行在中國統治時期就存在，只是以前沒這麼明目張膽，範圍也較爲侷限，但現在，領有執照的妓院和妓女隨處可見。原本正面的吸引力，竟然衍生出這樣一個卑鄙的行業，眞是讓人痛心。我絕對沒有吹毛求疵的意思，或故意忽略在倫敦、巴黎、維也納或柏林也有這種情形，但這些都不能當作藉口。誠然，眞正愛日本的人，會不惜代價將這類有害的行業趕出東京或任何其他城市，無論這種錢多麼好賺，或讓多少人得到快樂。

雖然以下要談的，相較之下只像是一樁小事，但我還是要在本章結尾時，讓讀者瞭解基督教對福爾摩沙的婦孺所帶來的祝福。宣教工作在此已經五十年了，但信徒人數卻還沒超過三萬人，況且他們也不全是虔誠的基督徒，這表示我們還得向三百萬人宣教。但我們並不絕望，因爲福爾摩沙的小教會是個持續成長茁壯的團體，對於各行各業、各種處境的人們，它都是誠摯、願意提供協助的朋友。

至於教會的女會友，我們的女宣教士最近邀請她們到台南來，參加爲期三天的大會。我們沒有料到會有這麼多人踴躍出席，而且，看到這些鄉村婦女以冷靜、聰慧且實際的口氣，對著其他姊妹闡述堅信上帝的演說方式，更是讓我們驚訝不已。這些接二連三的簡短演講，主題包括信仰基督者的責任與祝福、禱告和研讀聖經的重要、苦惱人心的誘惑及克服誘惑的方法、對於親人和他人的責任，以及如何讓婦女禱告會（那是分散各處的教會，於每禮拜二下午所舉辦的聚會）產生更大的影響等。這些聚會，以及她們所提的那些發人深省的想法，對我們來說是很大的激勵。

我要再加上一點：我們爲男孩和女孩所辦的日校和寄宿學校，都受到會友及會外人士相當的好評。台南的小學，現在大約有一百五十名學生，一旦我們有足夠的師資和經費，很快就能再擴大規模。很多非基督徒的父母，也將小孩送來我們的學校，因爲他們認爲，傳教士

們會竭盡心力來改掉學生的壞習慣，並培養良好的行爲模式。寄宿學校的學生也很爭氣，他們完成四年學業返鄉後，都能樹立優良的典範，尤其是從淡水和台南女子寄宿學校畢業的女孩，許多人後來都成爲老師或傳道師的妻子。在這種情形下，她們所樹立的形象非常具有鼓勵作用。

無疑地，所有這些活動在福爾摩沙都只算是小事，我們並沒有什麼值得誇耀的功績，但我們仍然充滿希望，也感謝官方給我們這麼大的宣教空間。願上主在我們所揀選的這塊美好土地上，繼續施行祂的恩惠。

● 甘姑娘（甘牧師之女，照片中央）與她的主日學學生
【原書附圖】

43. 盲人教育及事工

Education and Work for the Blind

從我投入盲人教育及事工至今，已經整整三十年了。這三十年間，葛拉漢女士（Mrs. Graham）不斷地在旁協助我，她是已逝的艾斯頓（Bailie Alston）的女兒。葛拉漢女士曾在格拉斯哥的盲人療養院擔任多年的榮譽會計（Honorary Treasurer），也擁有爲所有語言的盲胞朋友準備第一套完整版點字聖經的榮耀。

很多福爾摩沙的教會人士，相當熟悉以羅馬拼音方式來書寫他們的方言。我想，如果以這種方式來做出幾本書，應該相當有用，我們只須把其中一些字母稍微簡化即可，就像孟氏點字（Moon alphabet）的字母那樣。英國及海外聖經公會（British and Foreign Bible Society）的編輯秘書萊特博士（Dr. W. Wright），當時就請我先準備〈馬太福音〉的稿子，之後再慢慢加上其他福音書。這些點字聖經很適合年長者，也可以讓尚處於懵懂階段的福爾摩沙社會認識到，原來盲人可以經由觸覺來閱讀。

然而在初期階段，萊特博士就一直鼓勵我使用布萊葉盲人點字（Braille point system）的語言形式，因爲它不但能大大減少書本的厚度，並能提供盲胞朋友書寫表達的工具。事後證明，這種方式非常管用，而且中國南部的各傳教地區也廣爲採用。布萊葉盲人點字是字母式排列，二十四個字母都是全形字，這不僅可以保留原本布萊葉點字的數字及標點符號，還能避免將這些符號與字母相混淆。

我在不久後的休假期間，拜訪了一些蘇格蘭的會眾。多年來，他們對於英國長老教會海外宣教的工作一向幫助很大。這時，我收到一個邀請，請我去向「格拉斯哥自由教會學生宣教協會」（Glasgow Free Church Stundents' Missionary Society）演講，我毫不猶豫就答應了。此後他們寄來了五百二十五英鎊的巨款，協助我們致力於一萬七千名福爾摩沙盲胞的事工。

● 洪公祠師生合影（右一為甘牧師）【取自《台灣盲人教育之父》】

我回到台灣府的工作崗位後，我們的「教士會」通過決議，准許我在緊鄰洪公祠（Ang-kong Memorial Society，即今台南文昌廟）的地方，租下五年期的房子。因此，我們在那裡開始了一連串有系統的盲人事工。我身旁的主要助手是林紅先生（Lim Ang），他因爲視力微弱，必須全然依賴點字書和布萊葉語言形式來書寫。但他管理學校很有一套，學生都對他滿懷感激和愛戴。

在這時期，出現了另一個小小的進展。廈門宣道區的葛拉漢姑娘（Miss Graham，格拉斯哥某一區的已故議員華特・葛拉漢（Walter Graham）的女兒）寫信告訴我，她常常與盲人接觸，很想知道我們現在的進行情況，並問我們能否派個人員過去，好讓他們可以在泉州開始類似的工作。經過這番通信後，我決定派遣林紅先生前去。林紅在那個重要地區待了幾個月，並因其謙遜及很有效率的服務，獲得了所有人的敬重。泉州的盲人學校後來由庫克先生（Cook）接管，他是一位專門教導盲生的老師，特地從英國派來監理這邊的工作。

我們在福爾摩沙的事工持續穩定進展，直到我的下一個假期又悄悄來臨。那時，我正好前往東京休假，樺山資紀伯爵（Count Kabayama）——當時的文部省大臣，曾經擔任福爾摩沙首任總督——禮貌性地邀請我順道去拜訪他，藉著細川瀏（Hosokawa）[1] 牧師的翻譯，這位親切且受人歡迎的紳士表示，他非常高興聽到福爾摩沙當地事物進步的景象，而且似乎特別關心盲胞朋友的事工。這時我鼓起勇氣問他，他閣下能否協助我們鞏固和拓展現有的事工。他回覆說，他

註
1. 細川瀏牧師（Rev. K. Hosokawa），為台南日本長老教會牧師。

● 秋山先生（中立者）與盲生【原書附圖】

現在的職權並沒有涵蓋到福爾摩沙，但他非常樂意寫封信給兒玉源太郎子爵（Viscount Kodama），兒玉子爵那時負責福爾摩沙的事務。幾天後，我帶著這封信前往總督府，它似乎立即產生了非常良好的印象，因爲兒玉總督告訴我，他會立即進行必要的審核工作，並且希望能替盲童在台南辦一所公立的學校。當然，我馬上就提供了相關的儀器，以及教學方法上的所有協助。結果，在不到六個月的時間內，這間學校就在台南開辦了，由教會中學的秋山珩三先生（Akiyama）[2] 擔

註

2. 秋山珩三（-1909），原為長老會中學與「大學」的日文老師（1900-1904），後改任盲校校長。《使信月刊》有張甘為霖為他們夫妻證婚之相片（約1900年），並介紹其事業與功績。請參閱：《使信全覽》（台南：台灣教會公報社，複刻本，2006年），Vol. 47, 1909, p. 329。

任首任校長。兒玉子爵身材短小，在日俄的拉鋸戰當中，全世界才見識到他的戰略天才，但這並未抹滅他對其他平凡事物的熱忱，就像他到台南探視盲生時所表現的那樣。從他所創辦的這所學校，步行約五分鐘，可以見到他的大理石雕像矗立在一塊美麗的草地上，四周植有樹木。此時，我想我應該暫停一下對盲人事工的投入，但我手邊還有格拉斯哥學生捐贈的一百二十英鎊，以備未來的不時之需。

這間台南公立學校最近剛搬遷到更寬敞的校地，可以容納五十位住宿生。而且，又在校區後方買下一塊土地，即將再興建寓所，可以多提供五十個住宿名額。偶爾，女宣教士會去那裡，在學生課餘之際，教導他們讀經課或詩班練習，自然無人反對。我們也很高興有一大群盲胞朋友，加入我們在太平境教會的主日敬拜。

● 太平境教會【取自《南部台灣基督長老教會設教七十週年紀念寫真帖》】

接下來要說的另一件小進展，令我感到十分感激。當我在1910年返國渡假時，接到劍橋西敏寺神學院（Westminster College Missionary Society at Cambridge）的來函，邀請我去演講。演講後不久，他們的秘書就匯了一百七十英鎊到我們倫敦的財務處，註明「贊助甘為霖先生在福爾摩沙的事工」。我在回到東方之前，已先使用當中的一部分款項，買了彩色圖表和一些教具。我回到台南後，逐漸察覺到有必要採取一些作為，來協助公立盲校當前所從事的工作。

公立盲校的教育幾乎都以日文進行，而且鑒於日本法律的規定，書本內容完全不提及宗教。另外，只有男生才能在接受四、五年的修業課程後成為按摩師。此外，葛拉漢姑娘因為健康的緣故，突然離開泉州，因而停止提供手工點字的基督教書籍。因此，我覺得應立即停止空嘴白話，試試看自己能不能來提供這項服務，免得其他人又得再建立一個機構，也省去大家到處招募人手的麻煩。

在城裡，我們替這些在外頭閒晃的盲人租了一個地方，以供休憩。「蘇海」（Saw Hai，音譯）先生是一位盲人會友，非常擅用廈門當地方言的點字寫作。他在此負責接待訪客，盡其所能地製作點字版福音書，並寫信給會友名冊上有登記的人。目前為止的成果令人相當滿意，因為這讓我們接觸到，許多以前從不認識的福爾摩沙和福建省南部的盲人，也讓我們擁有一些手工製造的聖詩歌集，這些聖詩歌集的需求雖然不多，卻持續不斷。但這種安排也有一些缺憾，其中之一是，很多游手好閒的人發現我們的管理人是一個盲眼的年輕人，就躡手躡腳地進到屋子裡，看到能拿的東西就偷走。另一個缺點是，用手工製作點字書籍，費工又高成本，至少比我之前送給公立學校的那套鉛版印刷，要來得更加昂貴費時。

● 台南盲人學校師生（最後排右八為甘牧師，右九為當地行政官員）【原書附圖】

我必須要感激地說，這些困難都出乎預料地一一被克服了。當我聽到神戶有一種活字印刷已經獲得專利，能夠雙面都印出點字，我馬上就去跟專利者洽談，能否複製一組來使用。這組機器現在就擺在我家樓下的一個房間，正在使用當中，「蘇海」對於新版的聖詩（《養心神詩》）已經非常熟悉。我們即將要發行第一期以廈門方言點字的期刊，因爲到目前爲止，尙沒有其他更好的方式，可以提供這裡或中國本地的盲人，他們所渴望得到的資訊。

但我們必須明白，即使讓這些盲人精於閱讀、寫作或算術，也無法完全解決當下的問題。我們盡量讓這些會友學習獨立養活自己的技能，以免陷入無助的依賴狀態。我們已經在福爾摩沙做了許多實驗，成果卻頗令人失望，例如編線、編草鞋、編魚網和編小籃子等等手工，都可以由鄉下老婦女來做，所獲得的工資甚至養不活自己。我們應該採取一些新的方向，如醫療按摩就是一個最好的方式。在日本本土，人們已經慣於藉助這種按摩來獲得療效，而盲胞朋友似乎也被允許壟斷這個市場。但在福爾摩沙，漢人對按摩還很陌生，而且在此定居的日本人也不多。現有的三十位男按摩師，他們的收入都很不錯，但接下來陸續有學生從台南公立盲校畢業，就會大大改變這種現況。我一直試圖喚起官員們的注意，說這些盲生很適合在各處室擔任翻譯工作，也可以協助接洽福爾摩沙行政、法律、警察、郵政、海關、鐵路及醫療服務等事務。很多盲生都可說一口流利的日語，也能快速且正確地書寫日文。我們希望，有一天他們能擔任這樣的工作。

然而最要緊的是，一定要幫助那些健康、聰明，年齡在十六到二十歲之間的盲人女孩。這些女孩並不想靠按摩維生，但她們大多數又沒有富裕的親戚可養活她們，究竟該怎麼辦呢？如果眞要回答這個問題，就得提起許多悲情的故事了。但我還是抱著期望，請一家曼徹斯特的工廠送來一台特別爲盲人設計的紡織機器。在做這項決定之前，我已經在這裡和家鄉那邊研究很久，而且令人鼓舞的是，台南的行政官也不只一次地表示，他對這個計畫相當感興趣。

上面的長篇大論，希望不會讓讀者感到無趣，我無非是想要提醒讀者，我們在東方的宣教努力，必須採取慈悲且實際的方式。我們的附設醫院，無疑是一處恩賜滿盈的泉源，但它卻影響不到醫院外的廣大地區，在那裡，痲瘋病人、盲人、畸形人和精神病患隨處可見，還有數以百萬計的健康孩童，正因爲貧困和忽視而走向死亡。我常想，羅馬天主教會爲孤兒和棄嬰所做的廣泛事工，應已樹立了良好的典範。

44. 回顧與前瞻

A Retrospect and A Forecast

在1895年之前，福爾摩沙是中國的第十九省，也是唯一的離島省份。接著，福爾摩沙在經歷一段短暫的共和政府之後，又成爲日本帝國的一部分。即使僅從地理的觀點，這種快速的更迭變遷本身就很有趣。如果我們更進一步考量到，日本在這塊新領土上著手的改革，所帶給中國及世界各地的影響，實在有必要描述一下這個既重要又豐饒的島嶼。

大致來說，福爾摩沙離中國本土大約有一百哩，在海峽的東南邊有小小的澎湖群島，這些群島也受福爾摩沙管轄，以前稱爲「廳」。從英國海軍部所繪製的最新地圖看來，福爾摩沙島的總面積約爲14,982平方哩，從北到南的縱貫長度爲245哩，最大橫貫寬度爲80哩，總面積比荷蘭還要大，約爲蘇格蘭的一半大小。

眾所周知，福爾摩沙東部多山，長長的中央山脈把島嶼一分爲二，最高處超過13,000呎。中央山脈的數條支脈往東北部延伸，形成世界上最高的海岸峭壁。這些峭壁拔地而起，高出海面約7,000呎，加上滿山的青翠樹木，讓人看了畢生難忘。

福爾摩沙島最大的缺點，就是缺乏良好的港口，適合航行的河流也很少。除了蘇澳灣和黑岩灣等小港——它們僅夠停靠戎克船，並不

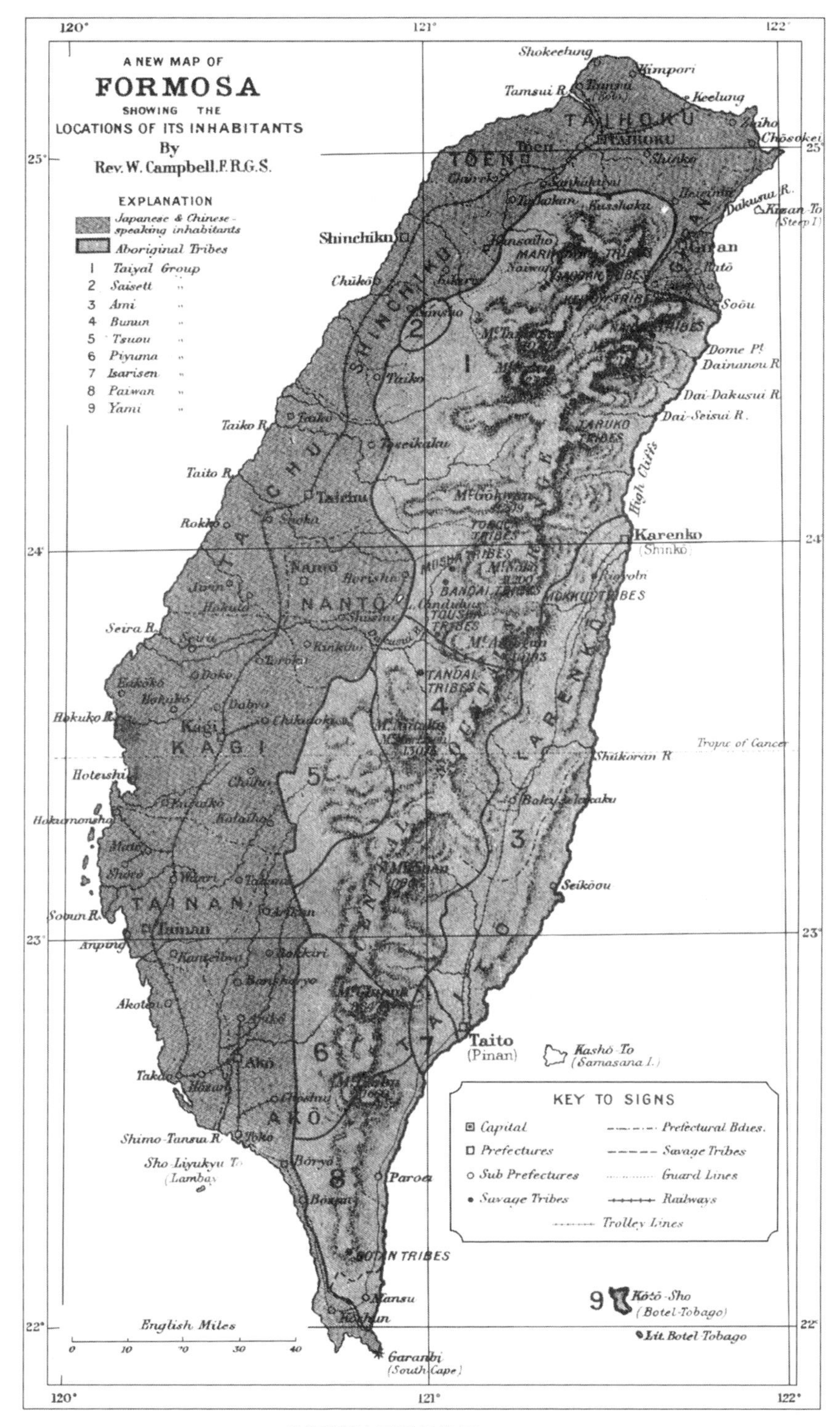

福爾摩沙居民分佈圖【原書附圖】

能擴建——之外，整個東海岸都是不實用的岩壁，無法提供遮蔽處。無疑地，東北部的基隆港海水夠深，無論漲、退潮都能開通使用，但若要成爲一個貿易中心，基隆港仍嫌太窄，而且每逢冬季來臨，也無法有效遮蔽季風的吹襲。西北部的淡水港也有相似的問題，它僅僅是一條不太重要的河流的入海口，再加上令人苦惱的沙洲無從捉摸，遠洋輪船都不敢貿然駛入。

相較於上述港灣的種種缺失，打狗西南岸的潟湖就顯得較佳，有可能成爲福爾摩沙島上進出口貿易的總部。重要的是，它是個完整的避風港，當地也有非常豐富的珊瑚礁，可充當優良的下錨地。而且，潟湖的入口很輕易就能拓寬，疏濬當中幾處沙洲也不是難事，如此一來，就有寬闊的位置可供船隻停泊。最近胡思特領事（Consul Hurst）的報告中提到：「打狗有一個天然的潟湖，大約七哩長，平均寬度約半哩，並有一條長型的珊瑚岬，將潟湖和大海隔開。要將這個潟湖整建爲一個絕佳的港口，淤清工作非常簡單，並不需要太多的花費，但是政府在這方面尙未有所行動，僅在五年前做了一些初步的勘察。」在胡思特領事的報告出爐之後，那裡已有了很大的進展，現在重達三千噸的船已經能夠停靠在潟湖了。我應該進一步指出，雖然福爾摩沙無法提供船隻足夠的停泊空間，但這個問題可以由澎湖群島代爲解決。輪船可以在澎湖群島各個既安全又寬敞的港口停泊，那裡距離安平港大約只要五個小時的航程。當初日本人就已經瞭解到澎湖群島的重要性，所以才會要求將澎湖群島一併割讓。

另外値得一提的，就是那個福爾摩沙島上唯一座落在群山峻嶺間的淡水湖泊，從彰化出發往東南前進，約須兩天才能抵達。第一個到那裡參訪的歐洲人，就是筆者本人。我將這個湖泊命名爲「干治士湖」，以紀念那位從1627年開始，就在福爾摩沙宣教的荷蘭牧師。至於島上的河流，由於全島地勢之故，西岸大部分的河流都源自東部山區，沿途沒有太多的蜿蜒，就直接穿過平原流入大海。雨季會帶來大量雨水，所以有時河流相當湍急，小船或竹筏皆不能渡過。島上有條流向特殊的大河，接近南北流向，它先穿過荖濃（Lau-long）和六龜里（La-ku-li，位於今高雄縣六龜鄉）附近的幾個村落，於幾哩之後流進較平坦的鳳山地區，最後在南部的市鎮東港出海。事實上，福爾摩沙大量的稻米、蔗糖、樟腦、藤條、木炭和其他產品，都是藉由長型竹筏順流而下，送到各個市集去。這些竹筏本身的竹子也可以出售。竹筏只吃幾吋水，卻可以承受相當重的貨物。此外，由於西岸土地的分佈情形，這些河流也能做爲灌溉之用。假如可以費些氣力，沿著山腳建起儲水池的話，就能爲低窪的西部土地提供水源，結果一定會令人滿意。事實上，已經有一些人開始這麼做了，不僅輕易就能建成，建造者的獲利也很大。

福爾摩沙的氣候並沒有什麼特別之處。從10月到隔年的3月，氣候溫和，涼爽宜人，北部偶爾有陣雨，南部則不常見。全年的最高溫和最高雨量，都出現在6月到9月間，但此時蔭影下的溫度很少超過華氏九十度。仲夏期間，有時會有嚴重的暴風雨，當這些在馬尼拉地區形成的颱風往北行進時，通常會在南岬處全速轉往澎湖群島，或往東掃向紅頭嶼和火燒島。島上沒有活火山，只是不定期會發生小地震，尤其淡水和基隆附近特別頻繁。

福爾摩沙可說是個異常豐饒的島嶼，西岸的沖積平原面積遼闊，水份也很充足，非常適合種植甘蔗、稻米、番薯、土豆、靛青、薑黃等農作物。此外，當前的水果交易也顯示，只要能引進任何一種普遍

● 傳統的糖廍【取自《台灣回想》】

化、系統化的耕作技術，產量就會變得相當豐盛。當地又大又甜的鳳梨，總是讓人精神一振，另外，可能再也找不到比西螺椪柑或美味多汁的文旦柚子更棒的水果了。1894年，也就是中國統治的最後一個完整年份，共有兩千一百萬磅的茶葉和超過四萬英擔的樟腦從福爾摩沙輸出。此外，這裡也有豐富的礦產，現在除了北部以歐式技術開發的礦坑外，在台南以南約十二天路程的阿里港地區，也有發現煤礦。大嵙崁（Toa-kho-ham，即今桃園縣大溪鎮）的石油井和淡水附近的硫磺，也是大有可爲的自然資源。但由於最近的中日戰爭，導致福爾摩沙政府和中國的財團代表，在獨家開發金礦一事上談判破裂。簡言之，透過1893年這一年度，當地十到十二家歐洲商行所流通的四百五十萬英鎊貿易額，就可以大略窺見這個至今仍未開發的國家的財富規模。

由於本札記的篇幅有限，自然無法將全島的歷史一一詳述。大約在15世紀中葉，中國商人開始造訪此地。當他們接近這島時，首先看見一片寬闊平坦的海岸線，向內則有山巒層層延伸高起，於是福爾摩沙就有了現在的漢文名字：台灣，或台地灣（Terrace-beach）。也就是這樣的景象，讓一百年後經過這裡的葡萄牙冒險家大喊：Ilha Formosa! 即美麗的島嶼，這也是現在台灣在世界上所通用的外號。早期，島上住著一支原住民族，或者說眾多非蒙古利亞人種的部落，各個部落在外貌、語言和習俗方面都有很大的差異。當然，沒有直接且精確的紀錄，可以追蹤此一時期的族群，所以我們不免要抱怨一下某些作家所做的過度推論，例如拉丘爾教授（Professor De Lacouperie）就大談福爾摩沙上有侏儒、黝黑的巨人，甚至還有長著尾巴的人種。

就像很多其他的美好事物那樣，我們對於這個島嶼的最早知識來自於荷蘭人。荷蘭東印度公司為了要和西班牙及葡萄牙分享有利可圖的遠東貿易，於1622年在澎湖群島設下據點，但由於當地及省級官員的強烈反對，荷蘭人只好遷移到當時較不為人知、但面積大得多的福爾摩沙島。荷蘭人從1624年到1661年間持續統治福爾摩沙。在這三十七年間，荷蘭人建立了小型的軍事編制，其統治範圍，從南部的瑯嶠沿著西海岸，直到東北部的宜蘭。行政事務是由荷蘭長官及評議會的評議員負責，並回報給巴達維亞（Batavia，即今印尼雅加達）的殖民事務總部。特別的是，荷蘭人不只促進當地的貿易活動，也試著要讓島上的人民瞭解並遵循基督教的眞理。為了要促成這事，他們從荷蘭本地指派三十七位以上的牧師前來此島。這些神職人員除了要負責原本份內的牧師工作之外，還要監督荷蘭的學校教師，並且將四種以上的原住民語言寫成文字。

殖民地經營得如此成功，自然引起處境較差的人們的嫉妒，甚至覬覦。中國那時正值明朝被推翻、滿洲韃靼人建立清朝的危難時期，在這樣動盪的年代，許多福建人橫越海峽，來到這塊由西方野蠻人統治的島嶼。對於荷蘭人的勢力與慷慨，這些漢人耳聞已久。誠然，福爾摩沙的原住民向來都被描繪成好戰的民族，但在這些自視聰明的避難者眼裡，要對付這些野蠻人並非難事。

然而，對台灣這塊繁榮新興的小殖民地來說，這只是麻煩的開始。中國的偉大愛國者或海盜——國姓爺（Koxinga），因爲遭受滿清勢力的嚴厲打壓，開始考慮要將福爾摩沙做爲重整軍勢之地，甚至進一步佔領該島。他所採取的第一個步驟，就是從澎湖群島不斷寄出信息，表示願意修補與荷蘭人的紛爭。但是，當他站在一支適於航海又有充分糧儲的龐大艦隊前頭時，所有的掩飾都被他擺在一旁了。這支艦隊上配置了數千名大膽的亡命之徒，他們與其說是來打仗，還不如說是想到這塊新發現的避難地，獲得安逸與富足。

● 畫家筆下的國姓爺【取自《The Island of Formosa: Past and Present》】

在此同時，揆一長官（Governor Coyett）和他的評議員們，正焦急地在熱蘭遮城開會。他們不斷發出警告，也向巴達維亞當局緊急求援，但由於巴達維亞的高層中有其他勢力在運作，導致原本應該派遣的後援武力，遲遲不見蹤影，迫使相對少數的荷蘭守備軍，只能駐紮在城堡之內。在這種情形下，國姓爺要求荷蘭的文武官員無條件投降。

頑強的荷蘭人撐過漫長而艱辛的九個月，期間曾數度激烈反擊。但國姓爺卻對分散在全島各地的荷蘭人展開殘忍的報復，甚至有牧師被刺刑虐待至死，或在十字架上被釘死。當時的記錄都一致指出漢堡牧師（Rev. Antonius Hambroek）的案例。國姓爺派他帶著停戰的旗子，進到城堡內招降，揚言荷方若不接受停戰，便會展開報復。漢堡牧師被迫留下妻子和兩個孩子當人質（其中一個是亭亭玉立的十八歲少女），一旦招降失敗，噩運將降臨在這些無力抵抗的婦人身上。然而這位高尚的牧師並沒有要荷蘭人投降，反而鼓勵他們繼續抵抗，並告訴他們，國姓爺已經折損了一些最好的船隻和軍力，對當前的圍攻也感到厭倦。當他說完，荷蘭評議會讓他自行選擇，是要留在城堡內，或回去敵方的軍營，若回到那裡，他必死無疑。城堡內還有他的兩個女兒，當她們得知父親決定回敵營去面對無情的敵人時，她

● 揮別女兒的漢堡牧師【取自《製作福爾摩沙》】

們的雙臂環繞著父親的脖子，滿溢悲傷的眼淚。但漢堡牧師提醒她們，如果他不回去，當人質的妻子和兩個孩子也準死無疑。於是他解開女兒們的手，並告誡士兵要奮力抵抗。當他踏出城門，他歡喜地說，或許上帝派遣他回去，才能讓那些可憐的戰俘得到釋放。但國姓爺獲知漢堡的回報後，當場表情鐵青，立即下令展開屠殺，只要是荷蘭人戰俘和其他信奉基督教的本地人，都難逃一劫。漢堡牧師遭斬首，而先前所提到的那個女兒，則淪爲這謀殺者的妻妾之一。

最後，荷蘭守備軍被失望、疲累和飢饉耗盡，不得已向國姓爺投降。所有的公共財產皆落入敵手，那些勇敢但悲傷的守軍，獲准搭乘所剩的最後一隻船離開。失去這麼豐饒的殖民地，令荷蘭政府感到強烈不滿，於是可憐的揆一回到巴達維亞後，馬上被捕。在經歷漫長的審判之後，他被流放到荒涼的普羅埃（Pulo Ay）島。應該有人要替這位高貴、卻深受誤解的紳士辯護申冤吧！至於國姓爺，他在當了幾年福爾摩沙王後，就悲慘地過世了[1]。

鄭經繼承他父親的王位，統治了十二年之久，但他的船隻卻不斷遭受滿清臣民的攻擊。鄭經爲了要增強實力對抗滿清，對經常在附近貿易的外國商人發出了皇家公告信函，提出相當誘人的條件，表示只要他們願意到台灣附近設立一些倉庫，他就願意提供所需的設備。

註

1. 關於鄭成功攻台之役，最成功者乃其「不斷寄出信息，表示願意修補與荷蘭人的紛爭」，導致離間外號「固執約翰」的范德蘭艦隊，使其認為鄭成功不會攻台，遂於次年（1661年）2月率艦返巴達維亞，僅留約三分之一兵力協防台灣。於是鄭氏乃在同年4月率兵兩萬五千攻台，經數度激戰後，於1662年2月，荷蘭揆一長官簽字投降。同年6月，鄭成功病逝。

要不是此公告的唯一回覆，係來自於最令人意想不到的國家，鄭經的提議根本不値得在此一提。在17世紀後半葉，英國東印度公司曾在福爾摩沙設立了一間工廠，並運作了好幾年。雖然這事並不廣爲人知，但確切無疑，因爲展示在我面前的古老且泛黃的公文，足以清楚證明這點。另外，「監務先生（Wm. Cambell），一位當時替荷蘭服務的蘇格蘭人」所做的陳述，可能也與此事的發展有關，因爲我們英國東印度公司爲了感謝他所寫的書面報告書，付出的「酬謝金」之高，足以和彌爾頓（Milton）寫《失樂園》的報酬相比擬。

其中一封保存在倫敦印度事務部（India Office, London）的信函，日期標示爲1670年，是寫給台灣國王（the King of Tywan）的。那封信的開頭這樣寫道：

我英格蘭、蘇格蘭、法蘭西及愛爾蘭國王查理（Charles），已准許若干商人與世界各地通商，並任命湯姆遜・威廉卿（Sir Wm. Thompson）及數名其他商人，爲東方地區之商務長官（Governor），而本員（Henry Dacres）爲經理，以監督班丹區（Bantam）之商務。因此本員代表總督湯姆遜敬向陛下奉函問候。因曾接閱陛下御函，寵召各國商民前赴陛下統治下各地通商，茲特派克利斯布（Ellis Crispe）爲指揮，率領小船及單桅帆船前來，以考察貴國風土——風俗、習慣、衛生等居住環境——及調查有何種商品適合於輸出入等事。一俟彼熟悉各項情形，並獲陛下友善之准許後——吾人謙遜地懇請陛下惠允——本員即將請總督再向陛下懇商，允許英國人民在貴國設立居留地。又吾人爲欲陛下明瞭，英國與約在十年以前被令尊陛下自台灣驅出之荷蘭人作風截然不同起見，特派船長索克（Captain Soake）及其他八名華人隨同前來。此等華人曾與我等交易甚久，對於英國人之情形甚爲熟悉[2]。

接下來就寫了許多跟設廠有關的條件。後來的信件中，有迎接貨物管理員及熱絡的開幕典禮等記載。然而，台灣國王爲了從貿易中獲取自身的利益，引起了相當多的磨擦，最終導致倫敦的董事會發給駐班丹的代表這封強制命令：

1682年2月28日：關於台灣的貿易，我們特此明確地要求你，當這封信到達你手上時，如果你還不能增加在台灣貿易的收入，那麼我命令你放棄這塊土地，並將一切能攜帶的都撤離。我們已經下通牒給台灣國王，表達了我們的意思，並且大約會在3、4月間派船到台灣，準備接回我們的人。在此之後，我們將用武力的方式，把他虧欠於我們的，連本帶利都討回來。

國姓爺的孫子繼承他父親鄭經的王位時，還相當年輕，他屬下的官員們也發現，要在龐大的滿清帝國旁邊維持獨立地位，變得越來越困難了。最後，這位年輕的國王在1683年呈遞降書，結束這一切的紛擾，也帶領福爾摩沙進入北京政府的管轄範圍內。

在接下來的漫長歷史時期，福爾摩沙只有偶爾才會得到西方國家的注意。當島上的獨立政權結束之後，福爾摩沙和澎湖群島就歸入對

註

2. 本段譯文，引自賴永祥，〈台灣鄭氏與英國的通商關係史〉，《台灣文獻》第16卷第2期（1965），頁2。

岸福建省的治下，島上的文武官員都得向福州的上司報告負責。爲了行政管理的目的，有眾多漢人聚集的西部地區被劃分成：做爲府城的台灣府、緊鄰在台灣府南邊的鳳山縣，以及緊鄰在台灣府北邊的諸羅山（Variegated Net-hill County）。順道一提，在諸羅山某次爆發的反抗中，由於當地大部分民眾仍然效忠清朝皇帝，所以皇帝就將它改爲現在地圖上所用的名字：嘉義（Ka-gi），即「嘉其忠義」之意。

在上述的三個行政區裡，主要居民可以分爲兩大類：第一類是漢人，其中大部分都是福建省的漳、泉移民或後代；另一類則是過著農耕生活的平埔族人，他們已經效忠於漢人，文化上也漸漸被同化，或多或少能通漢語，但居住在相對獨立的自家聚落或小村莊。

上述這些居民，和住在東岸高山區域、尚未被征服的原住民極少交往，相較於早期這些原住民與荷蘭人的交往，更是少得多。漢人不敢貿然進入這些原住民的領域，因爲他們經由長年的壓榨和詭計，已經侵吞了過去原住民慣於漁獵的西部地區，並建立了許多安全又舒適的小村落。相較之下，過去的荷蘭人雖然有時對原住民採取高壓手段，但他們的確調停了部落間的衝突，行爲公正，並爲福爾摩沙的原住民帶來無可言喻的益處。

這時期及之後很長的時期，中國所記載的台灣編年史大都非常乏味，主要都是一些模糊的地形記錄、官員的任命、宗族鬥爭、叛亂和天災，以及許多島上居民和產物的趣事，如此而已。

有一位耶穌會的神父留給我們一篇非常有價值的專文。在18世紀前半，這位神父在福爾摩沙做了一些勘察。馮秉正（De Mailla）用非常清楚且風趣的方式，描述他在當地的所見所聞，並熱誠地見證了荷蘭人遺留在此的基督教蹤跡。對這件事，他這麼說：

在我們離開廈門之前，已聽說福爾摩沙上有基督徒。經過我們的詢問調查發現，漢人之中並沒有基督徒，但有蹤跡顯示，平埔族人似乎在荷蘭時期曾聽聞過基督教。我們遇到一些能夠說荷蘭話、讀荷蘭書，並且用荷蘭文書寫的人。我們甚至在他們當中，發現一些荷蘭文書寫的「四經」的碎片，內容可能是摩西五經。這些平埔族人不像漢人那樣崇拜偶像，似乎害怕這樣的行爲。但是他們並沒有宗教崇拜的儀式，也無法背誦任何的禱告文。我們和一些人交談，他們知道上帝、天地創造者是父子聖靈三位一體的神。他們告訴我們，第一個男人叫亞當，第一個女人叫夏娃，因爲違背上帝的旨意，所以上帝要懲罰他們及他們的後代。因此，人必須藉著洗禮才能去除這罪，而且，他們至今仍然記得洗禮的實施方式。

當時序更拉近，1842年的福爾摩沙發生了一件事，引起許多居住在本國及旅居在外的歐洲人的關注。第一次中英戰爭剛以簽訂南京條約了結，當時兩艘小型的英

● 馮秉正等人所測繪的福爾摩沙地圖【取自《製作福爾摩沙》】

國商船，因氣候不佳來到福爾摩沙的西北海岸，這些落難的人員被帶上岸，等待當地官員發落。這些文武小吏經過討論之後，認定這是個大撈油水的好機會，並有利於自身的升遷，於是他們開始大規模地劫掠這兩艘商船，並對其他私下搶劫船隻者處以重罰。這些逃過海難的可憐船員和乘客，被押送到台灣府，在那裡囚禁了四個多月，遭受到相當不堪的對待。最後，他們之間有超過五十人被帶到北門外處決。

福爾摩沙當局上呈給北京的官方報告書中，故意不提與英國的戰爭已經終止一事，僅說有兩艘敵艦企圖運送部隊登陸福爾摩沙，但經過雙方激烈交戰之後，帝國軍隊證明了自身的實力，攻擊並打敗了外國蠻人，讓他們傷亡慘重。從這兩艘商船上所搜刮得來的物品，便被這些充滿心機的劫掠者當成戰利品呈上，他們也以贏得光榮勝利之名，乞求皇室的賞賜。

可想而知，當在中國的歐洲人得知此事的眞相後，立即爆發了相當強烈的情緒反應。有些人認爲應該推翻這政權，只有少數人不贊成動用現有的英國海軍，但較明智的意見最終取得了優勢。因爲北京表達了深切的哀悼之意，並對福爾摩沙的眾多官員做了適當的懲處，加上最近才剛獲得和平，最終便決定以外交手段來解決相關的爭議。

1860年秋天，發生了另一件對福爾摩沙島有更重大影響的事件。中英之間再次爆發戰爭，結果雙方以簽訂天津條約來終結敵對狀態。根據該條約的第八條及第十一條規定，福爾摩沙的兩個港口必須對外開放通商，而且，信仰或傳授基督教的英國人，只要得到領事館所發出的護照，並得到當地官員的會簽，就能夠到這兩個港口以外的任何地方遊歷。結果，英國便迅速在打狗和淡水港設立領事館，在台灣府和基隆也成立了分館。沒多久，歐洲人的倉庫及平房也陸續在這些要

● 台灣府的英國領事館【取自《Pioneering in Formosa》】

地建立，以提供負責當地海關事務的歐洲行政官員們住宿。爲了滿足這些人對宗教的需求，道明會（Dominican Mission）分支已經在當地運作了好幾年。1865年，英國長老教會在台灣府開始傳教，七年後，加拿大長老教會也進駐淡水。從福爾摩沙的一小部分西部地區被納入中華帝國以來迄今，上述的發展證明了該島所取得的進步。漢人當前所居住的土地，起初是原住民部落所控制的，這顯示了漢人的人口已逐步增加，也顯示了漢人有一些不容低估的特性。無疑有些原住民適應了新的秩序，但一般說來，要與漢人這種精明刻苦又孜孜不倦的民族朝夕相處，這些原住民部落怎麼可能繁榮興盛呢？

1874年末，出現了一樁突發事件，可能嚴重危及福爾摩沙往後的興盛成長。約兩年前，一艘從日本琉球出發的船隻在福爾摩沙東岸擱淺，船上的人員遭牡丹社野蠻人殺害。之後，日本政府要求滿清政府賠償，但後者卻表現出極端推諉的態度。雙方在往來幾次公文之後，滿清政府唐突無禮地暗示，像居住在福爾摩沙東岸這種化外之地的野蠻人行爲，她無意爲其負責。這項暗示引發了令人震驚的回應。當時的日本人民並不清楚，在密令的指示下從日本出發的遠征軍隊，究竟要開往那個地區。簡而言之，日本接受了北京所發出的最後通牒，派遣神秘的遠征隊登陸福爾摩沙南部，很快地就對那些以殘忍方式對待船難者而聞名的野蠻人展開報復。到此刻，滿清政府才一改語氣，大聲抱怨日本出兵到友善大國的領土。日本方面則說，只要滿清政府承認他們該負的責任，並且負擔這次遠征的費用，他們馬上收兵。雙方的協議，最終透過駐北京的英國公使威妥瑪爵士完成。

● 日本為琉球藩民所立的墓碑【取自《台灣懷舊》】

滿清政府受到這些事件的影響，開始關注福爾摩沙島的發展及防禦，因而指示福建省巡撫丁日昌（Tang Tih-chiang）督辦此事。他是一位以公正、有能力而聞名的官員，並沒有沾染到官僚階級的迷信、迂腐氣息。無怪乎在這位官員的治理下，特別是在他多次親自巡視期間，福爾摩沙有了重大的進步，也立定了許多改革決策。舉例來說，他開通了多條島上道路、征服或安撫一些高山部落、開墾礦坑、引進電報和鐵路，而且福爾摩沙也從福建省轄下升格爲滿清帝國的一省。的確，如果丁日昌能夠活久一點，滿清也能夠提供多一點關注的話，那麼福爾摩沙可能至今仍是中國的富裕省份，並能做爲防禦任何敵國艦隊的堅強堡壘。

1884年的中法戰爭期間，福爾摩沙再度受到矚目。當時發生許多動蕩人心的事件，包括淡水和基隆的砲轟，法國軍艦嚴格封鎖福爾摩沙長達半年之久。在整場戰爭期間，有個非常傑出的人物脫穎而出，他就是劉銘傳（Liu Ming-chuan）。當時他指揮對法國的作戰，後來更成爲台灣第一任巡撫。不論這場戰爭在其他地方造成什麼影響，它的確再度給了滿清政府機會，讓她能以寬大、開明的方式，來促進福爾摩沙島的發展。雖然這位巡撫所提的前瞻政策得到了一些鼓勵，但他明顯超越了那些位居北京、掌握決策權的老派反動份子。他們應該要大力支持這位能幹的改革者的，誰知道呢，若然，或許福爾摩沙現在還是由北京所管轄呢！

1885年，在劉銘傳領導下，一個全新且完整的行政區劃分成形，之後還維持了好些年。根據這份行政架構，福爾摩沙和澎湖群島共計有四個轄區，從這四個轄區再細分爲十一個縣和五個廳（其中兩個廳涵蓋整個島嶼東部，而澎湖自成一廳）。各地名稱如下：

（一）北部台北府：由新竹、淡水和宜蘭三縣組成，也包括基隆廳。

（二）中西部台灣府（也是現在新首都所在）：由雲林、台灣、彰化和苗栗四縣組成，也包括東邊的埔里社廳。

（三）西南部台南府：由恆春、鳳山、安平和嘉義四縣組成，外加澎湖廳。

（四）東部台東直隸州：包括卑南和花蓮港兩廳，還有東部中央要鎮的水尾（Tsui-be，即今瑞穗）。

如果有人提出異議，認爲這份行政版圖中，仍有大量土地是由非漢人的部落所佔領，那麼他們應該要明白，劉銘傳將盡其所能讓它成爲事實，而非僅僅是名目上的規劃。爲了要讓那些喜好獵人頭的原住民守法，並受到法律的管束及保護，劉巡撫做了持續的努力。他不只是發出命令而已，至少筆者本人就曾親睹，劉巡撫站在第一線所展示的自制與膽識。當時他親自指揮對某些原住民的作戰，因爲他們之前曾對一個內陸村落發動了夜間突擊，造成該村落人口銳減。那時，他本人就住在軍營中，和大家過著艱苦的生活。隔年，《京報》（*Peking Gazette*）宣佈，有四百七十八個部落，大約八萬八千名原住民歸降。必須要補充說明的是，大部分歸降的人都是自願的，因爲只有在各種辦法都宣告無效後，劉巡撫才會不得已採用強硬的手段。這位巡撫堅持，不論他任期內能否完成其他事務，關於獵人頭這種駭人聽聞又造成傷害的習俗，一定得徹底撲滅才行。

劉銘傳任內另一項關注的事項，便是福爾摩沙鐵路的興建。他的目標是在西部建築一條貫穿全島的鐵路主幹線，如果以後有需要，可以再由主幹線增設新支線因應。他立即進行勘察工作，雖然經費不

● 劉銘傳任巡撫時建造的台北火車站及鐵路工廠【取自《台灣懷舊》】

足，工程稍有延宕，但最後還是順利地蓋好了鐵路。這條鐵路的終點站設在淡水河北岸的市鎮——大稻埕（Twa-tiu-tia）。從那裡，一條貫穿約二十哩的鐵路通往基隆，另一條往南約五十哩的鐵路到達新竹。想當然耳，這項工程完成之後，替島上貿易帶來了動力，民眾也便利許多。

現在該來說一說最近發生的變化了，這些變化所帶來的影響，遠大於之前所提的種種。當中日戰爭因旅順淪陷而進入最高潮時，我正好在日本旅行。那些被監禁在大阪的中國囚犯，看來無精打采，但吃得不錯，頗引人注目。至於那些行進中的日本軍團，正準備派往各處，成員們看來個個精實，似乎能勝任一切的使命。結局將會如何，那是無庸置疑的，每個人都相信那個自大、不知變通又傳統的國家，很快就會不惜一切代價地乞求和平。

在這時候，中國派遣一位受聘的外國人德崔琳先生（Detring）跟「倭奴」交涉，這對日本來說是一大侮辱，也是中國愚昧無知的最高表現。兵庫縣的官員們不願和他交涉，僅僅下令警察尾隨監視，直到他離開該地爲止。下一個派去的代表團也沒有成功。這個代表團由幾位中國高階官員組成，其中也包括福爾摩沙的巡撫，但因爲他們沒有攜帶適當的國書，所以根本連協商的機會都沒有。第三次則由權勢極大的李鴻章（Li Hung-chang）親自造訪，於是雙方簽訂了馬關條約（Treaty of Shimonoseki）。根據這個條約，中國要媾和，就必須賠款三仟五佰萬英鎊，並且割讓遼東半島的南半部，和福爾摩沙及其所有附屬島嶼給日本。

日本要求割讓遼東半島，必定有其外交上的考量。以自然資源來說，遼東半島是一塊貧瘠的土地，要保有它，必須投下大量的軍事設

● 清日兩國於春帆樓簽訂馬關條約【取自《台灣民主國研究》】

備。福爾摩沙的情況則正好相反。這是一塊農產資源豐富的地方，拿下它，可使從日本、琉球、宮古島一路下來的島鏈線完整，而且，佔領福爾摩沙也是天皇臣民多年來的宿願。因此，日方爲了確保拿下福爾摩沙，特意索求遼東半島，知道此舉勢必會引發激烈的爭論，屆時再以退爲進，放棄遼東半島，換取在歐洲各國的擔保之下，中國再付出額外的七百五十萬英鎊，並且無異議地讓中國割讓福爾摩沙。如果我們瞭解，東方人喜歡用拐彎抹角的方式來處理事情，就可以對這一起事件有較充分的理解了，他們總是說一大堆不相干的事，以獲取他們想要的某件東西。

● 台灣民主國的國璽、郵票與郵戳
【取自《台灣民主國研究》】

1895年4月17日，馬關條約簽訂，中日戰爭告一段落。但在三個禮拜前，日本的軍艦仍然轟炸了澎湖，同時，日本帝國也因推遲而遭到怪罪，因爲她遲遲未將雙方最高當局所同意的決議知會軍方。福爾摩沙正式割讓給日本後，中國在當地的統

● 台灣民主國於台南所發行的官銀票與股份票
【取自《台灣民主國研究》】

● 劉永福誇張的宣傳單之一【取自《台灣民主國研究》】

治就終止了，但一直到好幾個月之後，彰化以南地區才慢慢出現新的統治政權。可想而知，這種毫無紀律的情形，導致眾多無辜的平民百姓傷亡。當時是由短命的台灣民主國勉強維持地方秩序。台灣民主國在台灣府的城牆之內成立，英國長老教會的總部也設在那裡，少數的幾位傳教士，是當中僅有的歐洲居民。這種自治政府的形成，主要是因爲數千名隸屬於中國黑旗軍的士兵，仍在當地徘徊遊走，無處可歸。他們的軍官跟當地一些士紳協商，決定推派劉永福（Liu Yung-Fu）將軍接任台灣民主國的總統，眾人也決議，彼此合作擊退日本的侵略。然而，就像事先就能預料的那樣，當日本逼近台灣府準備發動攻擊時，整個運動便非常可恥地潰散了。許多黑旗軍往附近山丘逃竄，劉永福本人則僞裝成抱著嬰兒的婦人落跑了。

之後，台灣府的四個城門緊閉，不祥的寂靜籠罩整座城，人們小心地行走，好像走在火山口邊緣那般提心吊膽。即將來臨的厄運似乎無法避免了，因爲日軍已被這塊新領土從北到南的持續抗爭所激怒，而在這處黑旗軍曾盤據的土地上，預料將會展開可怕的報復行動。我那時正好放假回英國，但相當關切這一事件的進展。

就在總統逃跑的那個禮拜六下午，一個由當地士紳組成的代表團前來拜訪我的同事，懇求他們顧念上帝的緣故，出城與日軍溝通，乞求日軍和平入城。這項任務實在很危險，因爲不確定他們的請求是否眞正反映民意，而且島上許多地區，已有本地基督徒因與日本人共謀的罪名慘遭殺害。後來有一個更具影響力的代表團出來，說他們願意將這樣的請求以書面寫下，以便明瞭誰要負起所有責任，同時也能顯示，由傳教士所代言的這項請求，完全是基於人民急迫的願望。

● 冒死接引日軍的巴克禮牧師
【引自《台灣盲人教育之父》】

當一切準備就緒，太陽已經西下，我的同事們帶著蓋過印的文件，就從南門出去執行這項和平任務。當晚星空閃耀，一片寂靜，直到這群人被一聲槍響和日本衛兵的叱喝聲驚嚇到爲止。雖然我的同事們比手畫腳地解釋，但立刻被衛兵包圍，並且被帶到乃木將軍（General Nogi）面前。他們經過一陣討論後，同意接受這一善意邀請，決定在天亮之前就開始前進，讓巴克禮牧師和其他十九位漢人走在前頭，而宋忠堅牧師（Ferguson）

[3] 和其他幾名官員殿後。日軍挑明了說，只要有任何狡詐或反抗行爲，士兵就會開槍，整座城也將付之一炬。回程的步伐焦慮難安，當傳教士越來越接近台灣府，並看見城門緊閉時，他們心中忐忑萬分，擔心是否已有變卦。城內有一些聲音，但聽起來不像是平時的狗吠聲，難不成城裡的一些激進份子終於按捺不住，正在從事魔鬼的作爲？我的同事回頭一看，背後全是上了膛的槍對著他們，再看看前方，似乎沒有展現和平的跡象。當這種緊張的氣氛幾乎令人窒息之際，南門終於打開，上百名士紳走出來，趴在地上跪拜，沒多久，日本的太陽旗便在城裡飄揚。

● 宋忠堅牧師
【引自《台灣盲人教育之父》】

在當前改朝換代的情勢下，對於福爾摩沙的未來，實在不宜發表過多的評論，只需談一下目前已發生的改變，以及未來一定會隨之而來的變化。以下幾件已發生的變化值得注意：

（一）中國官員現在已經完全離開福爾摩沙。雖然論斷這些達官顯貴或其他人並不是我們的職責所在，但經過長期以來的觀察，我發

註

3. 宋忠堅牧師（Rev. Duncan Ferguson, 1860-1923），蘇格蘭人，1889年抵台，曾任「大學」校長、代理長老教中學校長、「教士會」司庫、教會報主筆等職務，亦因引日軍和平進府城之功，獲日本勳章。《使信月刊》有其照片。請參閱：《使信全覽》（台南：台灣教會公報社，複刻本，2006年），Vol. 35, 1897, p. 289。

現，對於這些中國官僚，我們實在很難懷有信心或尊敬之意。毋庸置疑，其中仍有少數官員很能幹（從當地人的觀點而論），勤勉而正直，並且眞正爲人民著想。然而整體看來，上自總督，下至卑微的衙門小役，全都以惡毒的原則行事，即：國家是爲官員而設，並非官員爲國家而置。

（二）所謂的「讀書人」的影響力，在福爾摩沙已經消失殆盡了。他們是以孔孟思想爲主軸的士紳階級，備受尊崇，尋常百姓把他們當成智慧的寶庫，認爲他們相當幸運，只要教書和做些吹毛求疵的瑣事，就能賺得一大筆錢。他們大約有七成的學識是贗品，只是依賴不斷地強記中國經典，並跟隨這些經典的傳統詮釋罷了。他們排外的心態，眾所皆知，實在很難在其他地方，找到這麼一群氣度狹窄而不切實際的人了。

（三）日本很快就在福爾摩沙下令禁止鴉片進口，只有醫療用途除外。雖然這是相當重要的事件，但是並沒有引起大家的注意。最初在1729年，中國曾經下令禁止使用鴉片，但福爾摩沙人卻不當一回事，之後還以濫用鴉片惡名昭彰。在1893年（也就是未受戰爭影響的最後一年），鴉片進口量高達五千六百八十英擔，價値四十一萬九千八百三十九英鎊。但現在情況已完全改觀，日本宣佈鴉片買賣必須全面停止，並且打算完全禁絕鴉片毒癮。在閱讀完一大疊我們皇家專門調查委員會（Royal Commission）近期關於印度鴉片交易的報告後，我覺得日本人的公告的確很有建設性。

我想不需再一一列舉那些已發生的變化了。至於未來將發生哪些變化，可以就日本現在的狀況，以及統治福爾摩沙的日本官員所表達的決心（即人民必須快速地在身心靈上與日本帝國合爲一體），來預測接下來的發展。從這兩方面來判斷，可以想見不久之後，全島就會有通暢的道路、從北到南的鐵路和各支線的通行、開放港口、引進適當的貨幣，還會有議會代表、正直的官員、技術良好的本地醫師、報紙，以及所有政府機關在每個週日公休等。當然，未來有些事會困擾歐洲商人和熱心的傳教士，但大家務必要有耐心，相信日本人將會帶來良好的成果。新秩序之下的人口流動情形相當有趣，可能會出現以下狀況：（一）很多漢人離開福爾摩沙；（二）日本移民穩定增加；（三）文明化的力量會滲透進所有不會說漢語的原住民部落。這些及其他問題都是相當重要的，我們盼望日本在這關鍵但充滿希望的情勢下，能展開歷史上全新的一頁。

45. 英日同盟

British Alliance with Japan

由於筆者剛好是傳教士，所以有些讀者可能會認爲，傳教士應該要遵循慕凡尼（Mulvaney）的忠告，對政治及貿易事務若要表示意見，應該多多請教專家。但是事到如今，要我壓抑對於英日結盟的看法，實在不容易。東京總部的緊張仍未解除，而當我們自己的「大老人」在受人讚揚的時候，我們不要忘記，另一位侯爵也是個「狡猾的傢伙」，伊藤博文（Ito Hirobumi）相當精明，並不需要有人來教他如何處理目前的情況！

然而，撇開玩笑的話不說，我們的商人和其他相關的人，假如他們能比先前更正視日本人，會有好處；對於他們所謂的干涉，我們要克服心中無濟於事的不悅情緒，也不該一看到天皇臣民的小聰明就拍肩讚賞。我希望我們這塊小島上的人們能夠及早察覺，這些守法、愛國的日本人，他們的野心是拘束不了的。日本人是一個比許多歐洲人所想像的更冷靜、更有遠見、也更有決心的民族[1]。

誠然，最近所形成的英日同盟，讓我們清楚地看出俄羅斯對滿洲

註

1. 以上這兩段譯文，要特別感謝王泰澤博士的協助。

的侵略心，但是我們英國人也必須知道，對我們的盟友日本來說，這種結盟是讓她得以在「勢力範圍」內增加影響力的手段，這一「勢力範圍」不僅及於長江流域，也含括了中國十八個省份。再怎麼愚笨的人都看得出，和平征服中國的動機所在。首先，最近接連發生的事件，已讓中國覺悟必須拋棄舊制度了，但他們卻無法僅靠自己之力來建立新制度。另外，自伊藤博文侯爵簽訂馬關條約以來，日本已經遙遙領先中國，沒有其他人比北京高官更密切注意此一情勢了。

當然，爲了要達成這種和解，中日都必須先做出相當多的讓步才行。關於這件事，雙方都應該要考量到彼此的地緣關係、兩國居民的相似性，以及兩國文字的相通性等因素。事實上，不僅上述因素，還有其他更多的因素，都已被雙方考量到，所以日本此刻在中國的地位，正日漸增強當中，這樣一來，不僅日本能獲得很大的利益，中國也能夠得到極大的協助。有一、兩個例子可以用來說明這點。中國最具影響力的改革派總督張之洞先生（Chang Chih-tung），最近開除了一位在武昌農校的美籍專家，改聘一位日本人。而且，這位高官也送一批中國留學生到日本學習公共行政。某位住在中國的外國人，最近發表了下述已被刊登的評論：

在上海兵工廠旁邊的那幾棟建築物，也就是去年我們常聽到的中國女子學校的所在地，最近已經由日本人建立了一座新的學校。現在大約有一百名日籍學生住校，在那裡學習漢文與英文，希望將來能在中國找到有影響力的職位。幾週前，這學院的開幕典禮請來了許多中國官員出席，會中還朗讀了劉總督和張總督傳來的賀辭。這些徵兆，無疑表明了中國對於日本帶領他們走上改革一途，抱持著希望與支持。這或許是對白種人勢力入侵東亞的一種反動。上海的《同文滬報》[2]和天津的《日日新報》，是中國發行量極大的兩份報紙，但這兩家報社都爲日本人所有，並由日本人負責編輯。另一件值得留意的現象是，現在中國的翻譯學社和改革協會，如雨後春筍般地出現，爲的是要推廣西方的教育方法和科學成就。然而，幾乎他們所有發行的書籍，都是從先前已在日本出版的書籍轉譯過來的。因此，日本的學者先篩選一遍歐美文獻，選出其中的優良者，然後中國的改革者再循著這條較便宜且安全得多的途徑，借鏡日本人的經驗，將日文轉譯成漢文。這種轉譯過程，相對來說較爲簡便，因爲日文的拼音系統並不困難，而且日文之中也穿插使用大量的漢字。

就商業貿易來說，日本人在中國大陸的活動相當活躍，在某些方面，他們的方法的確比歐美人傑出，比如說：（一）他們的組織運作較有效率；（二）他們對於中國方言的理解，使他們無須雇用買辦或中間人；（三）他們願意從事小額佣金的貿易，眼裡不會只有大宗茶葉或其他大量商品的進出口；（四）他們對於當地習俗和需求的審慎研究，使他們知道哪些商品會暢銷。例如，鐘錶在中國已經隨處可見，但日本人將德國和美國的時鐘改印上漢文標示，取代羅馬數字或阿拉伯數字。同時，他們也將鬧鐘聲配上一、兩句簡單的漢語，效果

註

2. 《字林滬報》，初名《滬報》，由「字林洋行」於1882年間創辦于上海，為上海早期著名報紙。1897年，《字林滬報》出版附張《消閑報》，咸認為是中國最早之文藝副刊。後因經營不善，於1899年售予日商上海東亞同文書會，於是改名《同文滬報》。

就像「嗨，強尼，睡醒沒？」（Hey, Johnnie Cope, are ye waukin' yet）會引起蘇格蘭高地人的親切感那般。

爲了要圓滿結束上面的描述，或許也要提一下日本這個島嶼帝國的運輸能力。日本的貨運及客運能力，現在逐漸增強，已經能夠通達世界各地的大港口。這種能力所依賴的，就是大阪商船會社，以及更大的日本郵船會社，後者擁有兩百萬英鎊資本額，七十艘輪船的龐大船隊，總容量高達二十萬噸。

我們不該假設在這場「最適者生存」的光榮競爭中，日本唯一的野心就只是獲取最多的收穫。我們英國人之所以自豪，不只是因爲商業上的成就，更因爲我們宣稱在印度和非洲各地，發揮了向上提升的影響力。不論我們有沒有肚量接受，事實上，日本已證明她們能夠表現得公正無私，並貫徹崇高的理想。不只這樣，很多第一流的日本思想家，已經不滿意當地的既有宗教，並勇敢地承認當下日本人心惶惶，他們也認爲，唯有全然接受基督教信仰，才能使他們的國人除去怠慢，努力誠實，而不偷斤減兩。他們知道，這是我們英國人一直以來的信條，但也知道我們並不是一向都能加以貫徹。「所以自己以爲站得穩的，須要謹愼，免得跌倒」[3]，因爲「有許多在前的將要在後，在後的將要在前」[4]。

註

3.《新約》〈哥林多前書〉十章12節。

4.《新約》〈馬可福音〉十章31節。

46.歐洲人的公正

Europeans Get Fair-play out Here

我剛從彰化地區回來，在那裡停留了六個月之久。我回來後，發現最近有些報社的文章，正在討論日本人如何對待福爾摩沙島上的外國人。既然我在這個島上的生活已經超過了三十年，所以以下對這事發表一點意見，希望大家不會覺得有所不妥。

福爾摩沙的外國社區，大部分都集中在北部的淡水及大稻埕這兩個港口，其他則位於南部的台南，此外還有兩位傳教士，他們的教會位在台南北方約八十哩處。台南的傳教人員共有十四位，再加上彰化副宣教中心的兩位，共有十六位，但官方、商業的人員加起來，大約只有五位。官方、商業人員如此稀少，並不是因爲新統治者對他們施加壓迫性的措施，一般人都知道，早在本島割讓給日本之前，福爾摩沙南部的商會和相關人員，就已經持續減少了。

就我所瞭解，北部的外國社區並不曾有過受日本迫害、困擾之類的抱怨聲音。相反地，他們似乎對週遭環境相當滿意，至少在我過去一年三度造訪當地後，他們就是給我這種印象，當時我受到他們親切好禮的接待。希望讀者不要覺得我過於囉唆，但在1月的時候，他們還興高采烈地接受總督捐贈給攝影社的五百日圓，也很喜悅地得知，天皇對於他們所從事的活動很感興趣。

當然，我們英國長老教會對於南部的情形比較清楚，因爲我們有三十間教會零星散佈在中部地區，其中甚至有遠至埔里社的。在嘉義和東港溪之間，也有四十三間教會。除此之外，我們在東部也有四間教會，澎湖地區則有三間。不需多說，我們定期造訪各地的教會或教堂，讓我們能夠與所有階層的人直接接觸，也讓我們有絕佳的機會明瞭當下發生的事情。最近有件事，或許可以讓我們看出個端倪來。當我待在彰化地區期間，必須負責不下十四件教會財產的登記事務，要不是有許多當地官員的熱心幫忙，我一定無法順利完成這麼繁雜的工作。

因此，對於現今這些抨擊日本政府，說她對福爾摩沙上的外國人採取殘暴措施的匿名文章，我就以*China Mail*（《中國郵報》）6月23日[1] 一位「特派記者」的文章，來做些評論。首先，這篇文章試圖說明，中國的義和團與幾週前台南某報紙因爲過度不實報導而遭政府暫停數周這類事件，彼此之間存在某種關連性，但這實在稍顯牽強。接下來，這位「特派記者」繼續高談闊論說（黑體字是這位仁兄自己加上的）：「然而，我在此的目的，並不是描述或抗議影響到某些個人或人群的**特定**排外情緒，而是要顯示最近三年以來，針對**所有**外國人以及任何相關事物的排外情緒，是如何開始、如何與日俱增，以及如何進一步強化的。」

現在，我在提出自己對於這個問題的淺見之前，要先引述一下兩位同事已被刊載過的高見。巴克禮先生與我在此地共事，已有二十六

註
1. 此處原文日期，前後不一，為求原貌，不予變更。

年之久，他的言論指出，福爾摩沙人民在未曾經歷日本的統治方式之前，他們所做出的自取滅亡的行爲，對日本殖民者帶來很大的困擾。巴克禮先生這樣寫道：

●台南神學院的創辦人——巴克禮博士【取自《南部台灣基督長老教會設教七十週年紀念寫真帖》】

約五年前，中日戰爭結束，依據條約，福爾摩沙被割讓給戰勝國。島上的人民對此感到相當憤怒。當清朝皇帝下令島上的中國官員撤離時，他們毅然決然地建立起自己的民主國，決定用武力來抵抗日本的入侵。日本立刻派遣軍隊登陸福爾摩沙北部，並迅速佔領當地。於是他們一路南下，不斷遭遇民眾的抵抗，最後所有日軍會師在台南府之前。日方已經訂下砲轟的日子，屆時預料會有慘烈的傷亡。但就在此時，民主國的領袖竟然落跑了，留下倉皇無助的人民。當時台南府內有三位傳教士，經由我們居中調停，日軍才得以兵不血刃，和平接收這座城市。我們很幸運能擔任這樣的角色，因此得到了雙方的感激。我們主要關切的，就是這種新的局勢會如何影響福爾摩沙的宣教事務。就這一點而言，我很高興地說，我們現在的景況比以往中國統治時代好多了，不管是人民或新統治者皆然。

當我在二十五年前來到福爾摩沙時，傳教士普遍遭到咒罵，說我們來此是爲了要奪取福爾摩沙。然而現在一切都不同了。人們對於現在的統治者，毫無忠誠度可言，他們不想維持現狀。相反地，他們現在反而責備英國，爲什麼沒有佔領福爾摩沙。不僅以往的偏見一掃而空，而且，比起日本人對待他們的行爲，他們也開始體會到傳教士親切的態度。有很多例子顯示，人們不再排斥基督教，反而歡迎基督教進入他們的村落。

這也與新的統治者有關。他們跟以往的中國官員相比，顯示出長足的進步。雖然以往的中國官員，礙於法律規定，必須容忍基督教的存在，但他們隨時都準備要用卑鄙的手段，來妨礙基督教的傳播。相反地，日本官員即使不是基督徒，也相當瞭解：與中國的異教相比，基督教更有助於推廣文明、秩序和啓蒙，而這些正是他們打算在此地推展的目標。對他們來說，這不單單只是理論而已，因爲他們已在福爾摩沙的一些居民身上看到例證。當日本接管這島時，島上有大約三千到四千人領受聖餐（在教會已經入籍的信徒），以及更多的慕道友。日本的官員——不論本身是不是基督徒——發現，只要有基督教教會及基督教社區存在，那個地方的人們就會比其他異教徒鄰居更加坦率、誠實、守法。其中有些官員本身也是基督徒，後來就成爲我們的好朋友及幫手。至於那些非基督徒，或者是可能對基督教在他們日本本地的廣泛流傳感到遺憾的人，也都比較樂見這宗教在福爾摩沙漢人之間傳播開來。也許，令這些官員印象深刻的，是基督教對於島上已開化原住民的教化。即使用世俗眼光來看，這些族人所獲得的拯救，也讓他們變得更剛強、更獨立。

當然，對我們的宣教工作也有一些不利的因素，在進行全盤考量時都應該納進來評估。但總體來說，上述對未來懷抱希望的觀點是正確無誤的，並能由近來的宣教史加以證實。在日本佔領之前，每年大約只有一百人左右受洗。三年前，受洗人數增加至一百五十六人，兩年前提高到兩百四十一人，去年甚至超過三百六十人。這些年來，聚會所、聽眾及慕道友都大大地增加。所以在福爾摩沙南部，傳教工作現在正充滿著希望。

——*Ecumenical Missionary Conference*（《基督宣教會》），紐約，1900年，第一卷，第533頁。

另一則是安彼得醫師（Dr. Anderson）[2]的證言。他在宣教會中擔任醫療工作，已有二十三年之久。正如巴克禮先生那樣，他對於事實的狀況，能夠提供值得信賴的見證。1月時，他在台南如此寫道：

這裡的人就跟家鄉一樣，都很關心中國北方義和團所引起的騷動。現在全島都很平靜，但如果我們此時還在中國的統治下，情況無疑會大大不同。日本人最近似乎已取得較穩固的控制。他們試著瞭解島上居民，統治手法也比以往溫和，因此島上居民的反彈已有減少。此外，最近前來福爾摩沙的日本移民，素質比之前的好，那些粗鄙的苦力形象不再顯著。值得注意

●安彼得醫師
【引自《台灣盲人教育之父》】

註

2. 安彼得醫生（Dr. Peter Anderson，在台期間1879-1910年），先後在南台灣訓練許多名醫，如：吳道源、吳純仁、徐賞、李道生等。《使信月刊》有安彼得與其助理之相片。請參閱：《使信全覽》（台南：台灣教會公報社，複刻本，2006年），Vol. 33, 1893, p.185。

的是，比起一、兩年前，現在喝酒失態的日本人也減少了許多。這一切都預告了島上未來的和平，以及兩國人民之間的和諧關係。新政權所帶來的一些利益也顯而易見。一來，漢人的異教盲從（heathen bigotry）有所緩和，對於基督教的公然迫害也成爲了歷史。我想我們在全島各處興建教堂時，不必再擔心會有民眾反對。福爾摩沙人原本所迷信的風水觀念，在改朝換代後也遭遇到嚴重的打擊。最近一個例證是，日本當局爲興建縱貫線鐵路，打穿了城牆，此舉肯定帶給當地民眾很大的影響。在過去，這樣的事情一定會使漢人驚恐萬分，但現在卻成了理所當然的事，至少表面上看來如此。無疑地，政權交替後，島上漢人的生活普遍獲得改善，因爲勞力的報酬變得更豐厚，各種商品的價格也有所提高。

—— *Monthly Messenger of the Presbyterian Church of England*（《英國長老教會使信月刊》）[3]，1901年，3月號，第73頁。

註

3.《英國長老教會使信月刊》，通稱《使信月刊》（*The Messenger*），因自其發刊創始以來，名稱更迭頻繁，舉其大者，就有九次之多，例如，首先稱為*The English Presbyterian Messenger*（1845-1868），之後即改成*The Messenger and Missionary Record of the Presbyterian Church in England*（1868-1885）……等。其內容包羅萬象，多為派駐各地之宣教師的遊記、報告或宣教概況，特別是中國宣教部分之報導，更是鉅細靡遺，誠可謂研究中國或台灣宣教史的寶庫。可惜，因其史料難得，或殘破不全，是故懂得運用《使信月刊》者，幾如鳳毛鱗爪，目前為止，唯台灣教會史權威賴永祥教授，曾做有系統的挖掘耳。好在，「台灣基督長老教會歷史委員會」整合台灣神學院史料館與總會史料館之《使信月刊》，再輔以空運來台之英國母會正本數冊，重新掃描，並委由台灣教會公報社，於2007年年底複刻出版，稱為《使信全覽》（*The Messenger, 1850-1947*）。（該書版權頁標示為2006年出版，可事實上，因版權問題，延後一年多才正式出版。）

我希望讀者不要因爲這些長段落的摘錄而感到無趣。有些人或許會認爲，上述的引言與這裡的問題並無直接關聯，但我的論點是：如果這個涵蓋全島三分之二面積、外國居民人數約爲島上貿易商人的三倍、只要一聲令下就能中止的宣教事工，不但被新政府消極包容，甚至還受到鼓勵的話，那麼，我要說這位「特派記者」在6月22日所發表的說辭是站不住腳的，也不應該以他的言論爲基礎，來形成有關這個問題的輿論。讓我感到困惑的是，這位宣稱爲了我們外國人的利益，自命爲發言人的先生，若眞要抨擊福爾摩沙的日本官員，尤其是民政長官後藤先生（Goto），實在應該要竭盡心力來搜尋更多的具體證據才對。雖然我不想刻薄，但我不會驚訝有人可能遺憾地說，此事將會讓有教養的東方人認爲，這是我們英國紳士做事的例證。此外，我冒昧地說，這位「特派記者」期待能改變「半官方的組織，例如商會、中國協會」，並利用這些組織來影響英國政府的做法，日本人並不會太在意。因爲，除了原本就精明敏銳的商人外，那些與這類重要組織相關的人物，例如我們自己的宣教會召集人（Mission Convener），住在朗博街3號，已故的梅森先生（the late Hugh M. Matheson of 3, Lombard Street）[4]，全都是明理的君子，秉持雙方應該要「共生共存」的原則，相信他們在處理任何既得利益者所刻意提出的片面之詞時，一定會以非常謹愼、明辨的方式來面對。

順便一提，許多人在看過6月22日的報導之後，內心可能已經開

註
4. 梅森（Hugh M. Matheson, -1898），曾至福建泉州考察，晚年擔任英國長老教會海外宣教委員會召集人。

始動搖。因爲《中國郵報》的編輯表示，「絕對信任『我們這位特派記者』的眞誠」，並宣稱近期內將刊登一些手頭上的機密文件。然而，我認爲「我們這位特派記者」倒是幫了福爾摩沙上的日本政府一個最大的忙，因爲他讓這些檔案有機會被翻譯並登載上報。大家可以先細讀刊載在6月25日《中國郵報》上的那篇後藤先生的言論（即使翻得很不高明），然後再對照「我們這位特派記者」發表在同一份報紙上的相關文章。讀者當可自行對照，在此我只要說一句話，在後藤先生的那些言論中，我們絲毫看不到好辯、追求私利的痕跡，相反地，它們反映出一個慣於處理龐大複雜事務的心靈。因此，不論我們是否接受後藤先生的結論，很少人會否認，他的論述方式堪稱技藝高超，任何愛國的人都會採取這種方式。然而，爲什麼那些主張「敞開國門」、「勢力範圍」的人，卻猛烈抨擊這位日本學者、外交官所提出的，拉近中日關係的合理倡議呢？我把這個問題的答案留給其他人回答，在此只要提醒他們記住，貿易上的公平競爭，以及坦率承認世界共通的國家權利，並不是廣被英國俗人、僞君子所接受的準則。

我的評論已經超過合理的限度，以下用最後兩點來作結：（一）顯然，現行的新政策對福爾摩沙南部少數的富裕歐洲人不利。例如：樟腦製造已經被日本收回公營化；我們那艘受歡迎、價格昂貴的小輪船泰勒斯號（Thales），正被日本人的郵輪所取代；日本人也打算進一步壟斷蔗糖貿易的利潤。然而，這類的改變都只是「財富之爭」，並不會引起思想純正者的訝異或不悅。（二）我相信，外界如果知道，自從後藤先生來到福爾摩沙後，這批日本官員爲了提昇各階級人民的福祉所付出的努力，那麼他們就會對於福爾摩沙上的日本政府，抱持較同情的態度。就我所知，他們在調查工作、鋪路、「輕便軌道台車」（trolly）[5]和鐵路興建、電報、電話、軍警及民政建設上，已經花了好幾百萬，更遑論在初級和中級學校、醫院、燈塔上的龐大政府支出，以及環島和往返澎湖群島的汽船服務等。而且，這些都只是將來更大進步的先兆而已。我相信，福爾摩沙早晚會成爲一塊最有價值的土地，以我範圍頗廣的觀察看來，這些政府官員正在忠誠地、毫無怨言地往這個目標加速邁進。

有些讀者可能在讀完我所強烈抨擊的那位「特派記者」的不實言論後，並不覺得當中有什麼不對，反而認定我上述對於日本當局的讚美之詞相當可鄙，但就像早期的基督徒那樣，在很多時候，「我們所看見所聽見的，不能不說」[6]。

註

5. 輕便軌道台車，是指安裝在小型鐵軌上的台車，其寬度僅火車鐵軌之半，有三、四個簡單座位，由一、兩名苦力用竹竿之類的工具推動，模樣雖然可笑，卻是很有效的交通工具。不但興建快速，成本低廉，對使用者而言，更是既便宜、安全又快速的工具。甘為霖在下一章所描述的，即是這種「輕便軌道台車」。《使信月刊》上有一張梅監務、蘭大衛與巴克禮三人合搭此車之相片。請參閱：《使信全覽》（台南：台灣教會公報社，複刻本，2006年），Vol. 41, 1903, p. 197。
6. 〈使徒行傳〉四章20節。

47. 日本殖民時期

The Japanese as Colonizers

我方才結束了走遍台中縣各處的六個月行旅。此刻的我，正將沿途所見所聞記錄下來，以便讓所有想對福爾摩沙中部地區現況有所瞭解的人參考。我初次造訪台中，已是三十年前的事了，之後我經常前往該處，直到1894年爲止。所以我這次的台中之行，算是福爾摩沙島割讓給日本後的首次探訪。此次我從台南宣教總部北上台中的主要目的，是要視察當地三十個長老教會的發展情形。我的妻子全程隨行，陪伴我們的唯一雜役，是我們的廚師。倘若我們像以前那樣坐轎旅行，再僱用三名苦力來擔負行李家當的話，那麼，我們至少要花費四天的時間，才能從台南到達台中市，所需費用可能要破百，約合十英鎊左右。儘管我知道，很多人提到由當地苦力所推動的「輕便軌道台車」時，總是一副輕蔑不屑的語氣，但我和夫人對此並不以爲意，反而萬分感謝那些由苦力所推動的「輕便軌道台車」，讓我們只花了兩天，就走完旅途的第一段漫長路程，花費僅十五元。對於這樣的交通方式，雖然人們各有看法，但毫無疑問的是，我們這條從打狗到新竹的輕軌鐵道，在運作的最初五年，已經爲福爾摩沙提供了極佳的服務。我還要補充一點，這裡的工作人員對待我們總是親切有禮，給我們很多協助。我特別要感謝的是，有一次內人獨自往返彰化和台南，結果她在四天之內，就完成了來回約一百六十哩的旅程，這在六年前是絕不可能的事情。

我一抵達台中市，就在各方面看到很多深感興趣的事物。台中市的位置，座落在我從前所熟悉的東大墩的小村落上，一大片原先在日本佔領本島時還遼闊無際的稻田，現在也被納入這座嶄新的城市之內。我來到後不久，就先造訪台中縣知事木下先生（Kinoshita），向他致意。我們對於福爾摩沙的種種，閒聊了一個小時。之後，我又造訪他的私宅，共度了一個愉快的夜晚。在造訪過程中，木下先生對我們這些四處奔波的「紅毛番」所表現出的親切和善，在中國統治時期是少有耳聞的。我由衷推崇木下先生的仁慈友善，因而，當我後來得知，台中縣各地的部屬都對他忠心耿耿、盡職服從時，我眞是一點兒也不感到意外。有位當地的朋友陪同我首次參觀市區各處，爲我指出

● 運載客人的台車【引自《台灣回想》】

● 台中每日新聞報社【引自《台灣回想》】

一些當地的建築物，如物產陳列館、郵政局，以及正在施工中的寬敞法院。我不得不承認，當我最後在參觀電信局和《台中每日新聞》的辦公室時，幾乎驚訝到屏息！若以我過去在這座美麗島嶼的中部地區所習慣的進步速度來看，要達成這類成就，可能得花上幾個世紀的時間！

幾天後，我悠閒地視察了兩個令我大感興趣的政府機構。當我拜訪台中醫院時，院長富士田醫師（Dr. Fugita）親自導覽，帶我參觀醫院的硬體建築，並說明整個醫院的運作狀況。院裡有數名合格且勝任的醫師與他共事，並有一群受過訓練的女性護理人員，負責照料住院的病患。當富士田醫師帶我經過尚未完工的新院區的三個大病房時，他解釋道，這將用來取代現今正在使用的舊病房。我心想，這座大規模的新建築將使台中市的市容變得更美，同時也會帶給很多可憐的病患更好更舒適的醫療服務。我不禁對台中醫院一塵不染的環境，以及井井有條的事務心生讚嘆。即使只是匆匆一瞥手術室和病理實驗室，也能看出他們採用的醫療方式絕對是最先進的。或許很多人還不知道這是怎樣偉大的進步，但如果你曾像我一樣，不只一次親眼目睹受重傷的中國士兵，被拋棄在路旁，像狗一樣的死去，你就能體會現在的台中醫院是多麼大的改善[1]！

第二個讓我感興趣的政府機關，沒有一個比得上台中監獄！福爾摩沙總是有一群品行不良的人，要找到處置他們的好辦法，不是一件容易的事情。殘忍的嚴厲處罰會毀滅人的自尊，逼人走向不顧一切的絕望；然而坐視不管也不行，因為這只會更助長犯罪。「你們願意人怎樣待你們，你們也要怎樣待人。」（ab alio expectes, alteri quod feceris.）[2] 過去中國的統治者，以一種最沒有尊嚴也最殘酷的方式，來處置福爾摩沙的囚犯。我以前曾參訪監獄，並有機會給那些悲慘的犯人說幾句勸慰的話，我只能說，即使我長期旅居東方，見過不少世面，但監獄內那種骯髒和不人道的情景，是我在其他任何地方都未曾目睹過的。

註

1. 關於甘為霖此次拜訪台中乙事，正確日期為1905年5月16日，亦可參見〈宣教師カンベル台中訪問の所感〉（氏平要等編，《台中市史》，昭和九年（1934年），pp. 70-71）一文。
2. 西元四世紀，聖傑羅米（Saint Jerome）將聖經譯為拉丁文。甘為霖在此引用的，即是聖傑羅米〈路加福音〉六章31節的譯文。目前，在以色列伯利恆的「主誕堂」（Church of the Nativity）旁的庭院，有聖傑羅米立於柱端的雕像，供人憑弔其功績。

我致電台中監獄負責人的那天，他正在市府拜會幾位官員。他立即趕來與我會合，擔任上午最佳時段的導覽。我們只不過十分鐘的腳程，就看到了監獄厚重的牆壁，高約十二呎半，環繞著內部那片廣大的空間。監獄內有露天廣場以及主建築，建築物呈扇狀排列，並在整群建築的交會點，設有一處高塔，管理員坐在那邊，便能將整座監獄看得一清二楚。我們要知道，在這些高牆裡，關了超過一千名強壯有力且隨時可能鋌而走險的犯人，因此必須要有防火、防疫、防暴，以及因應各種突發事件的措施。在內部廣大的空間裡，日夜都有武裝的守衛，看管所有的通道和露天廣場，每一條長廊的盡頭都有厚重的鐵門深鎖，要有特殊命令，看守的警衛才會開放。因而，絕不可能有任何人在當中任意閒逛。

負責人設想周到，他先帶我參觀犯人報到並接受各種檢查的地方，再到寬敞的犯人洗澡間，從那裡通往犯人更換囚服的廳室，接著又參觀了大面積的工作室、宿舍、飯廳和廚房，參訪的最後一站，是監獄工作人員的住宿區。整趟行程都令我相當感興趣，從各方面都可以看出，這些執法者運用他們的智慧、堅決、甚至是仁慈，來對待這些從各地來的罪犯。在我告別的時候，負責人特別提到，整座監獄建築，包括周圍的高牆，全是囚犯的勞動成果。看來，這的確是當地執法系統的一大特色：任何能夠工作的犯人，都不應規避自己的責任。這項原則的正確性無庸置疑。因爲，我看到有這麼一大群人，或製造榻榻米，或製造磚塊，或擔任建築工、木匠及苦力，都是一副健康的模樣，我想這確實支持了監獄管理者的做法。同時，來自服刑囚犯的統計資料也顯示，台中監獄的牢獄生活是可以忍受的，並且有助於囚犯改過向善。讓我感到遺憾的是，我在離開之前，竟忘了請教那位熱心的監獄負責人尊姓大名，他讓我親眼看到一座日式監獄的實際運作情形。他實在非常勝任這份工作，除了敏銳的觀察力、永無止境的活動力、和顯而易見的自我控制外，他整個人的態度，即傳達了一種印象：對於他的指示，最好馬上去遵守，不要有任何的遲疑或怠慢！

早在許久以前，我們就可以清楚地看出，台中市勢必會成爲一個重要的樞紐。只要提到一件事，便能窺見一二：想想東方那片雄偉的山區，將會爲台中帶來多少豐沛資源啊！事實上，這已經有了初步的進展。我依然能記得那天，當我與內人站在一旁，看著一節一節堆疊著約六百箱樟腦油的台車，西行前往塗葛堀（Thaw-kat-khut，即今台中縣龍井鄉）這個靠海的貿易小鎮時，心中眞是滿溢著喜悅。這個區域最缺乏的就是運輸的設施，但若能採取像大阪港或橫濱海堤之類的大規模工程，必定會有所成。如果能夠投入數十萬的資金，來疏濬番挖（Hwan-oah，即今彰化縣芳苑鄉）、鹿港（Lok-kang）和塗葛堀等地，肯定能爲台中縣的貿易帶來很大的動力，進而創造出奇蹟。我們隨便瀏覽一下當前的地圖，也能看出另一項可行的計畫：從埔里社東南方角落，增建新的輕便鐵道，那怕是狹窄的軌道也行，然後穿越霧內（Bu-lai）平原，沿著山脈的底緣前行，最後連接上某條會在花蓮港（Hoe-lian-kang）出海的河流。擁有三十個小村落的埔里社，如今已是一個重要的政治中心，以一般人的腳程計算，埔里社距離花蓮港只有幾天的路程。如此一來，不需花費大量的支出，許多大船就能夠停泊在花蓮港南面，以及蜿蜒於山丘底緣的河川的出海口。當然，也許有人會認爲，倘若採取上述方法，利用花蓮港（Karenko）來做爲停泊港口，要如何與那些獵人頭的野蠻部族交涉，將是一個大問題。但我認爲，這並非無法克服的阻礙，因爲就我所知，盤據埔里社東南方山區一帶的「甘打萬」族，比北邊嗜血的蠻番和霧番族要來得好應付。因此，若從花蓮的港灣基地出發，要安全地穿過山區，與埔里社方面前來的工作隊會合，應該不成問題才對。然而，就我個人在東岸以及西岸沿岸觀察的心得，我更樂見台中能在像番挖那樣的地方，先建立出海港口。在以往，那裡已存在爲數不小的貿易往來，即使碰上最惡劣的颱風侵襲，在鄰近沙岸所形成的天然港口內，還是可以安然容納五至六艘大型的船隻，但現在，港口的東邊卻都淤塞了。

● 鶼鰈情深的甘為霖夫婦
【取自《台灣盲人教育之父》】

我現在要提一下，內人和我在埔里社度過五個禮拜的參訪行程。我們從台中市出發，穿過山區，一路行經大社（Thaw-sia）、龜仔頭（Ku-a-thau）、北港（Pak-kang）和「小埔社」（Sio Paw-sia，音譯），才抵達這內陸地區。第二天有件事引起我的注意：人們砍下大量的林木，棄置地上任其腐壞。這種作爲實在很不應該，當局早已下令禁止。對埔里社的熟番來說，以這種方式來毀壞大量的珍貴木材，並非不尋常。他們這樣做的目的，其實是爲了要阻礙野蠻部族，使其較難對旅人、或來自埔里社和西邊的獵鹿隊伍，發動秘密突襲。看到這樣暴殄天物的景況，以及四面仍保存完整的森林，讓我想起許多年以前，我的兩個同胞，他們在蘇澳灣南方數哩的地方落腳，期能展開利潤豐厚的貿易活動，準備出口木材來供木匠和車床加工者製成各式各樣的物品。但正當他們付出的努力開始產生令人滿意的報酬時，卻迫於英國領事之令，不得不離開該地。

我想大概是這樣一連串的思緒，加上頻頻穿越湍急的河流，令我想起了許久以前，在摯愛的故鄉蘇格蘭所發生的一樁小事件。有一天當我漫步在一個鄉間小鎮時，一棟長而寬的建築物吸引了我的目光，裡面有工匠在車床邊忙碌地工作著，或鋸木板，或繪草圖、開榫眼，將原料製成門窗等物品。這些工作顯然都是藉助某種動力來進行的，然而我卻沒看到任何機房或排放廢煙的高大煙囪。但絕對有某種動力，因為在我面前，就有一隻固定在內部天花板上快速轉動的長軸，有好幾條皮帶從那裡延伸出來，帶動數台機器的運作。

當熱心的工頭帶領我進入最末端的房間時，我的疑惑解開了。他壓了一下鐵柄，瞬間所有的嘈雜聲響都化為絕對的寂靜。看來，所有運作的機器，都是由一個簡單的渦輪或水車來帶動的。我對此做些簡短敘述，或許會讓一些通曉英文的日本讀者感興趣。我們假設在這座工廠附近，有一條深而清澈的活水，從十至十二呎的高度直流而下，所以理所當然要物盡其用，設立這種花費不高卻能夠帶來大量利益的機制。茲將這個機制的要點列舉如下：

第一，可以看到一根一吋厚、直徑十八吋、長二十四呎的鑄鐵製圓柱，有點像是一截鋪設在都市裡的大型水管。這根圓柱垂直置於厚重石座的基部，它的上端旋著一個金屬蓋子，蓋子的中心是一個兩吋大的孔洞，上面覆蓋著銅片。圓柱側邊的上端同樣有一個孔隙，上面覆蓋著可滑動的鐵蓋，以控制進水，下端則是類似的構造，控制出水。圓柱內部的中心，栓著一塊厚銅片，銅片中心是一個深杯狀的凹洞。

第二，圓柱的頂蓋插入一根兩吋厚、二十八呎長、延展性極高的鐵棒，其圓狀的底部，直抵前述的杯狀凹槽或托口，沿著圓柱內部鐵棒的九呎之處，有一片作工精緻的螺旋狀鐵片，呈斜面，在鐵棒表面旋繞約八吋，整個機制看起來就像一個平坦的螺絲錐。而且，在圓柱之上約八呎高的鐵棒頂端，緊緊繫著一個鈍齒輪。

第三，另一個值得注意的，就是有一隻長達四十呎的平行鐵條，在一個鐵製托座內旋轉，那托架緊繫於鄰接的工作室天花板上。鐵條的末端，位在右手邊的三角牆（gable-wall）之外，上面也繫有一個鈍齒輪，當水流讓上述圓柱內的渦輪開始運作，位於末端的鈍齒輪也跟著轉了起來。當然，沿著這支水平的鐵條，每隔一小段，也裝有空心金屬鼓輪，上面環繞著皮帶，用以將動力傳遞給做車床、鋸木、繪草圖、榫接和鑽孔等等之用的機器，這些機器都排列在工作室的兩張長桌上。

希望我這個門外漢的粗略敘述，可以帶給讀者一點正確的概念。若要在福爾摩沙展開這樣的事業，最主要就是需要一筆約五千元的資金，來設立必要的機器設備，因爲倘若使用竹製架構、抹灰籬笆牆及茅草屋頂的話，則建築物本身是花不了太多錢的。諸如台南的茇濃附近、林杞埔東面的山腳下、或是大甲溪上游的沿岸地帶，可能都是適宜的地點，皆具備繁茂的森林和豐沛的溪流，後者不僅便於水力傳遞，也便於用輕舟從內陸運出各式製成品。無疑地，當局應該會以自由開放的態度，來審理這類鄉間開發的計畫。

在我穿越高山區域前往埔里社途中，又一個回憶湧上心頭。差不多是三十年前，我和當時唯一的同事試圖將金雞納樹引進福爾摩沙。那時法國與德國的戰爭導致奎寧價格飆漲，而這種藥品在島嶼南部有大量的需求，所以我們認爲，引進金雞納樹不失爲一個可行的變通方法。因此，我們請求加爾各答的園藝局（Government Gardens at Calcutta）提供種子及種植說明，立即著手栽種。在我們細心地準備土壤、調節適當的溼度與陽光等努力之下，作物種植大告成功，有好幾株甚至長到了一呎高。然而，正當這些小幼苗必須移植到海拔約三千呎的山區時，我們的傳教工作也變得更爲繁重。但是，我們不會放棄這些成果，直到這島上遍佈繁茂的金雞納樹爲止。

現在要進入福爾摩沙的高山地區，已較以往容易許多，究竟是什麼原因，讓政府或一些私人公司對引進種植金雞納樹卻步呢？在錫蘭發生咖啡枯萎病之後，那裡的種植者立即將目光轉到茶樹、印度橡膠、金雞納樹等其他作物，結果，目前整個殖民地呈現出比以往更加繁榮的景況。福爾摩沙政府似乎充分意識到這種可能性，因爲代理領事萬先生（Acting-Consul Wawn）最近一篇報告書中，有以下的重要敘述：「政府顯現出建立 [樟腦] 種植場的極大企圖心和動力，第一座種植場建於1896年。當1899年建立樟腦專賣以來，也開建了更多新的種植場，除了最主要的種植場之外，現在，還有兩座在台北，四座在台中，一座在台南，一座在宜蘭。近來樟腦樹的種植成果良好，可以移植的小樹苗已達一百萬株。」

因爲近日公佈的一項政府命令，規定教會財產必須詳載於有正式官印的證書上，並且要到該財產所在地的地方行政官署登記在案，所以我抵達埔里社後的第一件要事，就是處理教會的財產事宜。現在這裡的四座教堂、鄰接的房間以及小庭院，早在中國官員駐居在埔里社之前，就已經供作教會用途了。在當時，熟番的買賣交易是以非常不正式的方法來進行的。早期，村落的長者和村民都相當歡迎傳教士到來，他們會在非私人、整個部落共有的土地上建立禮拜堂。我來埔里社之前，便向木下知事稟明這樣的情況，我說，我們這裡的房地產並沒有任何所有權狀，但三十年來我們都一直在此，未受打擾。對此，他回覆說，他將會下達指示給地方官署，在合理的規範之上，確保我們的利益。

在這裡，我要對福爾摩沙的土地租賃制度做個說明。除了那些仍爲原住民部族所掌控的區域之外，外國人可以在島上的任何地方租賃土地，時間以一百年爲上限。然而，在處理現在這個案例時，我並沒有利用這項權利，而是和日籍官員商談，希望以幾位熟番弟兄的名義，來代表當地教會立下契據。接下來的處理細節，眞是個冗長且煩人的工作。每一處的區域範圍及建築物都必須仔細丈量，並繪製隨附於契據上的平面圖，在這份契據達到所有標準之前，還要不只一次地抄寫副本。舉例來說，有一份我們送交的登記文件，因爲上面蓋了許多不識字者的指印，最後遭到退回，上面註記說：除了知事及其下屬的優美封印外，文件上的印痕實在太不雅觀。因此，我們只好訂購了十六個木製的小封印，重擬新文件，並蓋上大量的紅色戳印，我想上面的戳印之多，用來購買西敏寺修道院也不爲過吧！當我將所有埔里社的產權登記契據，送到傳教團的台南總部安全保存後，心中眞是鬆了一口氣。我們在台中縣西邊其他十個鄉鎮裡，也陸續完成同樣的處理過程，所幸仍有官員慇勤有禮地協助我們，特別是在彰化及斗六，當中幾件契據的不合規格，原本會帶來許多麻煩和困擾，然而到最後，所有的難題都在登記處解決了，所有珍貴文件都送到安全處所保管，並置放在埔里社的文件旁邊。

當我停留在埔里社期間，我與教會弟兄與日籍朋友們最常探討的另一個議題，就是教育。這總是一個無法迴避的話題，因爲：（一）由於基督教家庭的孩子們都去唸免費的公辦小學了，我們原先的小型教會學校只得關閉。（二）兩位之前在我們台南神學院就學的年輕人，現在就在那些公辦小學裡教書，而我們烏牛欄傳道師的女兒「路得」（Law-tek，音譯），也在一所政府專辦的女子學校任職。這三個年輕人的待遇，遠高於我們傳教團付給這類工作人員的薪資。（三）在我抵達埔里社的隔天，一個身穿制服的日籍官員前來拜訪我，請求我寫一封信到台南，引薦兩名年輕的女基督徒擔任台中縣公辦學校的教職。他還欣喜地說，根據他對鄰近教會成員的觀察，他十分肯定基督徒所具備的勤勉與盡責，正因如此，他認爲假若有兩位年約二十歲，並且有能力的女孩來此教書，他保證可以提供她們舒適的住處以及優渥的薪俸，而且絕對不會逼迫她們去做任何與她們既有的信仰相違背的事情。

談到這裡，我要在福爾摩沙的教育議題上，再提一、兩點一般性的評論，期使整件事更爲清楚明瞭。在中國統治時期，島上的教師遍佈，但官員對他們不聞不問。這些教師不僅在教學技巧上不得要領，甚至缺乏教導一些簡單的科目，如算數、地理的能力，這對於求學的孩子們是相當不利的。學生們甚至會參與一些偶像崇拜的儀式，這對信仰基督教的年輕人來說，根本不可能贊同。想當然耳，在當時非教會人士的心中，壓根兒沒有女子學校的概念。

福爾摩沙的兩個傳教團總是一再強調，我們應該在教育工作上投注更多的心力。我們竭盡所能地鼓勵小型地方學校及閱讀班的成立，

● 台南長老教會女校【取自《南部台灣基督長老教會設教七十週年紀念寫真帖》】

讓那些與教會有聯繫的男女孩們，都能接受良好的基礎訓練。在台南及淡水的總部，也設有專收男生及女生的寄宿學校，提供深造的學習機會，讓那些學生能夠瞭解教學的技藝，或是提供更深入的課程，教育未來有志成爲教會牧師、傳道者的年輕人。不用說，聖經當然是初等和高等學校皆會使用的教材，而且，所有的家長及親朋好友也能明顯感受到，這些孩子在入學後所受到的基督教影響。

1895年，福爾摩沙島被割予日本統治之後，日本人隨即體悟到，必須採取非常大規模的措施，來教育這數百萬名新納入帝國版圖的異族。因此，除了財務、警務、公共工程、農務及交通（負責管理公路、鐵路、郵政及電信）等政府部門，各依所司職責成立外，他們也同時成立了文教局，且不久後，便著手在各地城鎮及轄區興辦免費公立學校。這些學校主要教導日語，同時也傳授算數及地理。另外，學校也聘用符合資格的漢文老師，讓他們繼續從事以往所熟悉的教學工作。之後，台北成立了一所設備完善的醫學院，技術學校也陸續成立，以培養年輕人能夠從事郵政、海關及其他各項公共服務。從一些地方，我們就能看出政府對教育事業所投入的熱忱：在公立學校就讀的男孩，若測試成績突出，就能進入台北的高等機構，他們在試用期間的津貼，略高於我們傳教團付給那些神學院課程結束後，出外傳教的未婚青年的薪俸。這種熱忱也可以從文教局不斷發行的大量出版品看得出來，包括有上千冊各種重要學術領域的知識，也有字典、地圖、掛圖，以及其他政府部門的珍貴報告。

然而我最急於得知的，在於這些教會孩子離開了我們以往所信賴的教會學校，進入公辦學校就讀後，會帶給他們什麼樣的影響？對此，當地的弟兄似乎有幾點共通的意見。首先，這些弟兄認爲，政府所聲明的「給予福爾摩沙人民絕對的宗教寬容」是眞誠的。因爲，學校雖然沒有使用聖經當教材，但偏重佛教信仰或其他當地信仰的書籍，也一律嚴格禁止。另外，對於「路得」和其他人所做的，教導那些自願想要從基督教讚美詩歌得到啓示的學生，校方也不反對，但前提是必須在課外時間進行。那些與我商談的弟兄們也承認，他們的孩子進入公辦學校就讀，確實得到了許多好處，例如：學費全免；成效良好、嚴格但不苛刻的教育；讓學生們在通風良好的建築中，學習對未來工作有助益的學科，並有機會習得別處學不到的日語知識。最後這項好處受到很大的重視，因爲這些機靈的信徒早已看出，任何品行端正、能力中等的年輕人，只要能夠說流利的日語，或許就可以在全島各地眾多的政府部門當中，找到一份收入優渥的翻譯或文書工作。但另一方面，當地的朋友也向我表示，將孩子送往一個周遭同儕對基督教規範及力量一無所知的環境，對孩子絕對會產生墮落的影響。爲了證明這點，他們向我舉出一個又一個的實例，說明那些從前行爲端正的男孩，如今卻染上賭博的惡習，並且滿口粗話，這全是因爲交友不愼，認識了那些與教會毫無關聯的朋友所致。

我越深入調查，就越發覺呈現在我眼前的問題的複雜性。在此同時，我們的教友仍然在等待下一步行動的指示，那位有禮的教育官員也希望我能盡快回覆他的請求。因此，我立即將這邊的全盤情況告知我在台南的同事，信中也陳述了這項提議：我認爲，讓我們教會中能夠勝任的年輕人去公辦學校服務，似乎是一個可行的好方法；對他們來說，這也是一個難得的機會，能夠讓自己成爲造福社會的一盞明燈；雖然這種職業伴隨著誘惑性的風險，但世間的其他職業也同樣如此。然而，我們的基督徒在這事上應當承擔什麼責任呢？要指引他們正確的方向，實在不是一件容易的事，因爲當時盛傳著一個謠言，說政府不久就會公佈命令，要求所有福爾摩沙的孩子都必須就讀公辦小學。我贊同當地弟兄對此事的觀點：公辦學校可以帶給孩子很多好處，但也擔心要爲這些好處付出過多的代價，像他們之前所指出的那樣，孩子的品德行爲可能會出現偏差。我也提醒他們，埔里社學校的老師們——其中包括我們教會的三位教友——跟這些公辦學校受人詬病之處並無關聯。況且，只要基督徒忠實地守著自己的本分，情況可望能有所進展。雖然大家都同意提出來討論的一些建議，但普遍仍覺得，在當下無法有太激進的改變。舉例來說，有一位烏牛欄教會的長老提議，那些受日本政府聘用的基督徒老師，應該在每個禮拜六下午聚會一個小時，盡量召集教會裡較年長的學生來進行禱告，以及討論他們工作上的相關事務。另一位弟兄則認爲，既然無法要求當局將基督徒學生分在同一班，那麼家長本身就應該當監護人，陪著孩子上下學，或是確認在課後讓基督徒學童盡量聚在一塊，以防範他們結交壞朋友。我敢說，有些人會認為，這些細節只是非常地方性的，甚至是瑣碎不足道的，但值得注意的是，它們至少呈現出殖民化過程中的情況，以及基督教首次顯露出「新的愛慕所具有的排他性」（the expulsive power of a new affection）。

我們離開埔里社之後，探訪各個教會的行程幾乎遍及台中西部的各個角落。沿途我不斷被一群群結隊成行的鄉民所吸引。很明顯地，他們看來已經走了很長一段路，身上帶著瓶子，以及短竹節做成的小壺（福爾摩沙人慣於用此來盛裝液體）。詢問他們之後，我得知這些人是要前往一個叫做「三塊厝」（Sa-te-chu，音譯）的村莊汲取「聖水」，用來預防瘟疫以及戒除鴉片煙癮。這樣的答案激起了我的好奇心，讓我下定決心要前往「三塊厝」一探究竟，看看這個快速興盛蔓延的運動，背後到底隱含了什麼樣的真相。至於另一個當時影響我的原因，我也不需要隱瞞，那就是當時的謠言盛傳，這求取聖水的運動，可能會以一種激烈反日的形式來進行，當然也就可能會重傷到我們的教會組織。數年前，在更南方的一個村落，也曾發生過這類的情形，那時候，至少有十九位基督徒，被指控密謀帶領日本人進入福爾摩沙，因而遭到了殘酷的殺害[3]。

在我講述「三塊厝」的所見所聞之前，先補充個一、兩點，應該

註
3. 此乃指「麻豆屠殺事件」（Mwatou massacre，1895年），除日本政府迅速拘捕兇手外，隔年9月，麻豆還與「教士會」簽下協議，同意提供死者墓地及七千元之賠償。

可以讓整個事件更清楚一些。首先，所有我曾經詢問過的朝聖者，對這所謂「聖水」的緣起，都有一致的看法。最近有民眾看到兩位謙遜、眞誠的人，在「三塊厝」附近的國姓爺廟裡敬拜，並在儀式結束之後，恭敬地清掃廟裡，有一位鄉民正好路過，對此留下深刻印象，然後轉述給鄰人知道，當他們前去察看時，卻看見這兩位先生正對著寺廟後面的井施術賜福，之後兩人竟不可思議地消失了！我們知道，國姓爺是一位傳奇的海盜首領，他在17世紀時把荷蘭人逐出福爾摩沙，而他的名字在1874年又重新被島上的人們所提及。那一年，日本在福爾摩沙島上有大規模的軍事行動，藉以懲罰牡丹社人惡意殺害了一整船的日本人。但日本在完成軍事懲處後卻宣稱，這支大獲全勝的軍隊，必須要等到中國同意下述條款後才會撤離，包括支付日本這次征戰的軍事開銷，以及日後善加控管島上的蠻族。因此，中國有些深謀遠慮的人建議興建國姓爺廟，他們的論點在於，假若這位海盜過去曾經擊潰了荷蘭人，那麼，現在應該喚起他那英勇的精神，來對抗當前的入侵者。但這個提議有一點困難之處。帝國的封聖，通常是進入中國忠烈祠的必要條件，然而國姓爺在現今王朝創建之初，卻是一個惡名昭彰的叛亂人物。儘管如此，皇上最後仍恩准了這份請願書，認爲國姓爺惡名昭彰的人（the Advocatus Diaboli）輸了，隨即聖諭批准興建國姓爺廟。之後不久，日本眞的就撤離了軍隊，但福爾摩沙上鮮少有人知道，這一切乃是英國駐北京公使威妥瑪先生的善意介入所致，絕非所謂國姓爺英魂的庇祐[4]。雖然有點離題了，但最後仍有一件事要說明：在我們啓程前往「三塊厝」之前，我從眾多不動聲色的跡象中，感受到一股福爾摩沙人相當普遍、根深蒂固的反日情緒。我無意指稱這樣不滿的情緒是否合理，我唯一的目的是要說明這種情緒的確存在，並且不時可以看到其確切無疑的展現。

很明顯的，這便是我拜訪「三塊厝」的情形。我在前往國姓爺廟的沿途上，在各方朝聖者間，不斷地聽到有人含蓄地談論著，國姓爺往昔如何保護他們，並猜測國姓爺或許會再做些什麼來保護他們，這些話語令朝聖者們感到十分欣慰。我想了想，認爲內人不宜陪伴我至「三塊厝」，因而把她留在「三塊厝」南方約五哩處的一個小市鎮，等候我的歸來。我只帶一個年輕的當地人做伴，並協助我觀察記錄。「三塊厝」位於大甲溪的南岸，離海岸線約三哩。在我到訪那天，景象十分繁忙熱鬧，每天通常有四千至五千名朝聖者湧入，每個朝聖者都熱烈地重複其他人所做的宗教儀式，包括在寺廟內燃燒香和金紙，將香灰放入小袋子裡，掛在頸上以預防傳染病，並且將瓶子注滿寺廟後方的井水。基於許多原因，我不認爲這是個適合傳教的場合，但我很自然地置身在人群中，這些人相當健談，告訴我他們從何處來、爲何要從那麼遙遠的地方前來，以及他們希望能從「聖水」中得到什麼

註

4. 甘為霖這段敘述與史實有些出入，特予說明如下：

「牡丹社事件」導致日軍於1874年5月攻台（請參閱第六章的註一），其後，藉由駐北京英國公使威妥瑪居中調停，遂於同年10月底簽訂中日合約而退兵。在日軍侵台同時，清國派遣欽差大臣沈葆楨來台辦理海防事務，並在1874年底「與其他官員聯名上奏，以鄭成功『感時仗節，移孝作忠』，值得為民表率，請皇帝准為其建祠祭拜，有助於『正風俗，正人心』。隔年（1875年）光緒帝准其奏，正式在台為鄭成功立祠……。同年3月，沈葆楨拆除了舊的開山王廟，在原址重建一座閩南建築式樣的『延平郡王祠』。」（摘自維基百科）

即使此處甘為霖弄錯史實，可是，沈葆楨之所以在此刻上奏，為鄭成功立祠，卻應與甘為霖所引述的，當時台灣人之論點相關：「假若這位海盜過去曾經擊潰了荷蘭人，那麼，現在應該喚起他那英勇的精神，來對抗當前的入侵者。」

樣的效果。絕大多數的人給我的印象是，他們對於組織反抗日本人這件事，完完全全沒有概念。但我相信，觀察敏銳的挑撥份子正在不遠處，並且正在著手將這整件事，轉變成對他們有利的局面。這時，其他地方也出現了幾家類似的廟宇，使這種運動的範圍不斷擴張，造成人心動盪，以致於當權者終於採取嚴厲手段，禁止了這項行動。

然而，這趟並非一無所獲。我此行所做的詢問調查，對一個近來受到高度討論的主題有些許的啓發，我指的就是日本政府對於福爾摩沙鴉片使用的現行政策。這正是那些前來「三塊厝」朝聖的人民頻頻提及的，他們此行的主要目的，就是希望能夠永遠脫離鴉片的毒癮，因而引起了我對這個問題的注意。接著，我在台中的其他地方，也都提了類似的問題，結果在我所訪談的那些虔誠信徒中，平均每十個就有八個承認，他們自己深受毒害之苦，並且願意付出一切代價，以求脫離鴉片煙的枷鎖。在中日戰爭結束、日本尚未統治福爾摩沙之前，大家就知道福爾摩沙人民普遍吸食鴉片，未加工的鴉片經由外國貿易行進口，然後在課徵重稅之後，再轉賣給福爾摩沙各地的業者。至於進入福爾摩沙的鴉片總量，英國領事館有這樣的記錄：1891年進口總額達到四十六萬三千八百六十英鎊；1892年，三十七萬八千四百五十英鎊；1893年，四十一萬九千八百三十九英鎊；1894年，三十六萬五千八百一十三英鎊。以上是鴉片貿易在中國海關監督下所進行的最後四個完整年份。

現在，大家都能理解，我們已無法估量鴉片生意帶給人們多大的傷害，不論買方或賣方都一樣。數年前，皇家專門調查委員會上呈給大英國會的報告書中，已經對鴉片議題進行了詳盡的討論，但1月時，坎特伯里大主教（Archbishop of Canterbury）將下面這份深具影響力的署名請願書上呈給沙里士保勳爵（Lord Salisbury）後，鴉片議題再次受到關注：

我們獻上最高的敬意，希望您能注意如下的呼籲：有關從印度運送鴉片到中國一事，帝國政府應該採取斷然的行動。對於以下論點的正確性，我們已有十足有力的證據：（1）英國進口鴉片到中國，已經造成了災難性的後果——（a）對英國在中國的其他貿易活動造成了傷害；（b）在中國人的心中，對英國人民及利益產生了深深的仇視和敵對。（2）中國的鴉片吸食問題（僅就中國來說），已成爲中國的嚴峻國難。當今中國無私的政治家所做的公開證言，足以駁斥任何與此相反的論調。（3）因此，做爲一個偉大的基督教國家，不管從哪個角度而言，實在不值得爲了商業利益而販賣鴉片給中國。事實上，雖然印度的鴉片種植範圍已超出了以往，但除了過去兩年，它所產生的進口收益卻降到二百一十二萬五千元。然而在我們看來，這只是偶發性的事件，與我們的立場無關。我們所確信的是，對一個面對「至高的統治者」（上帝）的國家來說，其嚴肅的責任，便是與一個公認的重大罪惡徹底劃清界線。

這份請願書有以下諸人的簽署：坎特伯里大主教、都柏林大主教（Archbishop of Dublin）、十四位在本國及殖民地的主教、金耐德勳爵（Lord Kinnaird）、北安普頓郡的侯爵（the Marquis of Northampton）、歐頓勳爵（Lord Overtoun）、寶渥斯勳爵（Lord Polwarth）、亞伯丁大學（Aberdeen University）的校長及副校長、格拉斯哥的市長，以及其他有名且得知此訊息的公眾人物。

然而，我們目前較關注的是，日本對鴉片貿易的態度、她在統治福爾摩沙之後對鴉片貿易所採取的行動，以及過去六年來相關政策的施行情況。

關於日本本地使用鴉片的情況，並不需要太多著墨，因爲東京政府僅允許鴉片供醫療之用，反對將鴉片當作買賣商品的態度，始終未曾搖擺過。這種堅定的反對態度，加上日本民眾普遍瞭解鴉片貿易在其他地方所帶來的惡果，讓日本人一直對鴉片保持距離，擺脫鴉片使人萎靡不振的詛咒。

在日本接管福爾摩沙之後，究竟對此採取了什麼樣的行動？我們應該知道，在做出任何決策之前，這個問題已在日本的輿論界和議會經過全面性的討論。最後，有兩項主要的方案可供選擇：其一，除了醫療用途之外，福爾摩沙禁止使用鴉片；其二，以漸禁手段解決這個非因他們而起的巨大罪惡，應該指派官員來掌控鴉片的進口與買賣，藉以逐年縮減鴉片交易的數量，以期盡早終結鴉片買賣。

贊成漸禁方式的人認爲，立即採取徹底根除的方法有相當嚴重的缺點。他們舉例說明，斷然根除的方式會帶給吸食鴉片者無法言喻的痛苦，很多醫療傳教士也證實了這種說法；而且，在這樣的情況下要嚴格執行這樣的法規，勢必要在島嶼沿岸派遣武裝巡防艦隊以防走私，還要重整警備以及興建監獄，相信這並非大家樂見的景況。

因此，以漸禁方式杜絕鴉片貿易的方案，於1896年2月23日開始著手進行，自此鴉片成爲福爾摩沙政府壟斷的商品。接下來，便以政府資金買下大量外籍商人當時囤積的鴉片，由政府親自經營生鴉片的進口，並在台北建立精煉廠加工處理生鴉片，販售合法執照給鴉片零售業者及消費者，且在全島各地聘用大量人手，管制違反鴉片法規的

● 政府的鴉片工廠【取自《The Island of Formosa: Past and Present》】

人。

至於這個制度的施行成效如何，我們從領事館的報告中得知，這些年來福爾摩沙所進口的鴉片數字如下：1897年，進口的鴉片總值達十四萬五千六百六十八英鎊；1898年，二十萬四千四百三十九英鎊；1899年，二十九萬四千九百三十英鎊；1900年，三十六萬零四百六十四英鎊。然而，別忘了在1896年從外籍商人那裡購入的大量鴉片，因此，上述快速成長的鴉片進口量，尚不能反映鴉片買賣在福爾摩沙的實際普及情形。事實上，1899年政府銷給有照零售業者的鴉片，總值達四十四萬七千五百二十四英鎊，到1900年，數字更已接近四十五萬英鎊！

我們更不能遺漏以下三個事實：第一，政府爲改善福爾摩沙大眾福利而做的政策，幾乎可說過於寬厚，使自身逐漸陷入財政窘困。第二，政府從鴉片壟斷事業獲得了大量的利潤。以去年爲例，即使扣除了一年份量的剩餘生鴉片，以及加工和分送等費用，該年的利潤仍然高達十萬英鎊。第三，除了十六萬五千七百五十二名福爾摩沙的男女住民（佔全島百分之六點一八的人口），爲滿足那充滿自我毀滅性的欲望而花錢購買鴉片執照之外，其餘的日本臣民只要吸食鴉片，均屬犯罪，必須爲此從事處罰性的勞役工作。

現在讓我們回歸正題。以上並非我故意離題太遠，而是希望從我個人的觀察，能讓讀者對日本的福爾摩沙殖民事務有一個粗略的認識。我接下來還是要對這個主題做一番概略性的描述，希望各位讀者耐心聽我道來。

首先我們要知道，福爾摩沙並不是日本以殖民者身分出現的唯一領地。琉球群島雖然直到最近仍保有君主政體，但現今已變成日本重要的一部分——沖繩縣。儘管琉球群島的居民擁有獨特的語言和風俗習慣，但日本所推行的同化過程卻能和平地完成，並帶給當地島民相當大的利益。在前幾年，福爾摩沙島上幾乎鮮少見到琉球人的蹤跡，但現在卻經常可以見到他們，在人口集中的重要城鎮，也都可以見到備貨充分的琉球商店。

雖然三明治群島（Sandwich Islands，即今夏威夷群島）不能被稱作日本的屬地，但是日本天皇帝國的臣民以類似商業的方式，在該地安頓越來越多的居民，這是值得注意的一點。當地蔗糖的種植有很大的吸引力，約有三萬名日本人投身於這個行業，相對照之下，那裡只有六千名中國移民。

在韓國，我們特別能看出日本民族越洋探險和追求財富的能力。在這個只有一千零五十萬人口的小國家上，日本人建立了一個公使館、一個總領事館、七個領事館，還擁有約八十家商行及貿易館。在韓國大部分的開放港口，日本人有屬於自己的市政委員會、商會、俱樂部以及公立醫院；此外，尚有許多銀行的總行和地方分行，因爲流通的貨幣大部分是日本票據及銀元。從這裡所進行的買賣貿易，也可看出日本人在韓國所建立的深厚基業。在1899年，所有進入韓國港口的輪船總數量達一千六百六十六艘，總載重量達七十四萬六千零二十噸，分屬以下四個國籍：日本，一千一百五十九艘，總載重量六十萬二千二百二十七噸；韓國，四百四十二艘，總載重量八萬八千五百八十九噸；俄羅斯，六十一艘，總載重量五萬一千八百六十三噸；德國，四艘，總載重量三千三百四十一噸。其中，德國的四艘輪船是在日本的特許憑證下營運的。我們可以看出，超過三分之二的韓國航運貿易，掌控在這個友善但警覺性高的遠東同盟之下。

現在我們回到日本第一個重要的殖民地——福爾摩沙，來看看日本人爲了改善當地居民的福利和行爲，做了哪些進一步的改變。首先，當要記得他們在1895年抵達福爾摩沙時，並不是和平的取得政權，相反地，全島各地的人民都激烈地反對他們。在他們終於安頓下來並建立起政府之前，可以說是一路從北打到南。此外，由於這座島嶼的東半部山區，正好提供亡命者一個現成的庇護所，因此，要對付這些反抗行動實非易事，最後逼使日本人在殖民初期採取了強硬的措施。

在稍獲和平之後，日本行政當局便立即派出合格的專家，到這片新獲的領土進行調查工作，並報告該領地所擁有的各種資源。統治初期，他們還特地創辦一些期刊，供非官方的學者及探險家，針對島上的自然景觀、地形、產物、民族學等領域，發表他們的調查報告。這些收錄在政府報告、月刊、雙週刊，以及在台北、台中和台南發行的日報當中的珍貴資料，構成一份完整的參考文獻，遠比其他中國或歐洲作者關於福爾摩沙的敘述來得更有價值。東京地理協會的手冊中，充滿了各式各樣的資訊，福爾摩沙協會的期刊也依舊維持一貫的高品質，成爲有關這島嶼所有資訊的儲藏庫。台北也有語言學、民俗、法律以及貿易等期刊的發行。

與此同時進行，並做爲上述努力的一項成果的，便是1897年的人口普查。交通設施方面，興建了八百哩的公路，輕便鐵道從打狗一路通到新竹。緊接著是興建從基隆到打狗的縱貫鐵路，其中約有一半已開放載客載貨服務。另外，還興建了三條連接福爾摩沙和日本、福州以及澎湖的電纜線；而且，透過總長超過一千五百哩的電報及電話線，島上各大內陸中心彼此都能及時溝通。近期已有超過一百間郵局開始在福爾摩沙營業，寄到帝國各處的郵件每封只要三分錢。教育方

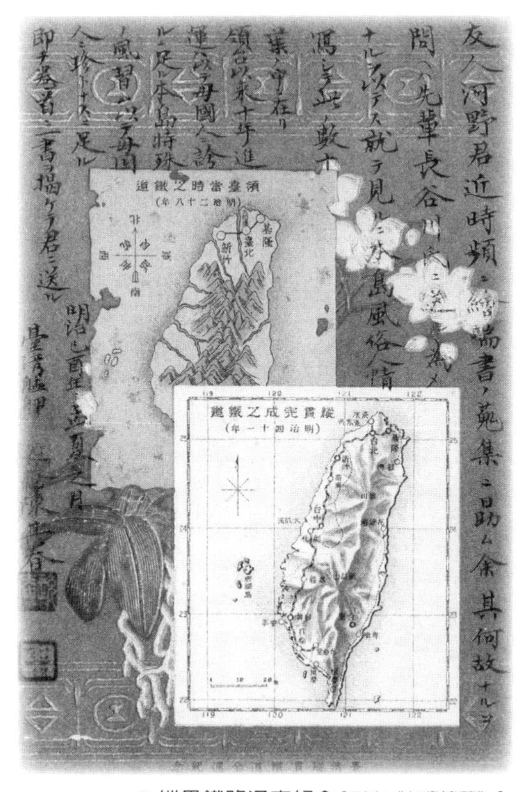

● 縱貫鐵路通車紀念【引自《台灣懷舊》】

面，到1899年爲止，共成立了一百二十二所政府教育機構，其中只有九所是專給日本人讀的，其餘一百一十三所都供給本島居民就讀。醫療衛生方面，目前島上有十家主要的公辦醫院，每年約有六萬名病人免費接受診治，而衛生預防及免費接種注射也日漸普及，使天花和其他傳染病的危害已大幅降低。

此外，日本也在福爾摩沙四周及澎湖群島上維持有十一座燈塔。當中最重要者，應屬北島（North Island，即今澎湖目斗嶼）上那座第一流的燈塔，那塊偏僻區域，在我駐居福爾摩沙期間，就發生了二十至三十次的海難事件。另外，政府也設置了氣象觀測站，在福爾摩沙上有四座，澎湖群島上有一座。這些圓形的建築物是爲了特別目的而設計的，當中的技術人員配備有完善的器材，能夠記錄風向、風速、雨

● 台北測候所【引自《台灣回想》】

量、陽光、地震及各種天氣現象，定期每小時觀測報告。

簡而言之，日本為了開發福爾摩沙的資源並增進住民生活，已花費了大約一億五千萬日元，其中僅有約五千萬元來自島上的稅收及其他營收。儘管如此，仍有良好的理由可以期待，福爾摩沙對於殖民母國的依賴不會維持太久，其收益很快就會大於支出。

我再補充一點，除了軍事、警備及政府官員之外，最近三年日本人在福爾摩沙的人口如下：1897年，男女共計一萬六千三百二十一人；1898年，兩萬五千五百八十五人；1899年，三萬三千一百二十人，其中兩萬二千三百九十二名男性，一萬零七百二十八名女性。當然，日籍居民絕大多數分佈在首都台北市，但接下來專就台南縣的日籍人口分析，可能也很有意思：

職業	男性	女性	總計
政府官員	2462	591	3053
教會老師或教員	52	25	77
農夫	7	1	8
商人	1039	1075	2114
技工	319	102	421
工人	305	29	334
其他	702	497	1199
無職業	3	97	100
總計	4889	2417	7306

在結語之前，我要先談另一個相關的主題。我想每個人都會同意，所謂的成功殖民，就是人民發自內心對新政權臣服，以及新環境能引導社會道德明顯改善。我承認，當我們運用這項準則來檢視當前

的案例時，必須格外謹慎小心，因爲日本人在進入福爾摩沙時，面臨了非常複雜的難題，而且，由於他們剛在六年前接手這塊土地，所以廣大的漢人及原住民人口的種種事務，必然還處在一個交替階段。此外，任何旁觀的英國人在對此一問題發表看法之前，別忘了他們所熱愛的那個帝國，至今仍依舊猖獗的邪惡事物。

至於福爾摩沙人民對於現在統治者的態度，我覺得與其採用我自己零碎的見證，倒不如直接引用*North China Herald*（《北華捷報》）[5]的段落，因爲這份有影響力的報紙，堪稱是遠東地區消息最靈通、最公正的刊物之一。約在三個月前，其東京特派記者寫了以下這段話：

日本人此時在福爾摩沙南部，有了他們自己的小南非。這個區域的暴民人數並不多，但由於這一小群佔領軍，必須穿越一大片艱難的陌生區域，以保持他們通訊線的完整，因而天皇的部隊遭遇到些許的挫敗。駐台南的守衛部隊發動了一次重要的掃蕩行動，在12月7日行動結束之際，折損了一位軍官，另有十七名支援部隊的武裝警察負傷，據說暴民死亡人數有兩百三十人。若說日本軍隊過於無情，那麼，同樣不容否認的，這些反抗的暴民也不值得友善對待。上個月約有三十名暴民攻擊萬丹（Mantan）地區的一所公立學校，殺害了一名日籍老師及其妻小。另一方面，不久前也有一支日本遠征軍突襲「灣萬叟」（Wanbansho，音譯）的暴民，這群暴民的人數約爲七十

註

5. *North China Herald*（《北華捷報》），創立於1850年8月，為上海第一家英文報紙。1864年7月，因另行開辦英文日報，故改版為每禮拜六出刊之週報。其後，因太平洋戰爭事起，而於1941年停刊，為上海洋文報紙壽命最長者。

● 激烈的台灣攻防戰【引自《台灣民主國研究》】

人，由「周育」(Shiu-iku，音譯)領導，他或許可稱作福爾摩沙的德威特(De Wet)。超過半數的暴民被殺害，日方則是三死十一傷，其中三名傷者是軍官。日本似乎想以讓步妥協的方式，盡可能避免這場戰鬥的發生，但對於這些半野蠻的族群來說，這個政策是個錯誤。當叛亂份子以開玩笑的心態，殺害了居中協調的日籍基督徒市川先生(Ichikawa)之後，日本當局便瞭解，過去他們實在過於溫和，現在該是改弦易轍的時刻了。去年，福爾摩沙約有四百六十九件不滿份子引起的暴亂，最嚴重的地區是台南，有兩百四十三件；其次爲台中和台北，各有一百四十二件和四十八件；宜蘭則有三十六件，數量最少。想想這些數字背後所反映的局勢，就不難理解，爲何日本政府不願意讓福爾摩沙人民享有日本國民應有的憲法權利。事實上，日本國會中已有議員提出法案，準備將福爾摩沙總督的特權再延長三年，根據該特權，總督有權發佈及執行經總督府評議會所通過的命令，效力等同於法律。大家應該還記得，這項特權從六年前開始，已延長過一次，並將於下個月底終止。

倘若要對上述這位東京特派記者的論點有任何批評的話，也要記得這點：雖然福爾摩沙確實有亂象存在，但仍有廣大範圍的和平寧靜，甚至也有順服於日本當局者。這情況很像1888年，當時中國巡撫

● 台灣守備混成第一旅團司令部大門【引自《台灣懷舊》】

劉銘傳試圖加收土地稅，以籌措改革工程的資金，儘管他當時是出於善意，仍激怒了民眾，最後不得不出動大批軍力和兩艘砲艦來平息戰火。我可以毫不遲疑地說，那些勤勉、機敏且具有影響力的福爾摩沙民眾，已經開始感覺到他們確實受益於日本的殖民。我曾與一些反叛份子交談過，我發現他們的反抗都是起於純粹的無知，另一些人則是因爲熱愛冒險，不願每日腳踏實地的工作，因而「起身抵抗政府」。我想日本當局其實不願意採取嚴厲殘酷的手段來對待福爾摩沙的同胞，而且，現在的反抗風潮——沒有任何正當的理由——很快就會被守本分的、甚至感激的公民所取代。

我現在要談的另一點，是日本人的到來，對福爾摩沙人民的社會道德規範所產生的影響。毫無疑問，有些讀者會認爲，我並沒有什麼資格可以談論這樣的主題，但我並不是要像啓示錄裡的天使那樣，說著「巴比倫大城傾倒了！傾倒了！」[6] 來批判日夜笙歌的享樂生活，更不要說什麼僞善的話。我只想提出小小的警告，說明在進行殖民化時，物質的繁榮並非絕對至善之物，我們不應光看帳面上進口、出口、稅收等數字穩定成長，就斷言殖民事業蒸蒸日上。當關稅中呈現鴉片、清酒、妓女、舞女、歌女及娛樂場女侍等進口項目，探究進口量有多大，又衍生出多少收益來，就不僅僅只是趣味而已。我先前對於鴉片議題所做的陳述，便足以顯示這類探究的重要性。另外，這類探究也有助於釐清，我們有時會友善地加以批評的一個現象，即島上的放蕩生活（這種行爲最終只會導致非常邪惡的結果）越來越顯而易見，

註

6.〈啓示錄〉十八章2節。

甚至變得很具吸引力。

結語的最後，我應該要對福爾摩沙的未來抱持希望，畢竟她擁有豐富的資源，而且是在一個最具活力、聰穎的民族統治之下。我要很高興地說，在台北和台南都有日本基督教會，而且在偏遠的鄉村地區，我們有時也會遇見日籍的弟兄，他們在當地不僅致力於公務，同時也無畏地力行基督徒的生活。願上帝保佑這些可敬的夥伴們，讓「至小的族要加增千倍，微弱的國必成為強盛」[7]的那一天早日到來。

註

7.〈以賽亞書〉六十章22節。

48. 早期荷蘭傳教會的事工

Work of the Early Dutch Mission

根據歷史學家法蘭丁（Valentyn）的記載，在1624年——這時荷屬東印度公司已鞏固了在福爾摩沙的地位，並著手與當地居民交易，展開殖民工作——荷蘭當局開始熱切地派遣福音牧師前來，一則爲了造福他們在異地的同胞，二則希冀能將神的版圖，拓展到島上這群蠻荒未化的異教徒中。

剛開始的時候，荷蘭只派遣了兩位「探訪傳道」（Scripture reader），其中之一的狄奧多里（Michiel Theodori）在到達後不久，就被召回巴達維亞，後續的任務就落在勞倫森（Dirk Laurenzoon）身上，他一直工作到1627年5月。

● 根據干治士的描述所想像的福爾摩沙原住民【取自《製作福爾摩沙》】

首位被選派到福爾摩沙的基督教牧師，是虔誠的干治士（Georgius Candidius）。他在1627年5月4日抵達，隨即投身傳教工作，大力推動一個最仁慈、最廣泛的運動。他就像眞正的熱心者那樣，先深入瞭解當地居民的語言與宗教，然後花費極大的苦心，將神的恩典灑落在這群可憐人之中，結成了豐腴的果實，引領他們通往得救的正道，並帶領這些人脫離罪惡與迷信，進入上帝之子的榮耀與自由。

干治士先生如此辛勤工作了大約兩年之後，尤羅伯牧師（Rev. Robert Junius）被指派來協助他。同樣地，尤羅伯先生開始先努力研究當地居民的語言，並準備教義問答來供傳授教義之用。有人說尤羅伯先生甚至成功地將幾篇「神的話語」，翻譯成原住民部落的語言。

1631年，干治士先生被召往巴達維亞，並在那裡待了一陣子，但他並沒有忘記福爾摩沙的教會仍需要他的協助，因此在1633年中葉，他又再度返回從前的工作崗位，並與尤羅伯先生駐居於赤崁（Sakam，即今台南市）的村落，那裡也就是後來發展成爲漢人大城市的台灣府。

● 尤羅伯牧師【原書附圖】

兩年後，這些虔誠且懷抱相同信念的同工，讓不下於七百個的成年人受洗，接納他們成爲基督教會的一員。1636年3月11日，根據他們與台灣長官普次曼（Governor Putmans）在島上的旅行觀察，乃向巴達維亞的殖民總部呈報：此地存在著推展福音的良機，至少還需要十五位牧師前

● 承平時期的熱蘭遮城與大員市鎮【取自《製作福爾摩沙》】

來耕耘。因此於4月23日，何吉丹牧師（Rev. Ahasuerus Hoogestein）奉命來台，同年7月26日，巴達維亞的「小會」（Kirk-session）將林禮文牧師（Rev. Joannes Lindeborn）復職，並且指派他到此一深具吸引力的地方宣教。

1637年間，干治士先生返回祖國，利未士牧師（Rev. Gerardus Leeuwius）前往熱蘭遮城擔任該地牧師，爲鄰近的荷蘭居民服務，尤羅伯先生又再次單獨一人留守赤崁。因爲林禮文牧師已因品行不良而遭革職，何吉丹牧師則在積極展開服務之際過世了。

1638年7月11日，蘇格搭拿士牧師（Rev. Joannes Schotanus）奉命前

來協助尤羅伯先生。他雖在適當的時機來到，但只停留了短暫的時間。隔年11月11日，蘇格搭拿士出現在巴達維亞，手中卻沒有應有的證件，原來他先前已當著其他牧師同仁的面，被台灣長官范得堡（Governor van der Burg）停職了。

1640年1月，巴達維亞收到一封信，說明利未士先生已於最近去世的悲傷消息，以及蘇格搭拿士先生仍遭教會的「戒規」處罰。直到7月12日，巴維斯牧師（Rev. Joannes Bavius）受召到福爾摩沙，尤羅伯先生才在獻身服務十年後獲准休假。

1641年5月9日，精力充沛的尤羅伯先生抵達巴達維亞，他被問起是否願意在短暫停留後，再度回到福爾摩沙，抑或將繼續返回祖國的旅程。尤羅伯先生答道，如果需要的話，他願意再回到福爾摩沙的傳教崗位，但有兩個前提，一是要加薪，二是要指示台灣長官杜拉第紐斯（Governor Traudenius）不得再妨礙他進行公務。尤羅伯先生獲得了允諾，被保證會發出命令，讓一切事物都跟前任的台灣長官時期無異，他又再提出懇求，希望阿格里哥拉牧師（Rev. C. Agricola）能獲得後補牧師（Licentiate）的資格，且馬其紐斯牧師（Rev. N. Mirkinius）在研習當地語言的傳道知識期間，亦能獲得全額的薪水。由於此時福爾摩沙尚未建立「小會」，所以他們趁機問尤羅伯先生是否要成立，他的回答是肯定的，並且請求他們也要將這個建言傳達給台灣長官知悉。5月13日，尤羅伯先生同意再回到福爾摩沙服務三年，每月給薪一百四十荷蘭盾，外加十個利元（ryxdaalde）[1] 做爲房屋津貼。巴達維亞的官員閣下又向尤羅伯先生保證，會針對他所提到的這幾件事，寫

註
1. 貨幣單位。

信給杜拉第紐斯長官，也承諾他所提到的那兩位弟兄的晉升問題，將會提出來討論。在此補充說明一點，雖然這兩位弟兄的同意案稍有延誤，但檔案當中卻沒有關於這兩位弟兄更進一步的資料，只簡短提到，阿格里哥拉先生在1644年8月1日回到巴達維亞。他們兩位都成功地精通當地的語言，這也是議會同意擢升他們職位的最主要原因。

1643年，范布鍊牧師（Rev. Simon van Breen）被召喚到福爾摩沙。同年12月14日，尤羅伯先生再度返回巴達維亞，福爾摩沙的事務就留給巴維斯先生、范布鍊先生和後補牧師奧佛先生（Rev. Hans Olef）負責。尤羅伯先生受到大家懇切的挽留。即使巴維斯先生和蕭壠（Soulang，即今台南縣佳里鎮）的居民都希望尤羅伯先生留下來繼續服務，但他仍認爲該是返鄉的時候了，婉拒了「小會」的請求。然而，尤羅伯先生還是爲日趨興旺的福爾摩沙教會的福祉，仔細地提出了許多寶貴的建言，這些建言後來受到台灣長官卡龍（Governor Caron）的重視。尤羅伯先生似乎在不久後就啓程返回祖國，於1656年辭世。

1644年，哈伯宜牧師（Rev. Joannes Happartius）到了福爾摩沙。同年11月17日，議會發出指令，開始起草最適合當地教會組織的規章，之後更下令編纂「赤崁字彙」（Sakams Dictionarium），以後可以擴充內容成爲一部馬來語、葡萄牙語、德語、赤崁語的通用字典。

1646年，巴維斯先生仍居住在蕭壠社，並指導麻豆（Mattau，即今台南縣麻豆鎮）、哆囉嘓（Dorco，即今台南縣東山鄉）、諸羅山（Tilosen，即今嘉義市）等村落的工作。范布鍊先生則在虎尾壠（Favorlang，即今雲林縣虎尾鎮）及其鄰近村落奉獻傳教。哈伯宜先生（此人在後來的資料並沒有更深入的記載）駐守熱蘭遮城，在那裡主持荷蘭人的禮拜，並關心照料著赤崁、大目降（Tavocan，即今台南縣新化

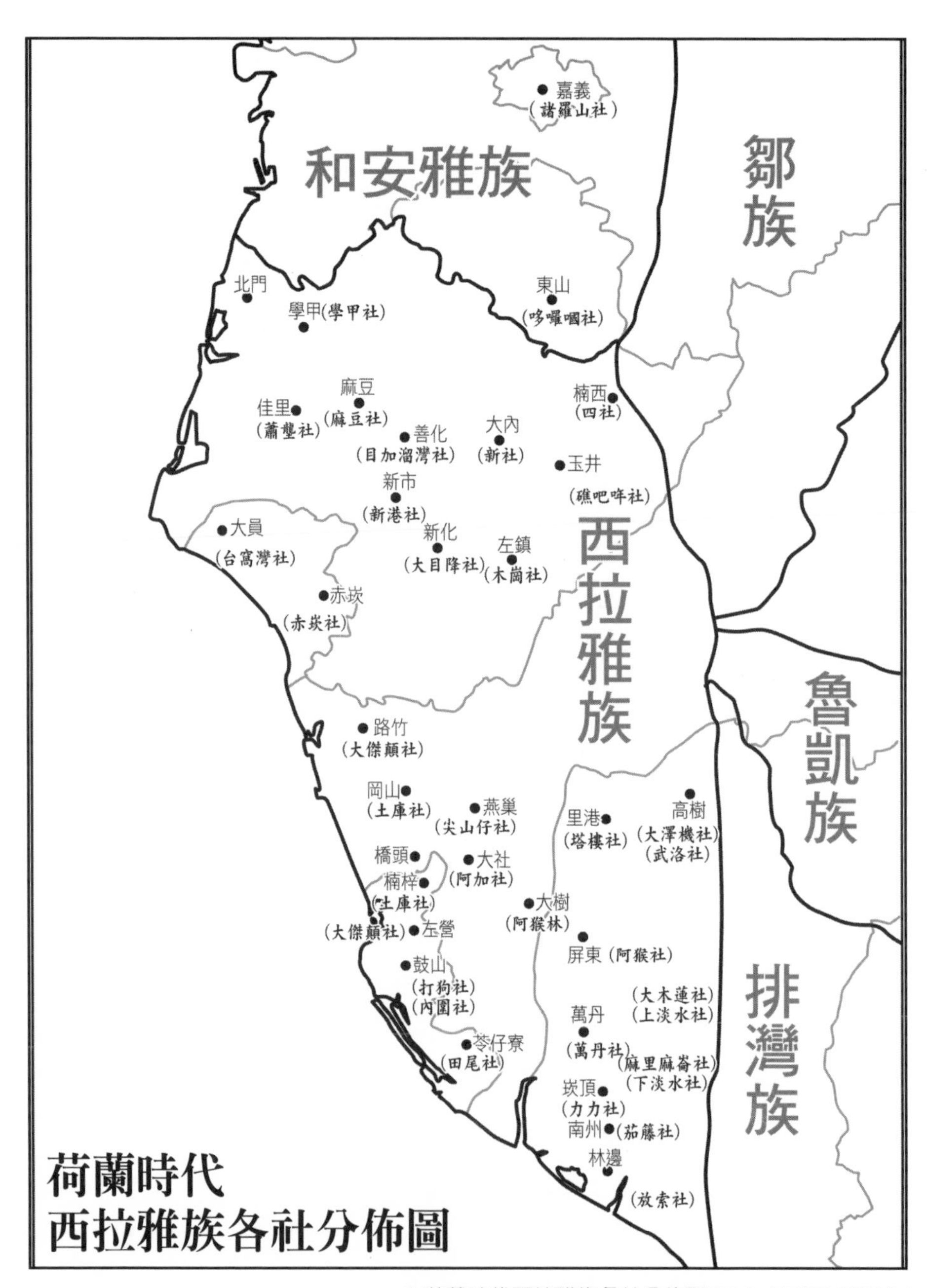

● 荷蘭時代西拉雅族各社分佈圖【取自《台灣四大革命》】

鎮）和目加溜灣（Bakloan，即今台南縣善化鎮）等地的會眾利益。在這同時，奧佛先生繼續留在南方的村落服務，然而，由於這個廣大的教區從虎尾壟延伸至放索（Pangsoia，即今屏東縣林邊鄉），他懇請能得到另一名弟兄的協助，也大肆抱怨此區教師的懶惰情形。

1647年間，巴維斯先生染上惡疾身亡，而范布鍊先生則獲准返回家鄉。也就在這個時候，葛瑞維斯牧師（Rev. Daniel Gravius）透露出想要到福爾摩沙教會服務的意願，那是在異教徒地區中新開闢出來的傳教領域。他在巴達維亞任職牧師，是一個極有才能的人，不論在政府官員或在會眾中，都備受愛戴。縱然輿論以議會及「小會」之名，盡一切努力勸阻他不要前往福爾摩沙，但他仍然堅持自己的決定，並且下定決心，只要他目前在巴達維亞的工作一經免除，就立即動身。在那些企圖扭轉他志向的努力都徒勞無功之後，他終於得到豁免，總督大人雖然萬般希望他能留下，但仍舊下令指示，像他這種值得嘉許的虔誠決心，不該再受到任何阻撓，並且將以任何可能的方式協助他。於是，葛瑞維斯先生在做了些許準備之後，便和巴達維亞的「小會」告別，在會眾們傷感與不捨的淚水中，啓程前往福爾摩沙。他在所選之島待了四年，由於精通當地部落的語言，因而爲會眾做了傑出的服

● 葛瑞維斯牧師【原書附圖】

務。當這份工作結束時，他再度回到巴達維亞的牧師職位，直到2月5日才返回祖國。1662年1月2日，他在衛爾營（Camp Vere）發行了《基督教要理問答》（*Formulary of Christianity*）。這本厚約三百頁、荷蘭語和福爾摩沙語相對照的鉅作，雖然出版時日距離他在福爾摩沙服務的時間已久，卻爲他的語言天份及對傳教使命的深厚興趣，做了最佳的印證。

1652年4月15日，普拉卡牧師（Rev. Gulielmus Brakel）受命來到福爾摩沙，7月3日又更進一步召喚潘瑟萊斯牧師（Rev. Gulielmus Pantherus）來台，希望他能協助強化福爾摩沙的教會功能，但他拒絕了。

1653年3月7日，福爾摩沙教會日漸興旺的情況，在巴達維亞有了充分的討論。「小會」極力主張，議會議員應派遣更多的工作人員，前來這塊快速成熟的地區。因此巴達維亞發出了命令，指示新任命的台灣長官凱撒（Governor Caesar），立即進行調查研究並呈報。

1651年7月26日，琉頓牧師（Rev. Joannes Lutgens）受命來到澎湖獻身事奉，他在那裡辭世，也葬在那裡。他留下一家妻小，有四個年幼的孩子，他的遺孀後來成爲福爾摩沙基督教育幼院的女舍監。接下來四年中，共有九位牧師受命前往福爾摩沙，但法蘭丁對此的著墨甚少，只略微提及名單上的最後一位是閔得烈牧師（Rev. Gulielmus Vinderus），他於1657年5月21日來台。

事實上，在此之前的一大段時間裡，中國方面也發生了許多事。現在，這些事情不但將導致島上的傳教工作完全中斷，更會迫使荷蘭在福爾摩沙的政權瓦解，讓人們再度回到原先的無知和迷信狀態。

1644年，明朝被當今的滿清韃靼所推翻。在這個動盪時期崛起的梟雄人物中，有一位無人能及的愛國海盜——國姓爺。他拒絕向奪權的滿清投誠，結集了一批橫掃海域的艦隊，也在陸地上召喚了數以萬計的擁護者。然而國姓爺仍非頑強兇猛的韃靼人的對手，一切的反抗行動都徒勞無功。因此，他在公然敵對數年之後，被迫從中國撤退，把注意力集中到福爾摩沙這座物產豐腴的島嶼。

正式的軍事行動於1661年展開，國姓爺的軍隊沒有遭遇什麼困難，就成功登陸福爾摩沙了。國姓爺要求荷蘭人立即投降撤退，違者必死於刀劍烈燄。受令與國姓爺會面的荷方代表，表示願意撤離赤崁

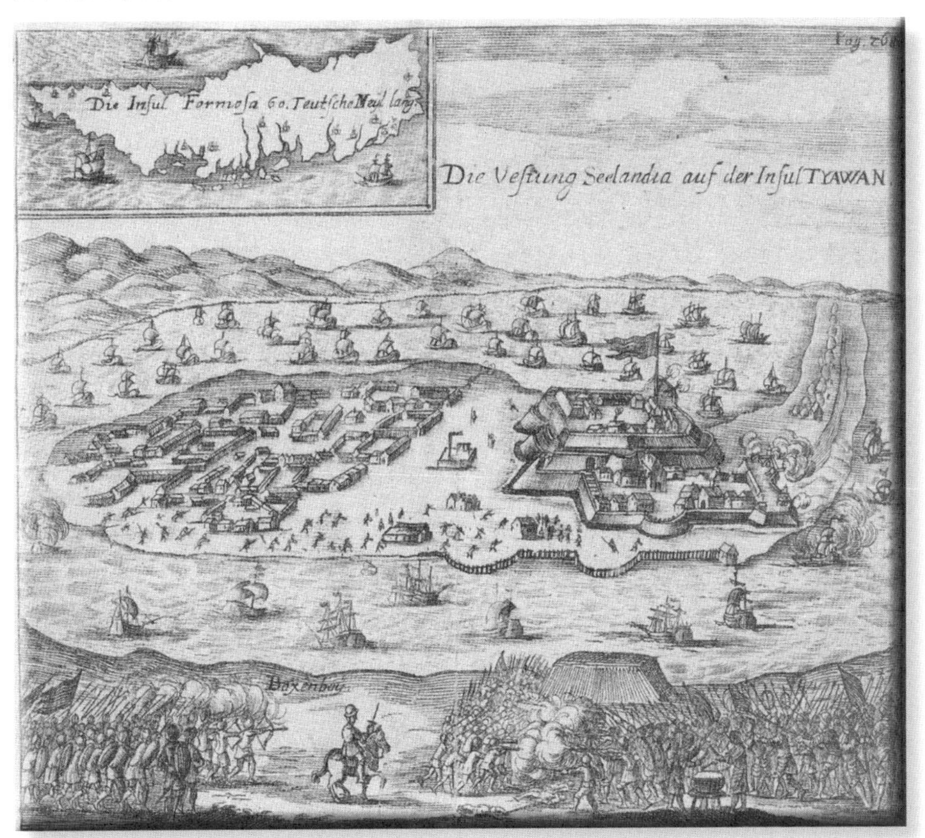

● 鄭荷兩軍交戰圖【取自《製作福爾摩沙》】

的據點，但國姓爺回答，福爾摩沙長久以來一直都是中國的屬地，外國人必須立刻做出決定，不是同意離開此地，就是升起紅旗宣戰。戰爭的信號隨即在熱蘭遮城上空揚起，一場圍攻就此展開了。戰爭持續了九個月，荷方每欲強化自己的陣地，就會遭遇到更強而有力的封鎖，國姓爺也會在那些分散各處、手無寸鐵的荷蘭人身上，施以更加可怕的折磨。

更有甚者，國姓爺特意挑揀出牧師和教師，施以各種殘酷屈辱的刑罰，甚至是死刑。國姓爺先是下令逮捕他們，然後就在他們原先獻身宣教的村落，將之釘上十字架。紐霍夫（Nieuhoff）如此敘述當中的一個事件：

在這些荷籍囚犯中，有一位名叫漢堡（Hambroek）的牧師，被國姓爺指派前去招降，要求揆一長官棄守堡壘，否則將在荷蘭籍囚犯身上施加報復。他被迫留下妻小當人質，隻身進入城堡談判，情勢很清楚，他一旦交涉失敗，將必死無疑。然而，他非但沒有勸告守軍投降，反而鼓勵他們要抱持希望，英勇抵禦，並且告訴他們，國姓爺已損失了許多優良的戰艦和軍隊，對於攻城戰也日感疲憊。當他說完後，軍事委員會（Council of War）讓他自己決定要留下或歸營，歸營只有死路一條。眾人懇求他留下，城堡內有他的兩個女兒，她們在旁緊擁著他，眼見她們的父親即將前赴一個會被殘酷的敵人處死的地方，不禁悲從中來，滿是淚水。他向女兒們解釋，他的妻子與其他兩個孩子仍在敵營中當人質，假若他不歸營的話，他們就會死。因此，他掙脫了女兒的擁抱，激勵在場的大家要奮勇抵抗，接著就離去了。在臨別的最後，他告訴在場的人，他希望自己的歸營，對其他那些被囚禁的同胞們有所幫助。回到營中，國姓爺嚴肅地聽完他的回音之後，故意放出謠言，說這些囚犯煽動福爾摩沙人起身反抗，因此國姓爺便下令處死所有的男性囚犯。有些人被斬首，有些人被以最野蠻的手段折磨致死，共計有五百人受害。屍體上的衣物被剝得精光，五、六十個屍體被埋在同一個坑洞裡。女子與小孩也無法倖免，很多都遭到殺害，只留下最好的供將領使用，其餘的則賣給一般士兵。如果是落入未婚男子之手，那麼她還算是幸運的，至少不會遭受醋勁大發的漢人妻子的折磨。被處死的人當中有漢堡先生、幕斯先生（Mus）、溫森先生（Winsem）、安親酋斯先生（Ampzingius），以及一些神職人員和眾多教師。就在這個時候，當時在淡水附近的雞籠島服務的亞塞斯牧師（Rev. Marcus Masius），經由日本逃回了巴達維亞。

● 荷方投降圖【取自《製作福爾摩沙》】

最後，僅存的駐守軍被失望與疲憊所耗盡，被迫在1662年初投降，所有的公共財產都落入敵人手中。那些勇敢的駐守軍，懷著沉重的心情，獲准登上他們僅存的一艘船隻離開。

隔年，當荷蘭官員博爾先生（Bort）率領艦隊前來，那已是國姓爺的兒子掌權的時期，他傳達訊息給荷方，表示法蘭丁（Jacobus Valentyn）的遺孀、列奧拿牧師（Rev. J. de Leonardis），以及其他人都還留在赤崁，他願意釋放他們，並願意開放福爾摩沙的貿易，且在淡水提供一處給荷蘭人居住，但前提是荷蘭人必須和他站在同一陣線，共同抵抗滿清韃靼。但這些可憐的囚犯仍然一直過著慘澹艱辛的流亡生活，看來這些交涉並未有結果。

一直到1684年9月2日，蒙上帝的仁慈，才有部分俘虜獲釋：史

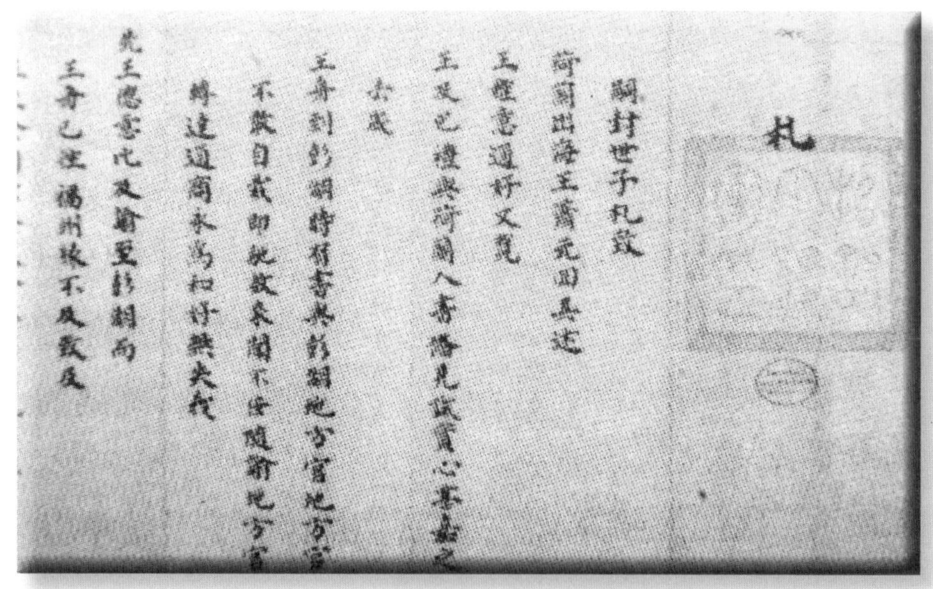
札
嗣封世子札致
荷蘭出海王爵前田嘉述
王推意通好又覽
王送已禮與荷蘭人書備見誠實心甚嘉之
去歲
王舟到彭湖時有書與彭湖地方官地方官
不敢自裁即欲啟奏閩不俟隨諭地方官
轉達通商永爲和好無失我
先王德意也及諭至彭湖而
王舟已往福州故不及致及

● 鄭經致荷軍指揮官博爾的國書【取自《製作福爾摩沙》】

瑞文柏克（Alexander Schravenbroek）和他的妻子及兩個孩子，若比斯（Hendrik Verbiest）的遺孀和兩名孩子，法蘭丁（Salamo Valentyn）和他的妻子及三個孩子，范伯罕太太（Mrs. Susanna van Berehem）和她的女兒，還有福肯斯太太（Mrs. Geertruy Focanus）和她的兩個兒子（後面那兩位寡婦都是赤崁本地人，和她們的孩子繼續留在中國）。在這些人之中，由於史瑞文柏克經歷了二十二年的牢獄生活，已能精通當地語言，因此被使節柏特（Paats）和凱瑟（Keyser）聘為翻譯員。

以上就是法蘭丁對荷蘭在福爾摩沙傳教活動的最後敘述。他在作品的最後，列出了以下這份名單，他們是被指派來福爾摩沙獻身事奉的牧師：

干治士（Georgius Candidius）	1627-31
尤羅伯（Robertus Junius）	1629-41
干治士（第二度前來）	1633-37
何吉丹（Assuerus Hoogesteyn）	1636-37
林禮文（Joannes Lindeborn）	1637-39
利未士（Gerardus Leeuwius）	1637-39
蘇格搭拿士（Joannes Schotanus）	1638-39
巴維斯（Joannes Bavius）	1640-47
尤羅伯（第二度前來）	1641-43
馬其紐斯（N. Mirkinius）	1641-44
范布鍊（Simon van Breen）	1643-47
哈伯宜（Joannes Happartius）	1644-46
葛瑞維斯（Daniel Gravius）	1647-51

維爾崔西（Jacobus Vertrecht）	1647-51
漢堡（Antonius Hambroek，殉道）	1648-61
哈伯特（Gilbertus Happartius）	1649-52
克魯夫（Joannes Kruyf）	1649-62
帖舒馬克（Rutger Tesschemaker）	1651-56
琉頓（Joannes Lutgens）	1651-56
普拉卡（Gulielmus Brakel）	1652-56
哈伯特（第二度前來）	1653-56
貝克（Joannes Bakker）	1653-56
達波（Abrahamus Dapper）	1654-56
薩森（Robertus Sassenius）	1654-56
馬修（Marcus Masius）	1655-61
幕斯（Petrus Mus，殉道）	1655-62
甘比士（Joannes Campius，殉道）	1655-62
布希霍（Hermanus Buschhof）	1655-57
溫森（Arnoldus A. Winsem，殉道）	1655-62
列奧拿（Joannes de Leonardis）	1656-62
安親酋斯（Jacobus Ampzingius，殉道）	1656-62
閔得烈（Gulielmus Vinderus）	1657-59

以下是有關尤羅伯先生在福爾摩沙工作服務的敘述（1650年在倫敦出版），內容一筆未修，與現今保存在大英博物館圖書室（Library of the British Museum）的原版相符：

1654年時的尤羅伯牧師
【取自《製作福爾摩沙》】

近來居住在荷蘭台夫特（Delft）的尤羅伯牧師，之前在中國附近的福爾摩沙島上，感化了五千九百名東印度人，讓他們得以認識眞神，成爲基督徒。作者西貝流士（C. Sibellius）牧師居住在德文崔（Daventri），是尤羅伯的摯友，原文以拉丁文書寫，在此由耶穌基督的僕人賈斯（H. Jessei）翻譯成英文，期使更多人增進信心與喜悅。本書有卡萊爾（Joseph Caryl）的出版許可，在倫敦由漢蒙德（John Hammond）印刷，並於他位在霍爾伯納（Holborne）的安德魯斯（Andrewes）教會對面的房屋販售，教皇頭巷（Popes-Head-Alley）的亞倫（H. Allen）也有販售，1650年。

對於那些禱告外邦人得以完滿、所有以色列人能夠得救的英格蘭、新英格蘭以及其他各地的基督徒朋友們，筆者賈斯發自靈魂深處，希望能夠增進他們信仰的喜悅與平靜：

我親愛的朋友們，有三件事是我（以及你們當中的許多人）所深深渴盼的，而且，還有第四件是我一直爲著它奔波，不達成絕不歇息的：第一，我期望，這個世界上，在主之名受到大大污蔑的地方，祂的名字將能夠得到大大的頌揚：〈詩篇〉一一三章3節；六十七章2節；〈瑪拉基書〉一章11節。第二，我期望，在上帝子民受到普遍責難、心靈被安逸者的奚落和驕傲者的輕蔑所充斥的地方——〈詩篇〉

一二三章4節，他們的責難會變成尊崇，他們身上的喪服會變爲禱告衣：〈以賽亞書〉六十一章3、7節；三十五章10節。第三，我期望，這個世界充滿耶和華的智慧，祂的子民會成爲明顯可見的一群，齊心侍奉耶和華，他們當中所有的歧見和妒忌將永遠遠離：〈以賽亞書〉十一章9節；〈西番雅書〉三章9節；〈約翰福音〉十七章21、23節。第四，在上述目標達成後，願外邦人得以完滿，所有以色列人（那些尚未得救的以色列人將見賢思齊，起而傚尤）都能夠得救：〈羅馬書〉十一章1、11、25、26節；〈路加福音〉二十一章24節。在那個榮耀時刻來臨之前，造物只能在地上呻吟嘆息、四處奔波，他們無望於天堂，所懷的熱切盼望常歸於虛空，直到神的眾子的榮耀自由來到。我們這些靈魂已得釋放的人，如何更多地等候神的眾子的任命？是讓我們的身體也得以脫離所有的束縛，就像〈羅馬書〉八章19-23節所說的那樣？

因此，當我聽聞到卡萊斯特先生（Edw. Cresset，當時住在切爾西（Chelsey），現在住在倫敦）可靠地報告說，有一位荷蘭的牧師居住在印度人當中，成功地感化了數千人成爲基督徒時，這件事是多麼地振奮我的精神啊！心中的希望因而躍升，外邦人的完滿即將來臨，我靈魂所渴望的，不久就會實現！因此，我刻不容緩，立即動身前往切爾西，希望能親聆他敘述更完整的事蹟。卡萊斯特先生的名聲很好，下議院的勞倫斯先生（Lawrence）深知他，奈依先生（Nye）、古德溫先生（Thomas Goodwin）、西蒙先生（Simon），以及最近議會的布力居先生（Bridge）等人也都認識他。我發現他和家人都定居在此，但當時他本人正好出門在外，於是我詢問了卡萊斯特夫人，並記錄下從她那裡所得到的證實：

她和先生及家人最近從荷蘭台夫特搬來，當時尤羅伯先生正住在台夫特，他在那裡的牧師和最好的人們當中，享有相當好的聲望。他曾引領超過四千個印度人信仰耶穌並且受洗。做爲一名荷蘭牧師，他在多年前曾被荷蘭機構派遣前往荷屬殖民地，在當地印度人之中進行宣教工作。他在幾年之內，學會了當地人民的語言，開始向他們傳教，許多人因爲受了他的影響而信仰基督，並且由他所施洗。在他的妻子於當地過世後，有一些因素促使他返回故鄉。據說在他臨走的時候，當地人對他展現了強烈的情感，熱切地盼望他能夠留下來。在他們終究無法勸服他留下後，便改而請求他承諾會再回來，或是能指導另一個精熟當地語言的人，派遣他來此，引領他們更深入地瞭解神。他同意了這項請求。在他臨走的那天，他們送給他許多禮物，他也回贈價值約一萬鎊的禮物。尤羅伯先生回荷蘭後便再婚了。他竭盡心力教導一位年輕人說當地的語言，並送他到當地去。他也印行了一些以當地語言書寫的教義問答，並贈送到當地。這些資料是他們在台夫特時，卡萊斯特先生親耳自尤羅伯先生口中聽到的。

以上內容是卡萊斯特太太在1646年7月7日向我證實的。我返回倫敦之後，由於聽聞她這番敘述，內心感到相當喜悅。而在同一個禮拜內，卡萊斯特先生也來信確認此事。在此轉述他信中的內容，以饗讀者：

閣下：

禮拜四時我人在塔羅山（Tower-hill），雖然想要親自與你會面，但神的旨意彷彿另有安排。我感到相當抱歉，在你來訪時我未能在家接待你，但我誠摯希望能盡我所能地讓你滿意，提供你所感興趣的訊息。在荷蘭的台夫特（至少是在最近）住有一位名叫尤羅伯的人（父母是蘇格蘭人），他是當地教會的牧師。我相信他是一位虔誠的人，同時也在當地享有相當高的聲譽。他曾在東印度待過好些年，在那段時間裡，他熟習了當地居民的語言，因此能夠向那裡的居民佈教。據他親口告訴我，他曾爲約四千名當地人施洗。我不知道他在他們身上的召喚力量有多麼強烈，但我知道當他要離開時，當地居民準備了豐盛的禮物歡送他。他花費心力教導一些年輕人講當地居民的語言，並爲了要達成對他們的承諾，派遣一位年輕人前往那裡。他也以當地語言來印行教義問答和其他資料，並送往那裡。這些是我自己親耳從他口中所聽聞的。當我正在寫這封信的時候，剛好有一位叫做海爾德（Halhead）的先生來訪，他目前定居在康辛頓（Kengsington）。約兩年前，當我還住在台夫特時，他就住在我家。他是一位學者，曾和尤羅伯先生親自交談過，他提到了我方才所述的事情，另外又補充了更多的訊息：已有一萬七千多名印度人放棄了異教崇拜；在好幾個地方，他們自願前來聆聽他的講道；他已爲當中超過四千人施洗。如果你覺得需要的話，我願意（如果一切順利的話）藉第一班船，提筆寫封信給尤羅伯先生，表達我們希望得知更多詳情的渴望。我相信他會滿足我的請求，屆時我也會以同樣的方式使你滿足。

卡萊斯特，1640年7月12日禮拜六

我帶著在主之中的喜悅讀完這封信之後，懇請他如信中所述的：寫信給尤羅伯本人，讓我在信中所提到的各項細節，能得到最滿意的答覆。卡萊斯特先生果眞依約而行，寫了一封相同的信給位於台夫特的尤羅伯先生。尤羅伯先生爲了針對那些特別的細節提供更完整的答覆，寄回一本以拉丁文寫成的書給卡萊斯特先生，在卡萊斯特先生致尤羅伯先生的書信當中，也有提及這件事。因此，尤羅伯先生寄來此書，也證實了他所説爲眞。卡萊斯特先生收到這本書之後，就轉贈於我和梅耶尼夫人（Lady Mayerne），後者是阿爾登男爵梅耶尼閣下（Sir Theodore Mayerne, Baron of Albone）的妻子。我被書中的內容深深感動，因而立即著手將此書從拉丁文翻譯成英文。該書中凡是與之前所提有關的內容，全都做了翻譯，但爲了簡潔之故，省略了其他的內容。

爲了要更深入瞭解尤羅伯先生，以及這本拉丁文書籍的作者，我又更進一步地尋訪了查爾森先生（Ed. Richardson），他之前待在台夫特，現在則是約克郡（Yorkshire）的傳道者。他給予這兩位先生極高的評價，説他們就跟他在荷蘭所認識的最好牧師一樣優秀，認爲他們都是很可靠的人。他還説，這兩位荷蘭牧師彼此都熟識。關於記錄承蒙神的旨意而在東印度所進行的光榮任務，尤羅伯先生似乎是希望由他的好朋友來出版，這樣才不致讓人覺得他是在自我賣弄。

現在，請開始閱讀這本書，我不再耽擱你了，只懇請你在展讀或聽聞這本書的時候，能懷著感謝與讚美，將你的心獻給慈愛的天父，虔誠地對慈愛的神禱告，因爲祂是豐收的神，祂會派遣祂的使者到世界的各個角落。你們身爲祂的信徒，要一直對祂禱念，直到祂將耶路撒冷（它在塵埃之中久矣）建立成世界上的聖殿（〈以賽亞書〉六十二章2節），直到祂完成了上述的三件事，我們將因此感到無限欣悦。不論外面有多少事物足以讓我們分心，只要有堅定的信念，我們的心就可以永保如新。

與你一同經歷苦難、見證耶穌基督、確信榮耀與祂同在的夥伴

賈斯

接下來是西貝流士先生的一封信，當中描述之前所提到的，尤羅伯先生在東印度宣教的情況：尤羅伯先生之前是在福爾摩沙的教會服務，現今則在德福（Delph）教會服務，他是一位最具警覺性的牧師。若說他是上帝光榮的象徵，是所有宣教士的楷模，絕對當之無愧。他對上帝的虔誠以及學識的淵博，都是無人能及。

之前（1645年），為了確認及保護我們神聖且堅固的協議，我奉「奧佛索牧師大會」（Reverend Synod of the Churches of Overisle）的指派，出席在哈林姆（Harleim）召開的「北荷蘭大會」（Honoured Synod of the North Holland Churches）。那時，傳來了尤羅伯先生在東印度異教徒間的宣教事蹟，這個好消息得到了眾人的讚揚和最高的敬意。這位學識淵博的尤羅伯先生，以其不懈的努力、非凡的技巧，加之上帝的賜福，在福爾摩沙當地人之間栽培、灌溉、管理教會的事蹟，在此被廣為流傳和公開讚揚。

我當下認定，上帝經由他而賦予那些原本迷途的異教徒們的非凡恩典，應該要讓全世界都知道，後代的子孫也不能忘記這樣的事蹟。然而就我所知，這個任務似乎尚未有人計畫，更遑論實行。因此，我想應該由我簡要且信實地起筆，為上帝的榮耀與所做的義行留下永恆的紀念碑。是以，我首先描述「聖職的開始」，接著是「聖職的進

行」，最後則是「完成聖職」。

第一部　聖職的開始

我們先從他進入這份神聖志業的起始或感召來談起。尤羅伯先生受主所選定，奉「低地國家聯合省份著名遠征軍尊崇虔誠議會」（Honoured and Pius Senate of the Famous Expedition of the United Provinces of the Low-Countries）指派，前往東印度傳教，讓當地人民能夠認識、信仰耶穌基督，特別是向福爾摩沙人民進行宣教工作，那是一群盲目迷信、崇拜魔鬼、受魔鬼所奴役的人民。對於這件偉大的任務和指派，尤羅伯先生欣然地接受，並開始認真構思要如何勤勉而虔誠地展開工作。

的確，除了派遣這位忠實、能幹又辛勤的傳教士到那裡外，沒有其他事更能體現對神的敬意，更能使所有高尚的人欣然接受，更能讓良心獲得平靜，更能幫助那些籠罩在偶像崇拜、迷信和死亡的黑暗陰影的異教徒們。他將開啓他們的眼界，將他們從黑暗引向光明，從撒旦的掌控回到上帝的懷抱中。他們的罪惡將會得到

● 想像的原住民公廨【取自《製作福爾摩沙》】

寬恕，並與所有信仰基督的人同得基業。能夠拯救一個靈魂，讓他從惡狼口中脫逃，其回報勝於一切。對這位上帝最忠誠的僕人來說，只要能多將一個世人眼裡最鄙視的可憐人帶往上帝的懷抱，其喜悅就勝過獲得世界上所有的財富。「叫一個罪人從迷路上轉回，便是救一個靈魂不死，並且遮蓋許多的罪。」（〈雅各書〉五章20節）

上帝慈愛的手，將尤羅伯先生帶到東印度的福爾摩沙島上，剛開始的兩年多，他以母語荷蘭語傳教，揭示救贖的奧秘。但這些當地居民並不懂荷蘭語，此時，他心中湧起一股強烈想要拯救這些異教徒的渴望。因此，即使他已是一個成年人，但仍以過人的努力和勤勉不懈的精神，甘之如飴地學著這些異教徒的野蠻語言和粗魯用語（這些異教徒的語言和習俗都跟我們不同）。不久後，他便習得他們的語言，並明智地以他們所能理解的語言和方式來傳教。後來的十二年（1631年到1643年），他流利地以當地居民的語言，將耶穌經典中的神秘奧義講述給他們聽。

第二部　聖職的進行

現在要談到尤羅伯先生進行這份志業的歷程，也就是他在這些異教徒當中的作為和成就。為了要拯救他們的靈魂，不論是公開場合或私底下，他對一切的辛勞都無所畏懼。上帝賜給他機敏聰慧，並且庇祐他完成志業。在福爾摩沙島最有名的六個城鎮中（更不用說在哆囉嘓和諸羅山），即大目降、新港、目加溜灣、麻豆、蕭壠和大武壠（Ternang，即今台南縣善化鎮），他的宣教成績是如此突出，以至於所有關注此事的虔誠人們，都對他懷著最高的敬意。

再談到傳教的成果和效力。在神聖真理的映照下，過去的迷信都變得不值一提，殘忍的無知、可怕的盲目，以及最污穢不堪的惡魔崇拜皆被顯露出來，並遭到驅逐排除。很多當地居民被引導向神的拯救真理，並信仰神及我們的救主耶穌基督。不論是在男女老少、或是在各個階層當中，這份宣教志業的推展成績都是如此偉大、如此值得讚揚，以致於他們不僅能夠精確地背誦出重要的教義及信條，還能敏捷且堅定地回答人們所提出的大部分問題。因為發自對上帝的虔敬、對週遭鄰居的公義與愛，以及對自身的節制與自律，使得他們當中有許多人相當珍視信仰的知識和告白，其程度甚至會讓我們這些出身正統信仰家庭、從孩提時代就接受基督教薰陶的人們感到汗顏。

尤其，他們當中有許多人，不論是在早晨黃昏、餐前餐後，以及其他必要的時刻，總能從靈魂熾熱的最深處，以適當的禱詞、合宜的姿態，在神的面前傾訴禱告，這景象讓看過聽過的人，都不禁留下感動的淚水。有些被召喚禱告的人，也能夠即席地以適切的詞語來禱告，其詞句之精闢、論點之有力，往往讓人以為是事先經過數個小時的準備和構思。

當黑暗之王受到當地所點燃、興起的榮耀之光的侵擾時，就會試圖撲滅或壓制這道光。所以他會煽動一些垂涎下流利益的人，特別是粗魯惡劣的婦女、巫師、娼妓、騙子等，意圖唆使他們背棄那使他們重獲新生的信仰，再度回到對惡魔、偶像的盲目崇拜，重蹈他們世代祖先的覆轍。他們當中有些人，幾經內心的交戰，在神善意的帶領之下，再度從邪惡力量的魔掌中投入神的懷抱；其他人，或因本身意念堅定，或因有虔誠的牧師從旁約束，使得他們不再阻礙福音於他們之間的進步與前進。

向這些外邦人或異教徒講解和傳教的時候，必須要先讓他們真正相信，進而才能施洗。尤羅伯先生每日均耗盡心力，先讓他們熟知這個宗教的背景，再以問答的方式讓他們熟悉教義，進而引導他們相信其中的真理。因此，在福爾摩沙島上土生土長的居民當中，共有五千九百名男女（這個數字尚不包括在襁褓中就受洗的嬰兒）由尤羅伯先生施洗，在神的面前，他們放棄俗名，告白信仰，並適切地回答以上帝話語所提問的各式題目。而且，蕭壟、新港以及其他地方的人們，由於被良好地教導了聖餐的教義，所以他們以虔誠、喜樂和啓迪的心，來行基督的訓令。

因為教導人們讀書寫字，不僅能增進世俗、政治方面的善，更是精神層次的提升，所以尤羅伯先生費了很大的苦心在訓練讀寫上。他先教導一部分的人，再讓他們去指導更多的人；同時他也拜訪、指示衆學員。除了少數幾個荷蘭籍教師之外，在上述所提及的六個城鎮裡，那些受他感化而成為基督徒的人們當中，也有約五十位是在他的教導之下，變得虔誠、博學、聰明、勤勉，足以勝任這份工作。到他離開為止，這些弟子總共教會了六百人讀書識字，也教導老年人和年輕人基督教信仰的基本知識。受教者的勤奮向學和順從，以及執教者的努力不懈，兩者幾乎是不相上下，同樣備受好評。在這期間，尤羅伯先生也揀選了重要的教義、每日的禱告文，並將某些讚美詩歌翻譯成福爾摩沙當地人的語言。

尤羅伯先生的關注和辛勞，並非只集中在上述的六個城鎮，也延伸到更南方的地區。他在那裡的二十三個城鎮中設立了教堂，增進對於真神的崇拜。他如此的努力付出，不惜冒生命之險來進行這項事工，以求增進他們的利益與成就。結果，尤羅伯先生在他們之間培植、灌溉，並用健全的教義、良好的典範，以及不求回報的愛來哺育

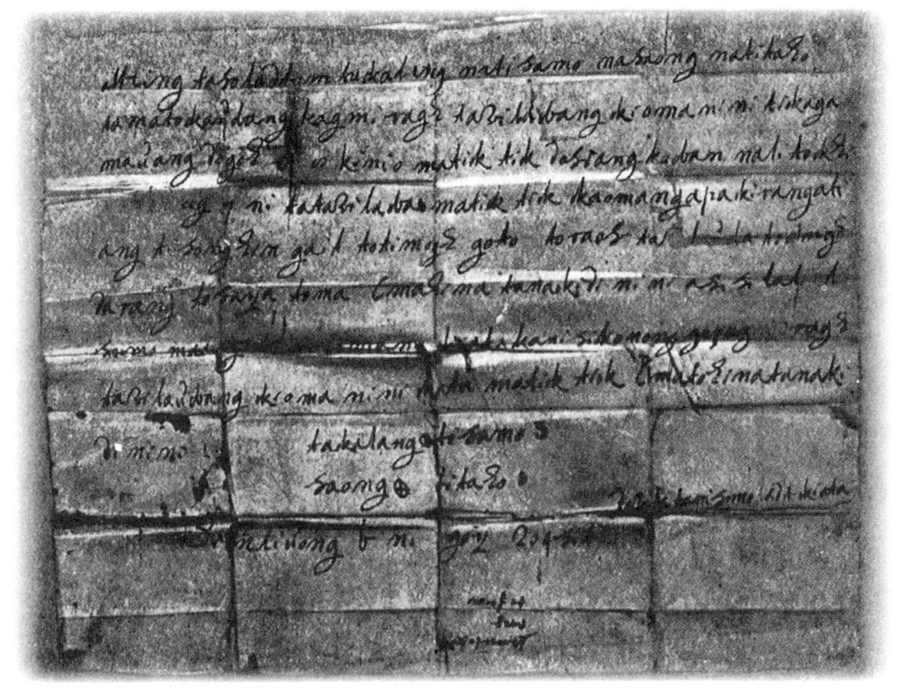

● 平埔族文書【取自《Pioneering in Formosa》】

他們，這些付出得到了上帝豐厚的賜福，在他離去後仍然在當地傳為美談，而且永世流芳。

第三部　完成聖職

最後，我們要說到尤羅伯先生的離去，其時機及原因如下。福爾摩沙教會已受到適當的培植與灌溉，也得到許多投身奉獻的牧師、教師、以及監督者的協助。然而尤羅伯先生的身體卻每況愈下，長期以來飽受其擾的宿疾再次復發，更是讓他難以支撐下去。而且，他一來迫切地思念他在荷蘭祖國年邁的母親，想在她或他自己死前再相聚；二來，他希望能再次回到他摯愛的祖國，並以他在異教徒間的奉獻故事，和主所施加的祝福等好消息，來振奮教會、牧師、弟兄以及朋友的精神；三來，憑著他在當地管理福爾摩沙事務的方式，未來將能夠繼續深入推動基督教信仰，以及福音的普及。他向當地人說明了以上及類似的離去原因後，大家雖萬分不捨，最後仍不得不與他告別。不過，他們的教會、學生和其他各方面，已能良好地運作下去。

這篇詳載福爾摩沙島上眾多居民成爲基督徒的喜悅敘述，是由荷蘭德文崔的西貝流士牧師以拉丁文記錄並出版的。他是尤羅伯先生熟識的摯友，本書在1646年7月25日於當地寫成。他在這本稱作*Antidotum Ambitionis*的書前題道：

〔本書由阿姆斯特丹的安所紐斯（I. Iansonius）贊助出版〕

那些為了要得到更多歷史真相及確切事實的人，將會搜尋以下信件、檔案和公開的見證，結果證實了一切所言為真（西貝流士先生前述的眾多內容，也獲益於這些資料）：

檔案部分：1645年在哈林姆召開的北荷蘭大會議事錄第二十條；「視察北福爾摩沙島民的教會與學生紀錄」：這份紀錄是由三位當地東印度教會的忠誠牧師，在大員（Tayouan，位於今台南）長老陪同、兩位評議員在場下，於1643年9、10月間下令及執行的。書信部分：大員長老和其他人致阿姆斯特丹和瓦拉契拉（Walachria）中會的書信，也有特別提及此事。公開的見證物：1643年10月9日，蕭壟宗教會議在送別尤羅伯先生時，贈與了大量精美的紀念品。以上種種資料，皆由我西貝流士親眼目睹、閱讀，並費力地檢驗無誤。

由於我想得知最清楚的證據和最完整的詳細情況，因此以上的敘述（由尤羅伯先生的朋友所寫）便由尤羅伯先生本人親自寄給卡萊斯特先生，之後再交給筆者（賈斯），過程如前面所敘述那般。在1649年10月8日前，筆者請求卡萊斯特先生再次寫信到德福，希望能得知福爾摩沙島居民更進一步的現況。卡萊斯特先生於是寫信給一位在德福的朋友E. H.先生，並且得到如下的回覆：

閣下：

你想知道福爾摩沙島居民現況的請求，我已向尤羅伯先生談起，他對我做了如下說明：當初只有他獨自一個人在那裡，但現在已有四位牧師，感謝主。對於當地教會以及信眾的成長，他感到無限的光榮，我們也欣慰不已。讓這些異教徒改信上帝，是他許下的神聖承諾……公司[2]同意再派遣三位牧師前往，公司以及尤羅伯先生都認爲，這樣做最有利於那份偉大任務的進展。尤羅伯先生也指導他們熟習當地的語言，進而能夠（依靠主的憐憫）擔負起這份神聖工作，畢竟，這是他們到那裡的最終目的。

你誠摯的朋友 E. H.

德福，1649年10月25日

註

2. 指荷蘭東印度公司。

49. 現今基督教運動之處境

Present Position of the Christian Movement

基督教在福爾摩沙島上的事務，若依據時間順序排列，其肇始與當前的進展，依序和以下組織有關：羅馬天主教會、英國長老教會、加拿大長老教會、日本耶穌會（也是長老教會），以及福音傳道協會（Society for the Propagation of the Gospel）。

多年以來，大部分羅馬天主教傳教團所獲得的援助，都來自於馬尼拉的西班牙屬道明會（Spanish Dominican Brotherhood at Manila）。但自從1899年菲律賓轉讓給美國後，僅剩下三至四位外籍神父，繼續留在福爾摩沙島上的少數教會工作。關於羅馬天主教傳教團，我們無法取得可靠的統計資料，而且，當其他傳教士在島上所有能夠進入的地區遊歷時，也幾乎未曾聽聞過它的消息。至於日本耶穌會以及福音傳道協會，也沒有太多好說的。時至今日，它們在此仍

● 前金天主堂【引自《台灣回想》】

未有大進展，其努力範圍僅侷限於來自日本本土的官方人士和貿易商人，這些人的人數只佔極少的比例。日本耶穌會在此有一個中會（Presbytery），由四至五位本地牧師及委任長老組成，還出版日文版的教會月刊，對讀者發揮了很大的功用。

在島上，我們兩個大英國協傳教團的佈道範圍，一個在西半部，一個在北半部。加拿大長老教會的佈道範圍，從大甲溪往北到東北角的蘇澳，英國長老教會則是從大甲溪往南，到南岬上的恆春，以及兩、三個澎湖群島上進展緩慢的小教會。此外，在阿美族的領域內，這兩個傳教團也在說福佬話的開拓者聚落裡，設有數個教會。

關於教會成員以及教會會眾的人口調查資料，附於本書的附錄中，它提供了這兩個傳教團發展情況的一些細節。但如眾所周知的，就精神事務來說，數據所能顯示的東西相當有限。因為隱藏在這些數據背後，可能有一項良善的預備性事工正在進行著，不久該事工或許就會結出廣大範圍的善果。同樣地，這些數據也無法讓我們知道，信眾當中是否存在下列情況：對聖經真理及教條的無知；對物欲的眷戀；對金錢的汲營；對教會戒規的散漫；群眾因為教會會員資格所提供的好處而往教會靠攏，卻嚴重欠缺能夠詳察並領導他們的適當領導者。我不認為需要悲觀地陳述此地的傳教工作，畢竟我們有太多太多值得感恩的事物。我唯一的目的，只是想要緩和附錄中歷年信眾人數統計所傳達的印象。我們必須提防那種報喜不報憂的渴望，想遮蔽事情的缺陷、污穢面，只想傳達給家鄉朋友成功、更多的成功和更大的成功消息。假如當初那些改信荷蘭傳教團的人們，當真像他們所稱的那樣，具有智慧、堅定以及熱情等特質，那麼國姓爺也不可能在短短幾個月之內，就把他們的教會一掃而空。

● 台灣教會公報社【取自《南部台灣基督長老教會設教七十週年紀念寫真帖》】

關於我們自身的英國長老教會，目前有二十七個教會沒有常駐的傳道師或福音傳教者，而曾經興盛一時的平埔番和熟番原住民，現有的傳道師也已十分衰老。同時，在漢人聚落間的傳教師，不是風燭殘年，就是早已過世。當然我們都承認，只有上帝能夠賜予我們昌盛，但上帝喜歡透過人類之手來實現善行。我們福爾摩沙南方的傳教團，似乎處於明顯的劣勢，一直趕不上日本人二十年來，在島上所推動的教育發展。像去年那種讓四位目不識丁的教友接受四十天教導後，就個別分派去負責四個鄉下教堂的做法，也無法改善我們現今的處境。在某種程度上，這種評語也適用於我們的台南教會公報社。在1913年，它印了七十萬零三百五十七頁的出版品，當中主要是用福爾摩沙南部的方言。這類以西式拼音文字寫成的著述仍屬稀少，而且也只有學過它的基督徒才能理解。關於書籍、期刊、日報、通訊、廣告以及貿易記錄等，福爾摩沙當地人民還是喜歡用他們自己的書寫文字（漢文與日文）。關於這點，我們或許可以引用兩位足堪信服的人士所做的見證。當汕頭的吉伯遜博士（Dr. J. C. Gibson）談到中國各地近來出現了卓越的教育進展時（發表於1908年11月號的*The Chinese Recorder*（《使信月刊》）），指出那裡「對可供大眾閱讀的書籍，存在持續性的需求，這些書籍應該以文理（Wen-li）適當地書寫，在很多情形下，也需要官話版本」。海爾先生（G. T. Hare）關於廈門方言的詳盡著述，表達了以下重要的評論：「以羅馬拼音來書寫口語的最大缺點，就是它讓學習者跟漢字分離了。」

我們也不應該忘記，眾多散佈在中國其他宣教中心的中等學校、高級中學及基督學院等，就是經由推動我們始終念茲在茲的傳道工作，貢獻了最有效的服務。沿著這個思路，我們或許可以說，福爾摩沙當前最迫切的需求，就是將目前那兩間傳授簡易聖經知識的小機構合併，成爲一間強大且人員充沛的神學院。這個議題首先在福爾摩沙的大會、長老教務評論會和「教士會」中，經過了反覆、深入的討論；然後，在倫敦與多倫多的執行委員會召開之前，莫特博士（Dr. Mott）也竭力主張這個提議；最後，在1910年的愛丁堡傳教士會議中，這個提議首次以會議提案的形式，出現在我們面前。這個議題之所以無法定論，主要的阻礙似乎是因爲，我們的加拿大弟兄認爲，這個聯合神學院應該建在他們附近，也就是此島的新首都——台北，然而英國長老教會卻認爲，這個聯合學院應該要建在他們的總部[1]。

註

1. 原註：我寫完上述段落後，收到了如下訊息：福爾摩沙大會無異議通過，決定把聯合神學院建在本島的新首都——台北。對於一個如此麻煩而棘手的問題，這真是一個快樂的結局。會議結束時，所有與會的人都起身歌唱讚美詩。

我要引用宋忠堅先生刊登在1914年《日本基督教運動》（*Christian Movement in Japan*）的一段文章，來做爲以上論述的結語。當他回顧在福爾摩沙南部傳道的工作時，說道：

醫療爲傳教士開啓了眾多的門。除了醫療，街頭佈道也一直是個很好的傳道方式。雖然這兩種方式從一開始就帶來了相對成功的結果，但它們同時也相當程度地決定了傳教團的特徵。大致說來，有錢的或想要受教育的漢人，都不會去傳教團的免費醫院，也不會圍聚在街頭傳道者的身邊。眞正從一開始就聽傳道者佈道，並且大大受益於免費醫院的人，都是像漁夫、農夫、木匠、以及小商店老闆這類的窮苦人家，而他們也是今日列名教會名冊上的主要階層。

50. 對已逝者的追悼

Memorials of Some Who Have Gone Before

要概述那些過去與我們有情誼的人們的個性，並不是一件容易的事，幸好我並沒有企圖做此嘗試。我只想回憶一下幾位我知之甚深、卻沒有得到任何世俗褒貶的朝聖同伴。我從受洗名單上所選的這些名字，沒有一個在社會地位、心智秉賦或世俗財富上居於顯赫的地位，但他們不需要對自己的經歷感到羞愧。我們可以有把握地說，即使他們基督徒生涯上的進展，沒能爲他們贏得廣泛的驚嘆和讚賞，他們也絕對不會提出任何自我標榜的主張，誇耀說自己已達成了什麼，或已臻至完美的境地等。雖然他們有時步履踉蹌，但依舊默默且勤勉不懈地服侍著主和他們的同代人，並且滿懷希望地進入主的跟前。對他們來說，主的喜愛比生命更珍貴。接下來，容我把這微不足道的小花環，獻上他們的長眠之地吧！

一、吳文水先生

我無法不懷著最親切、最感激的情感，來回憶親愛的文長老。在我剛到福爾摩沙佈道的前三年，他不折不扣就是我精神上的父親。但是在此，我寧願引用馬雅各醫師的話：

我們教會這位逝去的弟兄和長老，是一位上帝恩典的非凡見證者。他見證了上帝的恩典如何賜福且實行於一個漢人身上。文長老並不是一個有卓越天賦的人，他受的教育也十分不足。過去許多年來，他一直抽著鴉片。他擔任稅吏的差事，也不利於良好性格的發展。

但當他改信之後，他就全心全意地接受了基督。主將他當作自己的僕人，將他的一切爲自己所用，並賜予這個新武器一面刀刃，以便在每日使用中越磨越鋒利。就算文長老其他的天賦都只算是平凡，但他至少有個難得的精神秉賦。他整個心靈都爲主而動，並且時時警惕。

他跟著第一位外國傳教士來到福爾摩沙後，如大家所設想的那樣，他只擔任卑微的教堂管理者的職務，但很快地，他就成爲傳教士的得力助手，幫忙傳教士佈道的工作。他總是準備好爲主耶穌發言，不管地點是在禮拜堂、街上、或是醫院，但他大部分是對個人講道。文長老勤勉地爲人服務的熱情，就跟他喜歡引用聖經話語，以及進行私下禱告的熱情不相上下。即使他是第一次來到福爾摩沙，而且不具備任何基督教的職位，但由於年歲頗高，讓他在傳教團裡扮演相當重要的角色。不管是教會裡的會員或信徒，或是教會外不信教的人們，都知道要尊敬這位老先生的基督徒尊嚴。當地的教友之間若是遇到困難，不管是什麼問題，總是最常找他諮詢仲裁。他偶爾也會遇到一些稀奇古怪的事例。有時候，他會不期然地在吃飯時間，出現在傳教士夫婦的家裡——主人當然很歡迎他——原來有某位僕人跑來跟這位受人尊敬的老先生訴苦抱怨，他就是想過來與傳教士夫婦私下討論，該如何處理這位教規和教儀的觀念都不夠嚴謹的僕人。文長老總是很有耐心，脾氣又溫和。在我與他頻繁往來的六年間，我只見過他唯一一次完完全全地惱怒生氣。當時，他在台灣府禮拜堂對信眾熱切地演說，一名男子悄悄地傾靠在桌旁，然後狠狠地往他胸膛揍了一拳，這卑鄙的一拳著實惱怒了老人家。幸好旁邊好心的旁觀者制服了這個冒犯者，將他緊緊地抓住，直到請來傳教士爲止。然而，當有人悄悄地請示文長老，該怎麼處理此事，才最有助於增進上帝的道，他立刻就冷靜了下來，同意在給予這個人一些警告之後，就讓他離開。在此同時，這個人對自己的行徑也感到相當羞愧，並且保證不會再犯。

● 畫家筆下的文哥【取自《台灣盲人教育之父》】

當文長老離開福爾摩沙時，那本他在教堂裡時常翻閱的聖經，就送給了甘爲霖先生，當作離別的紀念禮物。走筆至此，這本聖經就放在我面前，我在甘爲霖先生的名字下面，看到文長老標示了兩篇經文，一篇是〈哥林多後書〉一章8-11節，另一篇是〈哥林多後書〉十二章9節。如果讀者不嫌麻煩，願意去翻閱這兩篇經文，然後想想甘爲霖先生最近在「如此大的死亡」[1]和「在亞洲」所經歷的死裡逃生，就會明白文長老選的第一篇是如何的適切，與第二篇的連結又是如何的講究。

註
1. 指「白水溪事件」，請參閱本書第九章〈白水溪的驚險脫逃〉。

對於許多在福爾摩沙的人，以及兩、三位在英國的人來說，他們對吳先生所懷的記憶，宛如主耶穌的甜美滋味那般。此外還有不少人——其中有些已經蒙主恩召，但更多仍然在世——都是文長老「在祂來臨時，於主耶穌面前的喜悅之冠」。

二、戴加來先生

戴先生是漢化的平埔番。他在木柵（Bak-sa，即今高雄縣內門鄉）附近有一畝小田地，位於台南市東邊約二十六哩處。戴先生在1870年5月8日受洗，不久就成爲教會裡的長老。他一直擔任長老到八十幾歲，直到羸弱的健康情形使他不得不退休爲止。戴先生在他狹小的生活圈裡，過著始終如一的生活，鄰居都十分敬重他，覺得他是個親切而正直的基督徒，即使是不信教的人也很尊敬他。在他任職長老期間，我們曾在會眾聚會及小會會議上，花了很多時間討論該區的教會利益問題。他並不多話，但每當被問詢意見時，總是能夠給予很有助益的想法。在許多必須處理的懲戒問題中，他的爲難之處在於，他總是對違戒者懷有同情，但又想要維持教會的清白。我從沒看過他發脾氣（而我有時候會），也沒聽過他惡言批評誰。他在我們禱告會所扮演的角色，足以證明他擁有溫和而虔誠的性格。他的過世使許多人感到悲傷，但想到他最終能回到主的身邊，我們便釋懷了許多。

三、黃西經先生

這位教友在大溪厝（Toa-khe-chu，即今嘉義市大溪里）附近有些小田地，距離嘉義市大概五哩的位置。大約在他四十歲時，有幾個親戚開始跟他談到有關內心安寧的事情。接著，他就全心全意地信奉了主。1879年11月9日，他在嘉義由施大闢牧師（Rev. David Smith）施洗。1881年3月13日，施大闢牧師也主持了他擔任長老的授命儀式。黃先生一直擔任該職，直到1904年2月11日去世爲止。黃先生是個很積極、明白事理的人，只要是他能做到的，任何基督教的事務他都願意去做，所以他經常被請去參與長老教務評論會的會議，在那種場合裡，他總是能夠以勤勉且善於調解的方式來行事。他有個兒子，現在擔任我們神學院的教師[2]；另一個兒子從台北的公立醫學校畢業後，現在自己開業；第三個兒子從台南的大學畢業後，成爲我們當中一位很重要的傳道師。最後這位弟兄很有能力，且是個誠懇認眞的基督徒，不幸於幾年前過世了，所有認識他的人無不感到哀傷[3]。

四、黃嘉智先生[4]

這位値得尊敬的朋友，是由廈門已逝的打馬字博士（Dr. Talmage）施洗的。1867年，他成爲打狗教會的一員，並且很快的就擔任當地教會醫院的助理。1878年，他被任命爲長老，直到1911年6月11日於台南去世爲止。他在職務上最傑出的特質，就是始終忠誠地在馬雅各醫師、萬巴德醫師（Dr. Patrick Manson）以及連多馬醫師（Dr. Thomas Rennie）底下服務。除了他在醫院所從事的迫切性職務外，他對於主

註

2. 黃信期，又名信祈，字秀輝，為黃西經之長子。
3. 黃信得（-1907），字惠我，為黃西經之參子。曾任「埔姜頭」教師。
4. 黃嘉智（-1911），中國漳州石尾人。於1865年陪馬雅各醫師來台，協助醫館之事，打狗醫館關閉後，移居埤頭（鳳山）開西藥店，後被選為長老，晚年長住台南，並逝於斯。

● 黃嘉智藥師（前排左二）、安彼得醫師（前排中間）等人合影【取自《台灣盲人教育之父》】

的信仰以及向周遭人傳教的努力，也不會被人遺忘。我們相信有不少人都把他當作是精神上的父親。當打狗不再是傳教士的居留中心後，當地醫院就被迫關閉了。雖然黃先生對醫療學的書本知識懂得不多，但他仍自己獨立開業問診。黃先生心地善良、爲人隨和，甚至有點喋喋不休，但他的事業並沒有爲他帶來多少收益。當他過世時，大家都眞心感到惋惜而遺憾，每個人對他的印象都十分友善。

五、高天賜先生[5]

註

5. 高天賜（-1902），其父為高耀，他畢業於「中學」後，即至「英華學院」就讀，為台灣人赴中國留學西式教育之第一人，其後因病而亡，享年31歲。《北華捷報》曾報導他的事蹟。

高先生的父親是我們台南醫院的主要助手，也一直是教會裡備受尊敬的長老。小天賜於1872年9月22日受洗，在接受一些基礎訓練後，就進入福州的英華學院求學。在那裡，他的成績很優秀，並習得了不錯的英文。那些能幹的美國美以美會老師，具有熱切的基督徒性格，上帝藉由他們來薰陶這位年輕朋友的性情。他回來時已經是一個又高又帥的小伙子，當其他人與他爲伴時，很快便能瞭解到，主耶穌在他的生命中具有多麼重要的地位。主耶穌是他所讚揚的救世主，也是他樂於懷想並服從的。雖然他也想要追隨父親行醫的職志，但因爲他是個認眞謹愼的人，所以他堅持要有正規的訓練才能從事這行業。不過，他看到福爾摩沙對西方醫藥的需求增加，所以想往這個方向經營發展。然而這並沒有阻礙他繼續當個基督教的義工，不管在教會內或在教會外皆然。我們每個人都知道，他提供這些服務，純粹是因爲他喜歡這麼做，而不是想要賺取金錢，或是爲自己謀得好名聲。在福爾摩沙割讓給日本以後，他回到了福州。在那裡，他接受了一項派任的教育工作，但他還是繼續從事基督教活動，直到在壯年之際因病過世爲止。親愛的天賜留下了一個讓人鼓舞的好典範，我們對他的記憶將長存心底。

六、黃作邦先生

黃先生是道地的嘉義大溪厝人，在很小的時候就失去了雙親。有一次他病得很重，一個算命師勸他來我們醫院，在那裡，他第一次聽到福音。他深深被福音所打動，因此開始到教堂來，希望能得到更多的啓示。他一直持續不斷地來聽講，直到所有跡象都顯示他有資格受洗。不久之後，他就獲許成爲我們神學院的學生。他完成了完整的課程，也使我們對他寄予厚望。我們知道他是個認眞的年輕人，從不沉迷於和人閒言閒語、開愚蠢的玩笑、或多做無益的談話，這可能多少也和他的健康情況不佳有關。神學院的課程結束後，他就到三個北方的教會做短期的服務。在那裡，他週日的講道以及對年輕人所做的事工，都受到相當好的評價。當他與人往來時，總是很少講話，常帶著溫和且無猜忌的心，但需要的時候，他也能展現出毫不退讓的堅決姿態。就是因爲他的緣故，我們在葫蘆墩的教會才得以建立。他從自己管理的大社教會出發，到葫蘆墩做了很多次的拜訪。在1907年10月29日，他在那裡主持了一次午前禮拜。當時，每個與會的人都看到，他用親切溫柔的態度，懇請聽眾誠摯地接受耶穌做他們的救世主。當天他回到大社，在吃過午餐回到房間時，卻開始嘔血，很快就蒙主召喚，回到他的救贖與願望的歸屬——主耶穌身邊去了。黃先生是個認眞且勤勉的聖經閱讀者，他的禱告總是帶有豐富的精神性。他是個深受敬愛的教友，相當的仁慈與熱心助人。

七、林紅先生

林紅先生年輕時受過良好的教育，所以他可以輕易地閱讀一般的漢文書籍。他因爲眼疾的緣故，來到我們的醫院就診，卻沒有什麼療方可以醫治他的眼睛，因此，他在那裡開始學習布萊葉點字書，以全島通行的廈門方言來書寫。很快地，他就變成很專業的讀者與寫手。他在1891年6月22日受洗，在那之後，他被派去負責我們在台南的教會盲校。那裡的學生都很喜歡他耐心且親切的待人態度。之後，在廈門傳教團葛拉漢姑娘的迫切請求下，他旋即前往泉州這個重要都市，協助當地的盲人事工。他在那裡待了九個月，與他接觸過的人都相當尊敬他。由於他回到台南後，視力逐漸恢復，加上他又是個值得信賴的人，所以他的名字就被列入傳道師的名冊上。做為一個傳道師，他在好幾個鄉下教會都提供了良好的服務。他的付出在新港（Sin-kang，即今嘉義縣新港鄉）得到了最豐盛的成果。1900年9月22日，他在那裡過世了，對所有認識他的人來說，這都是最大的遺憾。因他為盲人所做的工作，我有機會與他密切的接觸，得以看見他的低潮與快樂。我深信他是個誠懇且能自我克制的耶穌門徒。他在新港去世那天，一定聽到了這樣的話語：「好，你這又良善又忠心的僕人，你在不多的事上有忠心，我要把許多事派你管理；你可以進來享受主人的快樂。」

八、潘加苞打歪先生

加苞先生是熟番裡的「阿尼西母」[6]，也可以說是我們傳教團裡的「括土兄弟」[7]。換句話說，雖然加苞先生在福音傳佈以及教育工作上，沒有擔任任何職位，但是在福爾摩沙還沒有郵政服務時，他多年來一直忠實地在我們廣大範圍的教區之間，遞送信件、書籍以及金錢。聖保羅的使徒書信中就指出，為教會提供這樣服務的教友，他們的地位是多麼的重要。除了加苞先生之外，還有其他教友也在其他地方擔任信使的工作，但我們偶爾會遇到信件誤投、或是要轉交的金錢無法送達目的地的情況。不過，加苞從來不曾發生這種情形。從台南走到內社，需要六天的時間，他總是能準時到達。他富有幽默感，並

註

6. 阿尼西母（Onesimus）是一位篤信基督的奴隸，其事蹟記載於〈歌羅西書〉四章9節與〈腓利門書〉一章10節。
7. 關於括土（Quartus），請參閱〈羅馬書〉十六章24節等。

且非常確實地執行每一項受託付的小任務。這位教友在1872年3月24日受洗，那時他四十四歲。他擔任內社會眾的執事十多年，在1887年8月19日過世，然而至今，教友們對他還是充滿著親切的記憶。

九、涂爲霖牧師[8]

涂牧師從亞伯丁（Aberdeen）大學畢業後，不久就加入了英國長老教會傳教團，並且在1880年11月20日抵達福爾摩沙。後來他曾回到祖國休假，休假期滿，便又回到崗位上，而在1894年6月24日於台南過世。涂先生是個能幹又樂於助人的同事，或許我對他的任何描述，都比不上直接轉引當他蒙受他所摯愛和服事的主恩召時，我們在《台南教士會議事錄》上所登載的記錄。其文如下：

● 涂為霖牧師
【取自《台灣盲人教育之父》】

註

8. 涂為霖牧師（Rev. William Thow, 1857-1894）於1880年抵廈門，後被轉派至台灣。初抵台灣時，盧良為其漢文老師。亦曾任教於「大學」，其後與金醫師（Dr. W. Murray Cairns）同派往彰化地區（1893年），創中部地區「醫療傳道」之先鋒。《使信月刊》有刊登其相片與墓碑相片。請參閱：《使信全覽》（台南：台灣教會公報社，複刻本，2006年），Vol. 36, 1898, p. 267。

我們在記錄涂先生的死訊時，同時也想記錄下當他離開我們時，我們——個人以及傳教團——所感受到的強烈失落感。涂先生在1880年11月抵達福爾摩沙，他的服務時間長達十三年半。每一個在這段時間與他共事的人，不論是漢人或外國人，無不被他服事上帝與人群所展現的眞誠所感動。他心甘情願地對主奉獻，自年輕時代起就全心投入佈道工作，實在讓人印象深刻。雖然他的天賦與學識，使他能夠勝任傳教團所給予的任何工作，然而我們對他最深刻的記憶，或許是他在鄉下的幾個教區會眾間無私的付出。他不倦地視察訪問那裡，即使身體時常感到不適。他以充滿愛的堅定之心，在他們當中履行一個虔誠牧師的各項職責，祈禱、盼望他們能提升到更高層次的基督徒精神與生活。他也十分重視把福音傳佈給異教徒，爲此，他準備了「拯救眞理」的小傳單，並已在島上分發了成千上萬張。値此驟失親人的時刻，我們希望能向涂先生的親屬表達同情之意。我們原本預期他將在未來提供更多助益呢！我們尤其對他的父母的哀悽感到同情，也爲他們祈求上帝的一切慰藉。他們若回顧涂先生如今已結束的崇高生命，並企盼將來確切的光榮復活，或許可以稍獲平靜[9]。

註

9. 本文記載於《台南教士會議事錄》（*Handbook of The South Formosa Mission*，甘為霖著，阮宗興校注（台南：台灣教會公報社，2004年），1894年8月，438.1，pp. 559-560），為「教士會」授權巴克禮牧師與余饒理牧師（Mr. George Ede）起草之紀念文。

十、宋忠堅牧師娘[10]

跟涂先生一樣，以下文字取自於《台南教士會議事錄》有關她的紀事：

● 宋忠堅牧師娘【取自《南部台灣基督長老教會設教七十週年紀念寫真帖》】

教士會帶著深深的哀悼之情，在此記錄下宋忠堅牧師娘的辭世消息。她是南愛丁堡人，是個持有皇家內科醫師學會開業證書的醫師。當她在木柵訪視時期，不幸染上了疾病，結果在幾週的病痛之後，於1901年1月17日蒙主恩召。宋忠堅牧師娘在1892年來到福爾摩沙，她的奉獻時間大概有九年之久。由於宋忠堅牧師娘學習語言的速度很快，所以她得以及早投入佈道工作。因爲她所具備的醫療專業，使她能夠替傳教團提供獨一無二的服務。不管是在城市或鄉村，她所從事的醫療工作皆十分廣泛，並且很有價值，爲傳教團付出了大量的辛勞。在教士會的請求下，「女傳教士協會」（Woman's Missionary Association）決定每年給予一小筆金額，用來支付藥品的費用。母會爲順應漢人熱切且不間斷的懇求，批准同意開立一家婦女醫院，由宋忠堅牧師娘來接掌。但因爲種種情勢，這家醫院最終並沒有開成，不免令人感到遺憾。在某種程度上，這也讓宋忠堅牧師娘有了更多外出診療的時間。她毫不吝惜地付出，不曾爲自己著想，一直這樣夜以繼日地工作著。因爲如此，她深受城裡以及近郊許許多多人的喜愛。宋忠堅牧師娘受人愛戴的程度，可以從她的辭世所引發的廣大哀傷，以及一大群護送她到墓地的基督徒與民眾看得出來。傳教士會議對主表示感恩，因爲在宋忠堅牧師娘短暫的生命中，她所給予傳道會成員的服務，就是神的恩典。他們對宋忠堅牧師娘的丈夫與子女，以及她的父母和家鄉的友人，表達深切的同情，並且祈求主能賜予他們所需的慰藉與指引[11]。

宋忠堅牧師娘辭世之際，我正在彰化執行教務。因此，我在此要爲以上記載增添幾句由衷的見證。宋忠堅牧師娘一向生氣勃勃、討人喜歡、大方，並且不會因爲自己無庸置疑的能力與大量的努力，就想要得到特別的褒揚。宋忠堅牧師娘一定會長存於傳教士與當地朋友的心中，因爲她的個性是如此可愛啊！

從今以後，在主內而死的人有福了！
聖靈說，是的，他們息了自己的勞苦。
做工的果效也隨著他們。

——韋茂斯（Weymouth）翻譯

註

10. 宋忠堅牧師娘（Mrs. Dr. Elizabeth Christie, W.M.A., 1867-1901），她的全名應是伊莉莎白．克理斯提，百年前譯為以利沙伯，蘇格蘭人，是位名聞遐邇的女醫師，最高紀錄一年看診達七千一百五十七人。在《南部大會議事錄》中，有其漢文小傳可供查考。《使信月刊》有刊登其生前所攝之最後一張獨照。請參閱：《使信全覽》（台南：台灣教會公報社，複刻本，2006年），Vol. 39, 1901, p. 295。
11. 本文記載於《台南教士會議事錄》，616.3, pp. 743-744。

附錄一

來台傳教士名單

1. 英國長老教會

教士姓名	抵達時間	離台時間
馬雅各醫師與夫人（J. L. Maxwell, M. D., and wife）	1865	1871
李庥牧師與夫人（Rev. Hugh Ritchie and wife）	1867	1879
德馬太醫師與夫人（M. Dickson, M. B., and wife）	1871	1879
甘爲霖牧師與夫人（Rev. W. Campbell and wife）	1871	—
巴克禮牧師與夫人（Rev. T. Barclay, M. A., and wife）	1874	—
施大闢牧師與夫人（Rev. D. Smith and wife）	1876	1882
安彼得醫師與夫人（P. Anderson, L. R. C. P. &S., and wife）	1879	1910
李庥牧師娘（Mrs. Hugh Ritchie）	1867	1882
涂爲霖牧師（Rev. William Thow, M. A.）	1880	1894
馬姑娘（Miss E. Murray）	1880	1883
買雅各牧師（Rev. James Main, M. A.）	1882	1884
佟爲霖牧師與夫人（Rev. W. R. Thompson, B. A., and wife）	1883	1887

馬雅各醫師與夫人 （J. L. Maxwell, M. D., and wife，第二度前來）	1883	1885
余饒理先生與夫人（Mr. George Ede and wife）	1883	1896
萊約翰醫師（John Lang, L. R. C. P. &S.）	1885	1887
文安姑娘（Miss A. E. Butler）	1885	—
朱約安姑娘（Miss Joan Stuart）	1885	—
萬眞珠姑娘（Miss M. Barnett）	1888	—
盧嘉敏醫師（Gavin Russell, M. B.）	1888	1892
宋忠堅牧師與夫人 （Rev. D. Ferguson, M. A., and wife）	1889	—
金醫師與夫人（W. M. Cairns, M. B., and wife）	1893	1895
梅監務牧師（Rev. C. N. Moody, M. A.）	1895	1908
廉德烈牧師（Rev. A. B. Nielson, M. A.）	1895	—
蘭大衛醫師與夫人 （D. Landsborough, M. B., and wife）	1895	—
宋忠堅牧師娘（Mrs. D. Ferguson, L. R. C. P. &S.）	1892	1901
費仁純先生與夫人（Mr. F. R. Johnson and wife）	1901	1908
馬雅各醫師二世與夫人 （J. L. Maxwell, Jun., M. D., and wife）	1901	—
盧仁愛姑娘（Miss Lloyd）	1903	—
戴美斯牧師（Rev. A. E. Davies, B. A.）	1907	1910
何希仁牧師與夫人 （Rev. H. Moncrieff, M. A., and wife）	1909	—
連馬玉姑娘 （Miss M. Learner，現在爲蘭大衛夫人）	1909	1912
孟姑娘（Miss A. Benning，護士）	1909	1911

富姑娘（Miss A. Fullerton，護士）	1911	—
戴仁壽醫師與夫人（G. G. Taylor, M. B., and wife）	1911	—
萬榮華牧師（Rev. E. Band, B. A.）	1912	—
李御娜姑娘（Miss A. D. Reive）	1913	—
林安姑娘（Miss A. A. Livingston）	1913	—

2. 加拿大長老教會

教士姓名	抵達時間	離台時間
馬偕牧師與夫人（Rev. G. L. Mackay, D. D., and wife）	1871	1901
華雅各醫師與夫人（Rev. J. B. Fraser, M. D., and wife）	1875	1877
閏虔益牧師與夫人（Rev. K. F. Junor, B. A., and wife）	1878	1882
黎約翰牧師與夫人（Rev. John Jamieson and wife）	1883	1891
吳威廉牧師與夫人（Rev. W. Gauld, B. A., and wife）	1892	—
華德羅牧師與夫人（Rev. Thurlow Fraser, B. D., and wife）	1902	1904
宋雅各醫師與夫人（Rev. J. Y. Ferguson, M. D., and wife）	1905	—
約美但牧師與夫人（Rev. Milton Jack, B. D., and wife）	1905	—
金仁理姑娘（Miss J. Kinney, B. A.）	1905	—
高哈拿姑娘（Miss H. Connell）	1905	—
劉忠堅牧師與夫人（Rev. D. Macleod, B. D., and wife）	1907	—

黎媽美姑娘(Miss M. G. Clazie)	1910	—
安義理姑娘(Miss J. M. Adair)	1911	—
偕叡廉先生與夫人(Mr. G. W. Mackay and wife)	1911	—
倪阿倫醫師與夫人(A. A. Gray, M. D., and wife)	1913	—
羅虔益先生(Mr. K. W. Dowie)	1913	—
烈以利姑娘(Miss J. Elliot，護士)	1913	—

* 未標示離台時間者，表示書寫當時尚留在台灣服務。

附錄二

福爾摩沙傳道會的教會調查（1914年）

1. 各個行政區的教堂出席人數

	午前出席人數				午後出席人數				羅馬拼音閱讀者	漢字閱讀者	慕道友及其家屬	村落
	男性	女性	孩童	總數	男性	女性	孩童	總數				
南部（英國長老教會）												
台中	814	557	533	1,904	794	676	533	2,003	1,084	168	4,140	244
南投	197	248	229	674	185	248	184	617	466	55	1,389	52
嘉義	611	404	440	1,455	566	457	463	1,486	833	101	3.222	168
台南	1,226	1,016	995	3,237	1,097	1,087	796	2,980	1,767	437	7,505	241
屏東	531	452	443	1,426	468	447	423	1,338	1,008	182	3,876	150
台東	14	16	12	42	12	14	8	34	15	2	66	2
花蓮	59	64	92	215	58	58	108	224	167	21	680	17
澎湖	15	35	30	80	18	35	31	84	42	8	124	14
總數	3,467	2,792	2,774	9,033	3,198	3,022	2,546	8,766	5,382	974	21,002	888
北部（加拿大長老教會）												
台北	564	433	320	1,317	247	200	142	589	416	162	1,973	140
桃園	118	87	82	287	53	41	51	145	104	47	520	45

新竹	378	277	217	872	249	145	149	543	186	166	1,199	101
台中	103	93	84	280	109	99	80	288	130	39	456	27
宜蘭	132	120	66	318	79	71	46	196	72	11	565	32
花蓮	19	5	6	30	10	3	5	18	15	4	76	3
總數	1,314	1,015	775	3,104	747	559	473	1,779	923	429	4,789	349
全台合計	4,781	3,807	3,549	12,137	3,945	3,581	3,019	10,545	6,395	1,403	25,791	1,237

2. 各個行政區的基督徒人數與人口總數

	台北	桃園	新竹	台中	宜蘭	南投	嘉義	台南	屏東	花蓮	台東	澎湖
人口總數	449,715	214,274	312,566	558,899	134,443	115,911	532,901	535,303	244,667	27,462	32,938	54,142
基督徒人數	1,973	520	1,199	4,596	565	1,389	3,222	7,505	3,876	756	66	124
比例	1/227	1/412	1/260	1/121	1/237	1/83	1/165	1/71	1/63	1/36	1/499	1/436

＊福爾摩沙人口：漢人3,213,221人，基督徒與慕道友共25,791人（比例：1/124）

附錄三

英國長老教會歷年宣教成果

	1898	1902	1906	1910	1914
午前出席人數	3,969	5,885	6,496	6,905	9,033
午後出席人數	3,577	5,567	6,435	6,662	8,766
羅馬拼音閱讀者	2,00	3,244	4,079	4,436	5,382
漢字閱讀者					974
慕道友及其家屬（包含下面兩項在內）	10,758	12,945	15,925	16,941	21,002
領聖餐者	1,399	2,120	2,942	3,446	4,050
受洗的兒童[註一]	1,368	1,808	2,211	2,901	3,924
村落[註二]				742	886
當地奉獻（日圓）	3,732	7,460	11,954	13,300	27,568
崇拜場所	62	81	87	90	100
傳道師	30	38	52	59	66
當地牧師	2	1	5	4	5
男傳教士	7	9	9	7	10
女傳教士	3	3	4	6	7

* 人口不計入日本人及野蠻人。

註一：兒童指十二歲及以下者。

註二：有一人及以上的村民參加崇拜的村落和市鎮，即計入。

附錄四

南部傳教志業人口統計（從1877年起）

	受洗成人			受洗孩童	孩童與成人總數	奉獻洋幣數目
	守聖餐者	受戒規者	總計			
1877	950	81	1,031	169	1,200	618
1878	947	60	1,007	161	1,168	1,338
1879	985	71	1,056	224	1,280	1,793
1880	1,023	90	1,113	167	1,480	1,427
1881	1,172	76	1,248	465	1,713	1,320
1882	1,174	95	1,269	560	1,820	1,316
1883	1,167	91	1,258	553	1,811	1,358
1884	1,317	108	1,425	600	2,025	1,570
1885	1,412	108	1,520	800	2,320	1,662
1886	1,476	108	1,548	962	2,546	2,143
1887	1,348	119	1,467	937	2,404	1,641
1888	1,307	122	1,429	946	2,375	2,033
1889	1,259	140	1,399	1,017	2,416	2,603
1890	1,211	158	1,369	1,056	1,425	2,372
1891	1,179	186	1,365	1,094	2,459	1,814
1892	1,180	198	1,378	1,140	2,518	1,911

1893	1,225	186	1,411	1,210	2,621	2,130
1894	1,265	191	1,456	1,240	2,696	1,658
1895	1,256	189	1,445	1,297	2,742	1,815
1896	1,291	175	1,466	1,354	2,820	2,488
1897	1,399	159	1,558	1,368	2,926	3,752
1898	1,587	158	1,745	1,436	3,181	4,491
1899	1,875	163	2,038	1,583	3,621	6,222
1900	2,019	152	2,171	1,666	3,837	5,685
1901	2,190	152	2,342	1,708	4,050	7,460
1902	2,325	174	2,499	1,837	4,336	9,584
1903	2,551	165	2,716	1,898	4,615	8,031
1904	2,703	157	2,860	2,104	4,964	10,817
1905	2,942	151	3,093	2,211	5,204	11,954
1906	3,101	158	3,259	2,407	5,766	11,605
1907	3,250	165	3,415	2,583	5,908	14,693
1908	3,345	180	3,525	2,746	6,271	16,124
1909	3,445	153	3,598	2,901	6,539	9,539
1910	3,612	193	3,805	3,190	6,995	13,982
1911	3,773	197	3,970	3,434	7,404	16,401
1912	3,880	211	4,091	3,602	7,693	15,016
1913	4,050	202	4,252	3,924	8,176	19,685
1914	4,170	120	4,290	4,072	8,362	23,339

附錄五

以七種福爾摩沙方言所書寫的主禱文

1. 出自葛瑞維斯的《新港語馬太福音》（Gravius's *Gospel of St. Matthew*）：

"Raman-jan ka itou-tounnoun kow ki vullu-vullum; Pakou-tiktik-auh [lou-mou-louh] ta Nanang-oho. Pak-irou-au ta Peisasou-an-oho. P˙a˙amt-au ta kamoei-en-hou, mama tou tounnoun ki vullum, k'ma-hynna tou Næi. Ph'ei-kame wœ'i k'atta ki paoul-ian ka mams-ing. Atta-ral-a ki kæu-itting-en-hou ymiæn-an, mama ka atta-ral-kame ta ymi-æn ki kæu-itting-'niæn. Ka inei-kame dmyllough tou repung-an, râ haoumi-ei-kame ki Littou. Ka a'mouhou ta Pei-sasou-an, ta pei-lpoug-han, ta keirangen ki kidi tou yhkaquan myd-darynnough, Amen."

2. 出自葛瑞維斯的《基督教信仰要項》（Gravius's *Formulier des Christendoms*）：

"Rama-jan katou tounnoun kow ki vullum. Pakou-tik-tik-auh lou-moulough ta Nanang oho. Pa-irou-au ta Pei-sasouan-oho. Paamt-au ta kamoei-en-hou, mama tou tounnoun, kma-hynna tou Næi. Pei-kame wæi katta ki paoulian ka mamsing. Attarallâ ta kæuitting-en-hou ymi-æn ki kæuitting-nian. Inei-kame dmilough tou r'poung-in, ra haoumi-ei-kame ki

Lyttou. Ka'a-mhou ta pei-sasou-an, ta pei-lpoug-en, ta keirang-an ki kidi tou yhkaquan myddarynnough, Amen."

3. 出自尤羅伯的《福爾摩沙教理問答》（Junius's *Formosan Catechism*）：

"Diameta ka tü vullum, Lulugniang ta nanangh oho, Mabatongal ta tao tu gou moho, Mamtalto ki kamoienhu tu naly mama tu vullum, Pecame ka cagniang wagi kata, Hamiacame ki variviang mamemiang mamia to varau ki, Tao ka mouro ki rüch emitang, Inecame poudanga dangach Souaja mecame. Ki lito, ka imhouato, ta gumaguma kalli puchang kasasamagang mikiqua, Amen."

4. 出自維爾崔西的《虎尾語信仰要項》（Vertrecht's *Favorlang MS*）：

"Namoa tamau tamasea paga de boesum, ipadasa joa naan. Ipasaija joa chachimit o ai. Iap-i-jorr' o oa airab maibas de boesum, masini de ta channumma. Epe-e namono piadai tora uppo ma-atsikap. So-o abo-e namo tataap a kakossi namoa, maibas channumma namo mabo tamasea parapies i namo. Hai pasabas i namo, so-o barras' i namo innai rapies ai. Inau joa micho chachimit o ai, so-o barro ai, so-o adas ai, taulaulan, Amen."

5. 當今的熟番版本：

"Niam a A-bah kai-dih ba bau ka-wuss. Ni-suh a la-ngat tsah, ma-su-zau-u hau riak. Pa-pang-a-sai ni-suh-ah ki-nu la-an. Pa-pa i ta-du-i ki-ni-sui- li-ni Xa-dan, di-ni da-Xuh hai-ki, ba bau ka-wuss. Ba-Xei au-no da-li-o nu-sau-a ki-na-sa-de-lan yam-i-kah, i-la a na pi-ter-ut-o niam-a-ki-na sa-de-lan. A-na pa-pa Xi-ta-lam-i yam-i-a ai-za sei-sei. Tu-tul-i niam-mih pa-ter-ia-di de-sa-del. Hhamoh ki-nu la-an, wa-rut Xi-na ria-ria-kan, ka kai-ı swoan da-duah, mau sei-o ma-si-lo ba-zu ba-zoach. Lai-ki naim-a hi-niss-a Xi-na la-tu-dan."

6. 福爾摩沙基督徒所使用的羅馬拼音福佬話版：

"Goan e Pe toa ti-thi-nih, goan li ê mia tsoe seng; li ê kok lim-kau, li é chi-i tioh chia ti toe-nih chin-chhiu ti thi-nih; so tioh eng e bi-niu kin-a-jit ho goan; goan sia-bian tek-tsōe goan ê lang, kui sia-bian goan é tsoe; boh-tit ho goan tu-tioh chhi, tioh goan chhut phai; in-ui kok, koan-leng, eng-kng, long si li e kau tai-tai; sim so goan."

7. 薩瑪蘭札的虛構版本（Psalmanaazaar's Fictitious Version）[1]：

"Amy Pornio dan chin Ornio viey, Gnayjorhe sai Lory, Eyfodere sai Bagalin, Jorhe sai domino apo chin Ornio, kai chin Badi eyen, Amy khatsada nadakchion toye ant nadayi, kay rodonaye ant amy sochin, apo ant radonem amy sochiackchin, bagne ant kau chin malaboski, ali abinaye ant tuen Broskaey, kens sai vie Bagalin, kay Fary, kay Barhaniaan chinania sendabey, Amien."

註

1. 原註：已故的拉丘爾博士（Dr. Terrien De Lacouperie）相信，這段引言並非全然虛構的。雖然他的主張得到廣泛的流傳，但至今仍未有令人信服的證據，足以推翻薩瑪蘭札自己坦承該書是偽造的供詞。請參見*Journal of the Royal Asiatic Society*, Vol. xix, P. 413；*Academy*, 9th April, 1887；以及筆者（甘為霖）所著的*Articles of Christian Instruction in Favorlang-Formosan*, pp. xvii。

8. 通用漢文版[2]：

我們在天上的父，願人都尊祢的名爲聖，願祢的國降臨，願祢的旨意行在地上，如同行在天上。我們日用的飲食，今日賜給我們，免我們的債，如同我們免了人的債，不叫我們遇見試探，救我們脫離兇惡，因爲國度、權柄、榮耀，全是祢的，直到永遠。阿門！

註
2. 原書無此版本。

附錄六
與福爾摩沙有關的官方文件

一、恭親王致威妥瑪先生（From Prince Kung to Mr. Wade）

1874年10月1日

恭親王在此向威妥瑪先生致意問候。

恭親王已在8月18日（西曆9月28日）收到威妥瑪先生的短箋。該箋充分證明了威妥瑪先生的善意，即使當中的討論涉及共同利益的事項，他也對中國政府顯現了更多的關愛之情。恭親王對此大爲感激。

陛下已從與威妥瑪先生商談的眾大臣口中，得知威妥瑪先生所做的一切言論。但是，由於短箋上有一些困難之處，也有一些尚待解釋的地方，所以陛下已交代眾衙門大臣，於本月23日（西曆10月6日）1時，前往公使館與威妥瑪先生會商，陛下希望屆時威妥瑪先生能夠接待他們。

二、日本大臣致德比伯爵（From the Japanese Minister to Earl Derby）

英國肯辛頓公園日本公使館，1875年2月8日

閣下：

我奉日本外務大臣副島種臣（Terashima Muenori）的指示，向您表達我國政府的深摯之意，感謝貴國駐北京代表，近來協助調

停日本與清國之間，關於福爾摩沙島所引發的爭執。

對於這項協助，我國政府已向巴夏禮爵士（Sir Harry Parker）表達了熱烈的感激之意，也請求他能夠向您轉達我們的謝意。

因此，我的職責便是再次向您重申我們的謝意，而且，我敢向您保證，沒有履行其他職務帶給我的愉悅，會比得上當前這項職務了。

我冒昧地期望，您會樂於將我有幸在此傳達的謝意讓威妥瑪先生知悉，他本人也會親自收到我國政府最熱情的致謝。

我等

Wooyeno Kagenori

《素描福爾摩沙》校註後記

壹、校註緣由

幾年前，我有幸爲《台灣佈教之成功》一書撰寫導讀，是時，坊間出版的甘爲霖著作已有：《廈門音新字典》（教會公報，1913年）、《荷據下的福爾摩莎》（前衛，2003年）、《台南教士會議事錄》（教會公報，2004年）與《福爾摩莎素描》（前衛，2006年）等數本，可是，在談到翻譯上的一些困難與問題時，卻僅能以《福爾摩莎素描》爲例，條列舉証，茲因該書翻譯上之錯誤最多，也最具代表性[1]。怎料，卻也因此，當「前衛」意欲改版《素描福爾摩沙》之際，就邀我代爲校註，想是我批評該書過於嚴苛之故也，這讓我想到耶穌的一段話：

你們不要論斷人，免得你們被論斷。因爲你們怎樣論斷人，也必怎樣被論斷；你們用什麼量器量給人，也必用什麼量器量給你們。爲什麼看見你弟兄眼中有刺，卻不想自己眼中有梁木呢？

註

1. 阮宗興，〈甘為霖及其書信集——以《福爾摩莎素描》為例，談與《使信月刊》及《台灣佈教之成功》之異同及其翻譯上的一些問題〉，2006年11月30日。

好了，現在「量器」擺在眼前了，報應到了，逼得我不但要校註，而且要力求完善，以免爲後人笑，可卻因此吃盡苦頭，只能說，要翻譯或校註甘爲霖的書，當眞是苦差事也。

貳、關於甘爲霖這個人

甘爲霖牧師（Rev. William Campbell, 1841-1921），清朝總理各國事務衙門奏摺稱他爲「監物」（Campbell），英國蘇格蘭格拉斯哥人，畢業於格拉斯哥大學與自由教會學院，後經英國長老教會選派，於1871年12月10日航抵台灣，展開其長達四十五年又二個月的台灣宣教工作，是除了巴克禮牧師之外，在台服務最久的宣教師。

雖然，在上述甘爲霖的五本著作之中，我校註二本，導讀一本，可事實上，我對甘爲霖這個人的好奇與關注，還多過對其作品的興趣，故曾爲文談論過他的性格，解析過他的脾氣，……但總覺得有如瞎子摸象，迄今未得一窺全貌也。有趣的是，透過本書的些許蛛絲馬跡，我們或可針對他的「人性面」，再看出些端倪，再增補些面向。以前，我曾說過，我覺得，甘爲霖的個性是：

像他因目睹「森林美人」船案，就義不容辭地爲中國官衙作證辯護，或像他因縣太爺推托，就硬闖彰化衙門一般[2]，他就是這麼耿直，這麼強悍，這麼不可妥協，其行事作風，容或有些爭議之處，但

註

2. 〈進入彰化〉，甘為霖著，陳復國譯，《台灣佈教之成功》（台南市：教會公報出版社，2007），p. 295。

總是瑕不掩瑜[3]。

只是，這些僅是皮相，總讓人誤以爲，甘爲霖就是耿直、強悍和不可妥協，彷彿他沒什麼人性弱點似的，可在《素描福爾摩沙》書中，第三十三章〈彰化遇險記〉，卻多少洩露了甘爲霖個性膽小，不爲人知的一面：

我走在城牆上時，許多人向我丟石頭，我只好倉皇遁逃到街上，繞過一連串的後巷，逃回我們令人沮喪的小房間。（...run through a network of back lanes...）

奇怪的是，在此，他何以要「繞過一連串的後巷」，而不逕返住處呢？我猜是，太驚弓之鳥了，故怕人盡皆知其家也。另，在〈麟洛平原上遭追捕〉一章中，他更提到，只因遇到一群看似不懷好意的人迎面而來，便立即拋棄僕人，落荒而逃，驚慌之際，連心愛的懷錶掉在河裡，都無暇它顧。其中，最有趣的例子，就數他與英國領事布洛克，及美國的博物學家史蒂瑞的霧番之行，當他們露宿叢林時，甘爲霖寫道：

領事和另一位同伴躺在草上，將裝滿子彈的槍枝放在手邊，我則安靜地爬到他們之間。（I quietly crept in between them.）

註
3. 同註1。

俗話說，這叫「死道友，不可死貧道」之表現也，感覺上，甘爲霖很像《權力與榮耀》（*The Power and the Glory*）書中的那個神父：他雖害怕、膽小，卻仍舊無視危險，勇往直前。除了膽小之外，我們在第十九、二十兩章中，亦可看出他有些許幽默，也會自我解嘲，並不如相片般的嚴肅、呆板，是故，有人稱讚他曰：「氣概英偉，熱情如火，且妙語如珠。」[4] 特別的是，他童心未泯，很喜歡與小孩玩。高金聲就說他：

早年佇木柵設逐款的餘興，招細子來迌迌，佮新樓常常擺茶餅，請女學學生到伊的厝，致意鼓舞囝仔，互個歡喜就近主[5]。

其實，在本書中，即可輕易看出，甘爲霖特別關注小孩。例如，第十四章〈蠻族男孩的血腥包裹〉，旨在描述一個肥胖的蠻族男孩，在參與族人的獵頭行動後，背著兩顆新鮮人頭，步履蹣跚，筋疲力竭的樣子。是時，甘爲霖竟然無視兩顆血淋淋的人頭，只想與他攀談，「說些友善的話」，並評論道：「眞是個可憐、可愛又無辜的小傢伙。」（Poor, dear, innocent wee chap.）較之他對「食人事件」的憎惡，更可顯見甘爲霖對小孩的破格寬容。此外，甘爲霖在〈魯凱族熱烈歡迎〉一章中，亦生動描繪其與男孩子們的互動：

註
4. 雷一鳴，〈清末宣教台灣之英人〉，《台灣文獻》，第七卷，3~4期，p. 81。
5. 高金聲，〈甘牧師〉，《台灣教會公報全覽》（台南市：教會公報出版社，2004年），Vol. 7（1920-1924），第441卷，1921年12月，p. 2。

在這些東部部落間所遇到的男孩，實在是很討人喜歡，個個善良、直率，而且身體健壯。他們很有趣、自然、自信，就像英國男孩那般。那天晚上，當我在記錄他們的語言時，他們是如何取笑我的錯誤！當我把五個小糖果罐四散在他們周遭之際，那是多麼美好的時光啊！

我想，會隨時攜帶「五個小糖果罐」的人，應該是極喜歡小朋友的人吧！

那麼，喜歡與小孩講話的甘爲霖，他的福佬話到底講得如何呢？在《黑鬚番》書中，就曾記載他與馬偕互飆台語：

一個晚上，他們來到基隆，馬偕貪婪地想要好好利用每一個時刻，他向甘爲霖提議，以後十天，他們不再說英語了，只講台語，以便改進他們的語言能力。甘爲霖同意，於是，他們開始「只講台語」的挑戰。隔天早上起來，從「攏總起來。」開始，他們眞的不再說自己的母語了。那天早上，他們走很長的一段路，說很多話，完全按照協議，都使用台語。甘爲霖佔了上風，然而如此對談一個小時後，他突然轉向他的同伴：「馬偕，」他說，「我們這樣嘰嘰咕咕口齒不清地說台語太荒謬了！我們這兩個蘇格蘭人做事要合理一些，讓我們改用母語吧！」馬偕自己也受夠了，樂得恭敬不如從命，高高興興地接受了他的建議[6]。

註

6. Marian Keith，蔡岱安譯；陳俊宏編註，《黑鬚番》（台北：前衛出版社，2003年），pp. 120-121。

那年，約略在他們抵台後八年的1878年（馬偕慢十九天抵台），由此可知，甘為霖的福佬話顯然較馬偕為佳，是故，他能駕輕就熟，輕易的用教會羅馬字寫《治理教會》一書，也能語帶權威的「糾正」梅監務的白話字拼音：

「教士會」同意印刷八冊梅監務寫的羅馬字之《羅馬人書1～8章註釋》。甘為霖希望加上但書：歡迎梅監務的投稿以充實基督教作品，但除非梅監務更正拼音（用ia代替ie），否則他不會批准正排版中的梅監務書信原文[7]。

斯時，福佬話雖然已有二本羅馬字字典[8]，可拼法尚未完全統一，不但巴克禮尚未開始著手翻譯白話字新約聖經，連甘為霖的《廈門音新字典》也要七年後才付梓，是故，我以為，甘為霖此舉，確有可議之處。況且，就福佬話而言，梅監務的拼法似較為正確。由此可見，甘為霖對自己的福佬話造詣，甚是自負也。也因此，他在第四十一章〈福爾摩沙教會的讚美詩〉中，特別收錄他的得意譯作：

替我打開萬世磐　准我匿才免連累
兵鑿胸脅主死啦　血水流出自彼搭

註

7. 甘為霖編著，阮宗興校註，《台南教士會議事錄》（*Handbook of the English Presbyterian Mission in South Formosa*）（台南市：教會公報出版社，2004年），737.4，p. 883。
8. 此二字典分別為杜嘉德（1873）及馬偕（1893）所著。

眞正是使我可受　赦罪以及清氣像

雖然我盡力著磨　敢會趁律法一半
向望進前愈熱心　直直無停愈啼哭
這攏總𣍐贖我罪　只有救主耶穌能

我空手親近救主　獨獨十字架歸附
我褪裼伊使我穿　我衰微使我大興
我垃圾爬活水邊　救主洗就我免死

我生命或是猶活　或臨終及世間煞
或末日昇到家園　看我主坐位審問
替我打開萬世磐　准我匿才免連累

我以爲，翻譯最難的部分是詩，因爲除了信、雅、達之外，還要對仗、押韻，若非對兩種語言均甚「上手」者，肯定難以掌握，難以傳神。若以此標準檢視之，則甘爲霖譯作雖佳，可若與現今譯文相較，則稍遜之。但若拿洋人比洋人，則梅監務的《聖詩》作品〈我從深深陷坑〉[9]，顯然遠勝之矣：

我從深深陷坑　求叫我主的名

註
9.〈我從深深陷坑〉，《聖詩》，台灣基督長老教會，第46首。

主祢著俯耳孔　聽我懇求的聲

罪惡主若究勘　什麼人豎能住
總是祢有憐憫　赦罪的恩奇妙

我在等候上帝　心神定定在等
我仰望主的話　心神就不厭懶

比人暗時守更　盼望天光較切
比人守更望光　我心望主較熱

我們將上述兩首歌詞對照觀之，即可知，梅監務的福佬話水準，無論用詞遣字，或對仗押韻，的確遠在甘為霖之上也。

參、關於《素描福爾摩沙》這本書

我認為，《台灣佈教之成功》與《素描福爾摩沙》之主要差異，不在枝節不同，而在時間斷限之別。前者出版於1889年，後者出版於1915年，二者之時間落差，整整二十七年。是故，後者得以大量增補日治時期之資料，而且引經據典，比較清朝與日治時期之變化。此皆難得的一手資料，也是彌足珍貴的「外人」的觀察報告。

而這些時差，從而改變了章節內容，例如，《台灣佈教之成功》第十五章三十節為〈盲人事工〉，而《素描福爾摩沙》第四十三章，也是〈盲人教育及事工〉，所不同的是，前者描述甘為霖如何選用工具，如何協助台灣的盲人教育；而後者，則因台灣總督兒玉源太郎的接手，導入大量政府資源，於是乎，台灣的盲人教育，隨即從「教士會」的慈善事工，蛻變成頗受日治政府重視的教育樣板。

比較令人訝異的是，甘爲霖對日本人的細密觀察，書中舉凡涉及日本，或日本人之敘述，語多讚嘆，他甚至還專章（第四十六章）援引巴克禮與安彼得醫生的看法，來駁斥*China Mail*（中國郵報）對日本據台的諸多攻擊，最後認爲：

日本人是一個比許多歐洲人所想像的更冷靜、更有遠見、也更有決心的民族。……

在某些方面，他們的方法的確比歐美人傑出……，他們的組織運作較有效率；他們願意從事小額佣金的貿易……；他們對於當地習俗和需求的審慎研究，使他們知道哪些商品會暢銷[10]。

那時的日本國力，若與歐美各國相較，仍屬弱小，怎料百年而後的今日，日本已成舉足輕重的經濟大國，已如甘爲霖所說的「至小的族要加增千倍，微弱的國必成爲強盛」[11]矣。以此觀之，我們怎能不佩服甘爲霖的遠見呢！

此外，本書亦首度提及食人事件：第十五章的〈「周社分」的食人事件〉（原譯爲Chu-sia-hun的食人族）與第十六章的〈發現人腦

註

10. 〈英日同盟〉，《素描福爾摩沙》（台北：前衛出版社，2009年），第四十五章，p. 278；280。
11. 〈日本殖民時期〉，《素描福爾摩沙》（台北：前衛出版社，2009年），第四十七章，p. 322。

糕〉。「人腦糕」是「生番」爲了增加勇氣而做，而食，然其平日，應無吃人惡習；至於「周社分」的食人事件，則是爲了報復，而偶爾爲之。可事實上，當年，台灣確有經常性的吃人習俗，例如，在1903年8月，有篇曾持衡所寫的〈埔社消息〉就說：

……到天光我欲去城內禮拜，就看那個生番的身屍放在欲去城內的路邊，我對遐過也有看見無頭的生番。是時，有百多人圍著看，有的舉刀要欲割生番肉，總是那時有人在顧，勿准個割。到日午我對城內轉來，在路泥有遇著人拿生番肉，行到放生番身屍的所在，只有剩那些腸子佇在若定。

多多人拿伊的肉欲去吃，講那個肉眞好吃，也眞有補；有的拿心肝講做葯眞好，可治心氣病，眞有應效；有的拿伊的膽，講可做刀傷、槍傷的葯，眞好用。那粒膽值銀三十元。有的拿腳烏腕那二塊骨做腳風的葯，眞妙用；有的拿骨頭欲炷膠，講那個骨炷膠可做葯治寒熱病，眞好用。照我的甲伊請問，殺著生番通身軀隴有路用，只有大腸、小腸與頭毛沒用若定，其餘無一點點浪費，殺著一個生番卡贏打著幾若隻鹿。

對眾人著派一百石稻給他，這是聽到的例規，又那個身屍也是眾人眞愛用。打著一個生番卡好做一年田，也有得眾人所謳咾。想著那些人眞奇怪，愛吃生番肉，比吃鹿肉卡愛。眞正是目睭未曾看見、耳孔未曾聽見，這號的新聞眞正是稀罕的消息。未有受教化的生番，只有愛殺人的頭來做好閒、勇猛、榮光、歡喜。有受教化的人，殺著生番不若得到一百石稻，也使眾人謳咾、歡喜；通身軀隴甲伊吃了了，想眞，生番人眞厲害，比番又卡番啦[12]。

這裡，曾持衡所說的吃人習俗，則是因爲「那個肉眞好吃，也眞有補」，錯把人材當藥材，還說不上是「食人族」。可在1863年的中國，正逢太平天國攻城略地，兵荒馬亂之際，卻衍生人肉市場，公然標示買賣。時任兩江總督，手握重兵的曾國藩，便在其日記上感嘆道：

皖南到處食人，人肉始買三十文一斤，近聞增至百二十文一斤，句容、二溧八十文一斤。荒亂如此，今年若再凶歉，蒼生將無噍類矣[13]。

由此可見，雖說同樣食人，卻以中國最爲悲慘，並非單因戰禍，或壯膽仇恨，而致零星食人，可憐的是，它竟有行有市有規模，如此這般，或許，才堪稱爲「食人族」吧。

肆、校註後記

我以爲，翻譯或校註《素描福爾摩沙》之困難，有三：首先爲教會用語，如經文歌詞等，其次是人名或專有名詞，三爲原文解讀。其難易程度，則依順序遞增。

12. 曾持衡，〈埔社消息〉，《台灣教會公報全覽》（台南：台灣教會公報社，2004年），Vol. 4，1903年8月，p. 61。
13. 唐浩明評點，《曾國藩家書（下）》（北京：華夏出版社，2009年），p. 507。

在本書改版之前，即《福爾摩莎素描》版，錯誤甚多，最主要是因譯者不求甚解，故譯文才會荒腔走板，特別是，以已有定譯的聖經原文爲然，又或許，是譯者不知原文中引號之處，即是聖經原文之故也。例如：

眾神之神說的：「事情的發生，不是靠力量或權力而來，而是靠我的精神。」（舊譯，頁28）

萬軍之耶和華說：不是依靠勢力，不是依靠才能，乃是依靠我的靈，方能成事。（新譯，頁25）

這時舊約中的一段經文浮現在我的腦海中：當祂藉著聖經的話向我們顯明，我們內心是多麼喜悅。（舊譯，頁185）

不禁想起初代使徒的一句話：「在路上，他和我們說話、給我們講解聖經的時候，我們的心豈不是火熱的嗎？」（新譯，頁205）

使人渴慕上帝的話就像新生兒渴望奶水一樣。（舊譯，頁197）

就要愛慕那純淨的靈奶，像才生的嬰兒愛慕奶一樣。（新譯，頁219）

當地會友說，上帝在他們之中做了許多美事。的確，上帝爲我們行了許多美事，我們何等喜悅啊！（舊譯，頁204）

外邦中就有人說：耶和華爲他們行了大事。耶和華果然爲我們行了大事，我們就歡喜。（新譯，頁228）

「因此，站在高位的當心墜毀」……「那些居後的，將要在先；在先的，將要居後」。（舊譯，頁248）

「所以自己以爲站得穩的，須要謹慎，免得跌倒」……「有許多在前的將要在後，在後的將要在前」（新譯，頁281）

我們只能談論我們所聞所見的事。（舊譯，頁255）

我們所看見所聽見的，不能不說。（新譯，頁290）

巴比倫傾倒了！傾倒了！（舊譯，頁283）

巴比倫大城傾倒了！傾倒了！（新譯，頁321）

化小成多，化小邦爲強國。（舊譯，頁284）

至小的族要加增千倍，微弱的國必成爲強盛。（新譯，頁322）

事實上，上述這些誤譯，就是我先前爲文批評它，翻譯上「嚴格而言，不算有錯，可事實上卻不對」的問題。此外，原文中有句拉丁經文：*Ab alio expectes, alteri quod feceris*，原版未譯出，今特予補上（請參見頁294）。另有一〈利未記〉經節，至今無法查知，我猜是甘爲霖僅憑記憶，錯寫經文之故也（請參見頁129-130）。於是，僅以內容最相似的經節補上。

至於讚美詩部分，第三十三章的〈以色列族，你當照誠實講〉，原文爲四小節，可台灣基督長老教會《聖詩》，卻僅譯一、三、四節，原版雖補其缺，但其譯文卻國台語混雜，前後文意不清，故重譯之：

舊譯	新譯
當然阮都快被伊給吞去	千眞萬確對敵欲吞滅阮
快快吞去應係阮可想到	阮可知影佃欲緊緊吞阮
彼發大怒氣阮都已知道	佃發大怒氣阮嘛攏知影
萬物已然陷於凶猛洪水	凶惡縱橫萬物全然消融
彼帶領阮心靈死亡寂靜	對敵掠阮靈魂欲落陰間

至於前已提到的，甘爲霖得意之譯作：「替我打開萬世磐」，原版抄錄的是現行譯文，而非甘爲霖當年的教羅譯文，故重譯之。

此外，在人名或專有名詞方面，則認定從嚴，若眞不知正確譯名，或疑似某某者，皆用「」引號來提醒讀者，以強調其譯名之有待商榷也。可即便如此，卻也著實更正、增補不少關鍵名詞，如《同文滬報》（原版譯為「上海湖報」）、《北華捷報》（原版譯為「北中國先驅」），或聖歌曲名「我欣慕救主耶穌」（原版譯為「玉漏沙殘」）或「赫人文聖經」（原版譯為「希臘文聖經」）…其中，就以陳宣令牧師的漢名（原版譯為「史瓦龍」），最讓我頭疼。因爲他，這位中國福建廈門人，雖曾來台，並至西拉雅地區短期宣道二個月，卻未曾留下任何漢文記錄，可供檢索。是故，爲了他，我足不出戶，仔細翻閱了二天的《使信月刊》（*The Messenger*, 1850-1947），才在1914年發現，題爲「閩南長老總會集於泉城南街時爲紀念故牧師陳宣令特照此影以誌不忘」的照片上，查到他的漢名，當眞僥幸也。至於，台中醫院院長富士田醫師的漢名（原版譯為「富吉塔博士」，Dr. Fugita），則引自「賴永祥長老史料庫」。

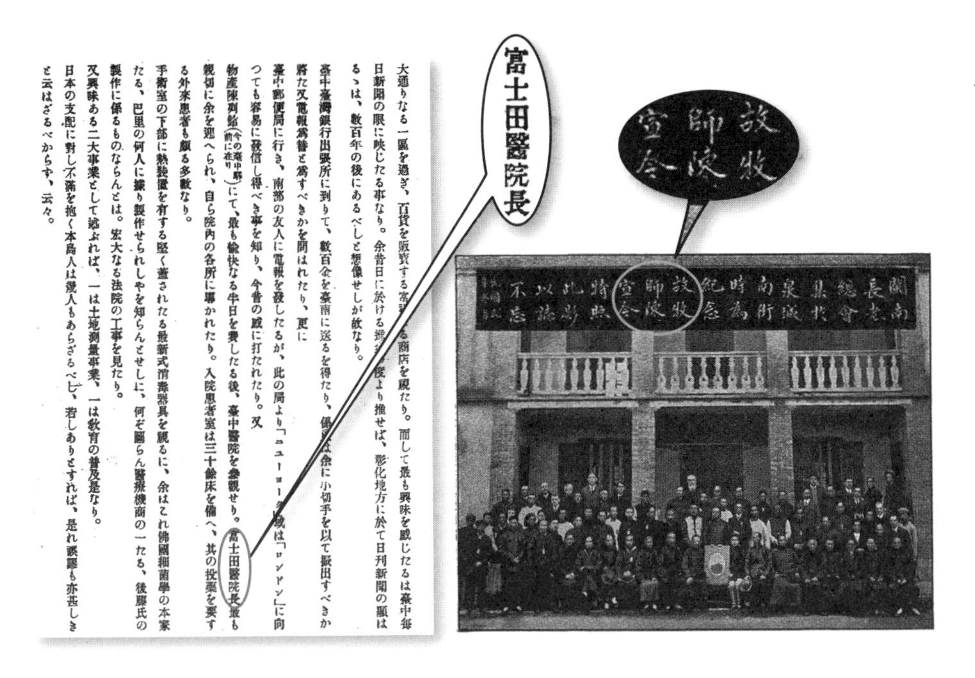

大通りなる一區を過ぎ、百貨を販賣する富[illegible]る商店を觀たり。而して最も興味を感じたるは臺中每日新聞の眼に映じたる事なり。余昔日に於ける提[illegible]度より推せば、彰化地方に於て日刊新聞の顯はるゝは、數百年の後にあるべしと想像せしが故なり。

臺中臺灣銀行出張所に到りて、數百金を臺南に送るを得たり、係員は余に小切手を以て振出すべきか將た又電報爲替と爲すべきかを問はれたり、更に

臺中郵便局に行き、南部の友人に電報を發したるが、此の局より「ニューヨーク」或は「ロンドン」に向つても容易に發信し得べき事を知り、今昔の感に打たれたり。又

物產陳列館（今の臺中驛前に在り）にて、最も愉快なる半日を費したる後、臺中醫院を參觀せり。富士田醫院長最も親切に余を迎へられ、自ら院內の各所に導かれたり。入院患者室は三十餘床を備へ、其の投藥を要する外來患者も頗る多數なり。

手術室の下部に熱裝置を有する堅く蓋されたる最新式消毒器具を觀るに、余はこれ佛國細菌學の本家たる、巴里の何人に據り製作せられしやを知らんとせしに、何ぞ圖らん醫療機商の一たる、後藤氏の製作に係るものならんとは。宏大なる法院の工事を見たり。

又興味ある二大事業として述ぶれば、一は土地測量事業、一は教育の普及是なり。

日本の支配に對し不滿を抱く本島人は幾人もあらざるべし、若しありとすれば、是れ誤謬も亦甚しきと云はざるべからず、云々。

另，關於原文解讀方面的困難，乃基於，百年前的英文之措詞、用法與當今已然有所不同，常常是每個字都懂，可串在一起，卻又丈二金剛矣，甚至，有時還會加個外語，如拉丁語、蘇格蘭蓋帝語，或去掉音標的教會羅馬字，簡直令人抓狂，求助無門，其中，最典型的例句爲：

The flutter at headquarters in Tokyo will not yet have spent itself; for while our own "grand old man" has been receiving his meed of praise, it should not be forgotten that the other Marquis is also a "deep 'un," nobody being required to inform Ito Hirobumi how many beans make five[14] !

註

14. 摘自〈British Alliance with Japan〉，*Sketches from Formosa*，XLV，p. 287，第一段。

又有時，原文也會誤植，而弄反了意思，例如，第五章〈拜訪北部教會〉中有一段，若按原文譯之，則成：

禮拜三大早，我自埔里社出發。（I started from Po-li-sia early on Wednesday morning.）

可是，其後卻又說「我們到牛睏山時已經很晚了」，同段落，文意卻明顯相反，於是乎，拿之與《台灣佈教之成功》比對，才發覺本書誤植了一個字，它把started for 錯打成了started from，據此改正後，譯文就成爲：「禮拜三大早，我要前往埔里社。」

最後，我還必須說，即便我們已盡力除錯，但我確信，錯依然在焉；即便我們已盡力「信雅達」，但我確信，誤譯之處，依然在所難免也。此乃個人能力之囿限，「非戰之罪」，奈何！

2009年9月3日

索引

人名中文索引

兩劃

乃木將軍　*198, 274*

三劃

干治士　*254, 323, 324, 325, 335*

四劃

巴克　*3, 93*
木下　*292, 301*
王倚　*18*
文良　*49, 101*
文長老　*4, 18, 218, 355, 356, 357, 358*
尤羅伯　*324-327, 335-337, 340-349, 378*
巴羅伯　*180*
巴克禮　*98, 212, 224, 225, 228, 274, 283, 284, 286, 290, 365, 368*
巴維斯　*326, 327, 329, 335*
貝爾契　*38*
日意格　*65*
巴斯蒂安　*113*

五劃

永順　*80*
主旺　*84, 211*
加苞　*49, 363*
卡龍　*327*
史蒂瑞　*106-108*
必麒麟　*29, 223*
卡陸德　*117*
卡萊爾　*337*
白爲霖　*181*
白塔部　*98*
布洛克　*106, 385*
打馬字　*359*
史瑞文柏克　*335*

六劃

列奧拿　*334, 336*
安彼得　*146, 286, 360, 368, 391*
吉必勳　*6*
吉伯遜　*353*
好博遜　*176*
伊藤博文　*278-279*
西鄉將軍　*65-66*
西貝流士　*337, 342, 348*

七劃

李豹 66-67, 166, 197, 216-218, 220
李庥 3, 4, 9-10, 13-15, 17, 30-31, 42, 91, 139, 204, 223, 368
李鴻章 271
阮爲仁 204-205
吳志高 81, 86-89, 92, 95, 137
吳文水 4, 101, 355
杜嘉德 1, 18, 42, 126, 147-148, 388
何吉丹 325, 335
利未士 325-326, 335
宋忠堅 226, 274-275, 354, 369
佟爲霖 368
沈葆楨 65, 308
李庥夫人 139, 368
沙里士保 310
狄奧多里 323
杜拉第紐斯 326-327
宋忠堅牧師娘 366-367, 369

八劃

阿春 43
阿列 53-55, 57, 59-60
阿敦 53-55, 57-58, 60
阿屯 114, 116
孤拔 163-165
林紅 246, 362
林春 82-83
林赤馬 213-214, 226
林兼金 9, 166
林禮文 325, 335
卓老生 219-222
周步霞 36-37
法蘭丁 323, 330, 334-335
明恩溥 229
亞塞斯 333
阿打歪 49
阿圍阿丹 60
兒玉源太郎 247, 390
阿格里哥拉 326-327

九劃

郇和 38, 61
查理 261
柏特 335
范布鍊 327, 329, 335
范得堡 326
施大闢 198, 359, 368
柯林生 158, 161
胡思特 254
哈伯宜 327, 335
查爾森 341
威妥瑪 67, 267, 307-308, 381-382
威廉斯 39
後藤 288-289
秋山珩三 247

十劃

紐曼 217
庫克 246
海爾 353
琉頓 165, 330, 336
徐兒 93
馬偕 3, 31, 36, 39-45, 47, 141-144, 146, 151, 198, 370, 387-389

馬雅各 4, 7, 18, 30-31, 126, 147, 153, 223, 355, 359, 368-369
倪爲霖 126
涂爲霖 146, 364, 368
紐霍夫 332
馬克利許 147
馬其紐斯 326, 335

十一劃

開山 29-30, 93
莫特 353
梅監務 225-226, 290, 369, 388-390
張之洞 279
郭士臘 165
細川瀏 246
國姓爺 258-260, 262, 307-308, 331-334, 351
陳宣令 151, 396
陳大鑼 196
連多馬 359
郭大恩 75

十二劃

揆一 258, 260, 332
博爾 334
凱撒 330
萊特 244
登和 78-79
登炎 31-32, 35
黃西經 211, 358-359
曾持衡 224, 226-227, 392-393
普拉卡 330, 336
普次曼 324
華雅各 198, 370
費里德 138
富士田 293, 396
萊約翰 135-136, 369
勞倫森 323
馮秉正 263
閔得烈 330, 336

十三劃

溫旺 137-138
溫森 333, 336
賈斯 337, 342, 349
奧佛 327, 329
葉紅溪 208, 211
葉漢章 11
萬巴德 359
葛瑞維斯 329, 335, 377
葛拉漢女士 244
葛拉漢姑娘 346, 349, 362

十四劃

漢堡 259-260, 332-333, 336
監務 261
賓威廉 151

十五劃

歐頓 310
歐拿 174
德芯 42, 45
德主 151
德崔琳 271
潘明和 100
潘候希 93

德馬太 7-8, 19, 22-23, 27, 31, 33, 42, 75, 78, 88, 91, 223, 368
劉銘傳 268-270, 321
劉永福 273
慕凡尼 278
潘瑟萊斯 330

十六劃

盧良 220, 364
龜仔物 185, 187, 192
樺山資紀 246

十七劃

戴維森 1
韓德生 93, 176

十八劃

藍迪 1
顏大辟 148-149

二十劃

蘇海 249-250
寶渥斯 310
蘇格搭拿士 325-326, 335

二十一劃

蘭大衛 180, 226, 290, 369

地名中文索引

兩劃

七美 159
九芎林 96, 100

三劃

土庫 67, 195-197
大甲 119, 216-217, 299, 308, 351
大嶼 159, 161, 168
大社 9, 22-25, 27, 29-31, 33, 49, 52, 67, 93-94, 100, 102, 116-117, 139-140, 166, 170-170, 173, 178, 208, 216-217, 297, 362
大湳 31-32, 51, 98-100
大稻埕 270, 282
大目降 327, 344
大科崁 256
大溪厝 358, 361
大武壠 344
小埔社 297
三塊厝 306-309
三十張犁 217
三明治群島 313

四劃

內社 22-24, 27, 30, 45, 48, 52, 101, 117, 140-141, 153, 363-364
木柵 14-15, 19, 67, 100, 195, 197, 221, 358, 366, 386
斗六 81, 138, 140, 212, 301
中壢 46-47
水尾 269

水社 *62, 97*
水裡坑 *138, 140*
五股坑 *42, 45-46*
六龜里 *255*
牛睏山 *31-32, 50-54, 60, 93, 100, 123*
牛罵頭 *140*
牛挑灣 *209, 211-212*
火燒島 *38, 40, 255*
尤尾橋 *151-152*
巴達維亞 *257-258, 260, 323-327, 329-330, 333*
巴塔哥尼亞 *39*

五劃

台南 ***vii***, *1, 4, 11, 15-16, 33-34, 67, 75, 77, 81, 93, 126, 134, 151, 161, 166-167, 181, 194, 197-198, 208-209, 213, 221, 224, 226, 230, 241-243, 246-249, 251, 256, 269, 272, 275, 275, 282-284, 286, 290-291, 299-303, 305, 315, 317-319, 322, 324, 327, 329, 344, 348, 352, 358-359, 361-367, 372-373, 384, 386, 388, 393*
台東 *38-39, 269, 372-373*
打狗 *3-4, 9-11, 17, 29, 41-42, 50, 91, 106, 146, 175, 198, 202, 220, 254, 265, 291, 315, 359-360*
北港 *297*
北島 *316*
北堀 *62*
加蚌 *183, 186-187, 190-191*
本滴 *186-187, 189*
永春 *147-148*
去尾 *156*
台灣府 *1, 3-9, 11, 15, 17-18, 22, 24, 27, 29-30, 33-35, 63, 65-66, 74-75, 77, 80-81, 85-88, 91, 93, 99-100, 103, 106, 127, 133, 135, 137-138, 140-141, 143, 145-146, 158, 161-162, 165, 169-170, 172, 194-198, 201, 208-209, 211, 214-215, 218, 220, 223, 225-226, 230, 246, 263, 265-266, 269, 273-275, 324, 357*
台夫特 *337, 339-341*
白沙嶼 *169*
白水溪 *33-34, 63, 80-81, 83-84, 86-88, 91-92, 94-95, 121, 137, 178, 357*
白水營 *147, 150-151*
白葉林 *154*
甘打萬 *62, 182, 297*
半山厝 *103*
目加溜灣 *329, 344*
卡拉路契 *189, 191*
本尼維斯山 *28*

六劃

安平 *3, 36, 40, 50, 146, 161, 254, 269*
安海 *147*
西螺 *67, 256*
西嶼 *159*

竹塹 *46-48*
汕頭 *41, 151, 353*
汕灣 *149*
吉貝耍 *34-35, 137-138, 214-215*
吉貝嶼 *168*
竹仔腳 *10-11, 182, 202-207*
托魯萬 *53, 55, 59-60, 106*
吐苦霧 *189, 191-192*

七劃

赤崁 *168, 324-325, 327, 331, 334-335*
杜君英 *135-136, 221*
牡丹社 *64-65, 109, 266, 307-308*
利物浦 *1*
伯斯郡 *41, 180*

八劃

東港 *10-11, 36, 118, 255, 283*
東石 *166*
岩前 *67, 80-84, 93-95, 100, 137, 211, 213-214, 221*
宜蘭 *141, 257, 269, 300, 319, 373*
卑南 *269*
拔馬 *15-16, 20, 54, 77, 80-83, 195, 221*
社頭 *213, 224*
放索 *329*
林杞埔 *96-97, 100, 138, 140, 299*
東勢角 *140, 218*
東大墩 *218, 224, 292*
店仔口 *33, 81, 86-88, 90, 92, 94-95, 195, 213*
阿里港 *11-12, 93, 204, 256*
花蓮港 *269, 296*
虎尾壟 *327, 329*
枕頭山 *33, 81*
周社分 *112, 391-392*

九劃

苗栗 *22, 45, 47, 269*
洲裡 *44-45*
恆春 *64, 109, 141, 175-176, 269, 351*
南岸 *182, 193*
南岬 *36, 40, 64, 175, 187, 255, 351*
南寮 *9, 167-168*
香港 *1, 131, 135, 130, 146, 151*
泉州 *6, 18, 96, 147-149, 246, 249, 288, 362*
茅島 *125*
茅港尾 *208, 214*
洪公祠 *245-246*
柑仔林 *15, 19, 204*
紅頭嶼 *36-38, 40, 255*
哆囉嘓 *327, 344*
柯涼灣 *175*

十劃

荖濃 *255, 299*
馬公 *159-160, 162-164, 166, 169-171*
琉球 *38-39, 64, 67, 175, 266-267, 272, 313*
烏獅 *151-154*
烏牛欄 *27-28, 31, 34, 49-53, 98, 101, 111, 139, 223-227, 302, 305*
烏石鼻 *38-39*
埔里社 *25, 28-32, 35-36, 49-56, 60-61, 80, 82, 97-101, 106-107,*

111, 114, 123, 138-140, 178, 182, 185, 187, 212, 223-225, 227, 269, 283, 296-297, 299-302, 305-306, 398
馬公灣 164
員林街 227
員貝嶼 169
草鞋墩 227
庫米島 38
宮古群島 38-39, 64
馬禮遜山巔 8
埃羅芒阿島 39

十一劃

淡水 31, 36, 39, 41, 41-45, 49, 65-66, 98, 140-144, 146, 170, 181, 237, 243, 254-256, 265-266, 268-270, 282, 303, 333-334
鳥嶼 168
梧棲 140, 216
崙貝 175
基隆 142, 145, 254-255, 265, 268-270, 315, 387
鹿港 296
麻豆 195, 306, 327, 344
埤頭 12-13, 15, 65, 118, 359
崗仔林 15-17, 20, 32

十二劃

雲林 96, 138, 195, 269, 327
番挖 296-297
猴山 9
牌子 217
黑岩灣 39, 252
番仔田 33-34, 63, 77, 80-81, 84, 93-94, 100, 137, 140, 214-215

十三劃

溪洲 206
瑯嶠 64-65, 257
萬丹 318
新竹 46, 269-270, 291, 315, 373
新港 36, 45, 47, 52, 75, 197-199, 201, 344, 346, 363, 377
廈門 1-2, 11, 18, 38, 42-43, 93, 98, 126, 146-147, 149-151, 161, 181, 211, 220, 232, 246, 249-250, 264, 353, 359, 362, 364, 383, 388, 396
葫蘆墩 140, 362
塗葛堀 296

十四劃

鳳山 12, 120-121, 255, 263, 269, 359
嘉義 9, 33-34, 66-67, 67, 71-76, 87, 90, 92-93, 95-97, 99-100, 137-138, 140, 166, 195-196, 198, 208-209, 211-215, 224, 263, 269, 283, 327, 358-359, 361, 363, 372-373
艋舺 36, 42, 44-45
彰化 22, 28, 45, 49, 98, 141, 165, 170-174, 176-178, 180-181, 213, 216, 223-224, 226-227, 254, 269, 273, 282-283, 291, 296, 301, 364, 367, 384-385
聚集 96, 100

漳州 4, 6, 359
漳浦 135, 154
福建 4, 11-12, 43, 46, 151, 160, 220, 239, 249, 258, 263, 268, 288, 396
福州 39, 65, 161, 263, 315, 361
滿洲 229-230, 258, 278
榴榴班 138
漁翁島 159, 162, 169

十五劃

澎湖 9, 36, 125, 158-166, 169-171, 252, 254-255, 257-258, 262, 268-269, 272, 283, 290, 315-316, 330, 351, 372-373
廣東 46-47, 96, 239
德福 342, 349
諸羅山 263, 327, 344
澎湖群島 125, 158-160, 252, 254-255, 257-258, 262, 268, 290, 316, 351
熱蘭遮城 161, 258, 325, 327, 332

十六劃

蕭壠 327, 344, 346, 348
貓裡 47, 52
貓蘭 62
頭社 62, 77, 80-81, 84, 88, 141
澳門 161-162
噶瑪蘭 141
噶珠蘭 141
龜仔頭 297
龜仔律 109, 175, 187, 190
龍本勢 152, 156
頭仔溪 217

十九劃

霧內 296

二十劃

寶桑 38
蘇澳灣 141, 252, 298

二十三劃

麟洛平原 121, 385

二十四劃

鹽水港 67, 209, 214

二十五劃

灣裡 36, 194
灣萬叟 318

人名英文索引

A

A-chun 43
A-rek 53
A-ta-oai 49
A-tun 53, 114
A-ui-a-tan 60
Agricola, Rev. C. 326
Akiyama, Mr. 247
Anderson, Dr. 146, 286, 368
Ang-khe 208
Asius, Rev. M.
Au-na 174

B

Barbour, Rev. R. W. 180
Barclay, Rev. T. 198, 368
Bastian, Dr. 113
Bavius, Rev. J. 326, 335
Bax, R. N., Commander 3
Belcher, R. N., Captain 38
Beng-ho 100
Bort 334
Brakel, Rev. G. 330, 336
Bullock, Consul T. L. 106
Bun, Elder 4
Bun-liong 49
Burns, Rev. W. C. 151

C

Caesar, Governor 330
Cambell, Wm. 261
Candidius, Rev. G. 61, 323, 335
Caron, Governor 327
Carruthers, W. 117
Caryl, Joseph 337
Chang Chih-tung 279
Charles, King 261
Chiu Paw-ha 36
Collinson, R. N., Captain 158
Cook 246
Courbet, Admiral 163
Coyett, Governor 258

D

Davidson, Rev. Dr. T. 1
De Mailla, Father 263
Detring 271
Dickson, Dr. M. 7-8, 368
Douglas, Rev. C. 1
Dzoe 42

E

Eng-sun 80

F

Ferguson, Rev. 274-275, 369
Fraser, Dr. J. B. 198, 370
Frater, Consul 138
Fugita, Dr. 293, 396

G

Gaw-chi-ko 81
Gibson, Acting Vice-Consul 6
Gibson, Dr. J. C. 353

Giquel, M. 65
Goto, Dr. 288
Graham, Mrs. 244
Graham, Miss 246
Grant, Dr. 148
Gravius, Rev. D. 329, 335, 377
Gutzlaff, Rev. 165

H

Hambroek, Rev. A. 259, 332, 336
Happartius, Rev. J. 327, 335
Hare, G. T. 353
Hau-hi 93
Henderson, Consul 93
Hobson, H. E. 176
Hoogestein, Rev. A. 325
Hosokawa, Rev. 246
Hurst, Consul 254

I

Iap Han-chiong, Pastor 11
Ito Hirobumi, Marquis 278, 397

J

Jessei, H. 337
Junius, Rev. R. 324, 335, 378

K

Ka-pau 49
Kabayama, Count 246
Khai-san 29
Kinoshita 292
Kodama, Viscount 247
Koxinga 258
Ku-a-mih 185

L

Landsborough, Dr. 180, 226, 369
Lang, Dr. 135, 369
Laurenzoon, Rev. D. 323
Law Liong 220
Leeuwius, Rev. G. 325, 335
Leonardis, Rev. J. de 334, 336
Li Hung-chang 271
Li Pa 216
Lim Ang 246
Lim Chiah-be 213
Lim-chun 83
Lim Kiam-kim 9
Lindeborn, Rev. J. 325, 335
Liu Ming-chuan 268
Liu Yung-fu 273
Lundie, Rev. R. H. 1
Lutgens, Rev. J. 165, 330, 336

M

Macgregor, Rev. 126
Mackay, Rev. G. L. 31, 370
MacLeish, Dr. 147
Macphail, Rev. W. M. 181
Manson, Dr. P. 359
Maxwell, Dr. J. L. 4, 368-369
Mirkinius, Rev. N. 326, 335
Moody, Rev. C. 226, 369
Mott, Dr. 353
Mulvaney 278

N

Newman 217
Nieuhoff 332
Nogi, General 274

O

Olef, Licentiate Rev. H. 327
Ong Kia 18
Overtoun, Lord 310

P

Pa 66, 216
Paats 335
Pai-ta-buk 98
Pantherus, Rev. G. 330
Pickering, W. A. 29
Polwarth, Lord 310
Putmans, Governor 324

R

Rennie, Dr. T. 359
Richardson, Mr. E. 341
Ritchie, Rev. H. 4, 368

S

Saigo, General 65
Salisbury, Lord 310
Saw Hai 249
Schotanus, Joannes 325, 335
Schravenbroek, Alexander 335
Se-keng 211
Shore, Lieutenant 93
Sibellius, M. C. 337
Sim Po-seng 65
Smith, Rev. Dr. A. H. 229
Smith, Rev. D. 198, 359, 368
Steere, Mr. 106, 108
Swinhoe, Consul 38

T

Talmage, Dr. 359
Tan Swanleng 151
Tan Toa-lo 196
Tek-tsu 151
Teng-ho 78
Teng-iam 31, 32
Theodori, Michiel 323
Thompson, Sir W. 261
Thow, Mr. 146, 364, 368
Toa-un 75
Toh Lau-seng 221
Traudenius, Governor 326
Tsan Chi-heng 224
Tsu-ong 84

U

Ui-jin 204
Un Ong 137

V

Valentyn 323, 334, 335
van Breen, Rev. S. 327, 335
van der Burg, Governor 326
Vinderus, Rev. G. 330, 336

W

Wade. Mr. T. *67, 381*
Williams *39*
Winsem *333, 336*
Wright, Dr. W. *244*

地名英文索引

A

A-li-kang *12*
Amoy *1, 150*
An-peng *3*
Ang-kong Memorial Society *246*
Ape's Hill *9*
A-ui-a-tan *60*
Aw-gu-lan *28, 223*
Aw-sai *151*

B

Ba-nih *47*
Bak-sa *14, 358*
Bakloan *329*
Bang-kah *42*
Batavia *257*
Baw-tan *64*
Ben Nevis *28*
Bird Island *168*
Black-rock Bay *39*
Bu-lai *296*

C

Canton *46*
Chang-pu *154*
Chau-e-tun *227*
Chiah-kham *168*
Chiang-chiu *6*
Chiang-hoa *45, 172*
Chin-chiu *6*
Chiu-nih *44*

Chiu-sia-hun *112*
Couch Island *125*

D

Delft *337*
Delph *342*
Dome Point *38*
Dorco *327*

E

Eng-chun *147*
Erromango *39*

F

Favorlang *327, 378*
Fisher Island *159*
Fort Zeelandia *161*
Fuh-chau *39*
Fukien *46*

G

Gaw-chay *140*
Gaw-khaw-khi *42*
Gi-lan *141*
Giam-cheng *81*
Great Island *159*
Gu-khun-soa *31*
Gu-ma-thau *140*
Gu-ta-wan *209*

H

Haw-law-tun *140*
Heng-chun *141*
Hm-kang-be *208*
Hoe-lian-kang *296*
Hong-kong *1*
Hwan-a-chan *33*
Hwan-oah *296*

I

Island of Botel Tobago *36*
Island of Samasana *38*
Iu-boe-kio *151*

J

Junk Bay *164*
Junk Island *159*

K

Ka-gi *33, 69, 263*
Ka-la-lutch *189*
Ka-piang *183*
Ka-poa-soa *34*
Kabalan *141*
Kam-a-na *15*
Kan-ta-ban *62*
Kap-tsu-lan *141*
Karenko *296*
Keelung *142*
Khe-chiu *206*
Khi-boe *156*
Kiam-tsui-kang *209*
Kiat-poe-su *168*
Kiu-kong-na *96*
Kong-a-na *16*
Ku-a-lut *109*

Ku-a-thau 297
Kumi 38
Kwa-liang Bay 175

L

La-ku-li 255
Lai-sia 22
Lam-gan 182
Lam-liau 167
Lambay Island 175
Lau-long 255
Lim-ki-po 96
Lin-lok Plain 121
Liong-bun-si 152
Liu-liu-pan 138
Liverpool 1
Lok-kang 296
Long-kiau 64
Luchuan 38

M

Ma-keng 159
Macao 161
Manchuria 229
Mantan 318
Mattau 327
Miyako Sima group 38
Mount Morrison 8

N

North Island 316

P

Pai-a 217
Pak-kang 297
Pak-khut 63
Pan-san-chu 103
Pangsoia 329
Patagonians 39
Peh-tsui-ia 147
Peh-tsui-khe 33
Perthshire 41
Pescadores 158
Phi-aw 158
Pi-thau 12
Pillow Mountain 33
Po-li-sia 25, 60
Po-song 38
Poah-be 15
Pun-tih 186

S

Sa-te-chu 306
Sa-tsap-tiu-le 217
Sakam 324
Sand Island 169
Sandwich Islands 313
Saw Bay 141
Sia-thau 225
Sian-wan 149
Sin-kang 45, 197, 363
Sio Paw-sia 297
Soulang 327
South Cape 36
Swatow 41

T

Tai-kah 119
Taiwan-fu 1
Takow 3
Tamsui 39
Tang-kang 10
Tang-si-kak 140
Tang-toa-tun 218
Tau-lak 138
Tavocan 327
Taw-kun-eng 135
Tek-a-kha 10
Tek-cham 46
Teng-chioh 166
Ternang 344
Thau-a-ke 217
Thau-sia 62, 77
Thaw-kat-khut 296
Thaw-khaw 195
Thaw-sia 297
Tiam-a-khau 33
Tilosen 327
Tiong-lek 46
Toa-khe-chu 358
Toa-kho-ham 256
Toa-lam 31
Toa-sia 22
Tsu-chip 96
Tsui-be 269
Tsui-li-khe 139
Tsui-sia 62
Tu-kuh-vul 189
Tur-u-wan 53
Twa-tiu-tia 270

W

Wa-lan 62
Wan-lim-koe 227
Wan-nih 194
Wan-poe Island 169
Wanbansho 318
West Island 159
Whiteleaf Grove 154

國家圖書館出版品預行編目資料

素描福爾摩沙：甘爲霖台灣筆記／甘爲霖（Rev. William Campbell）著：林弘宣，許雅琦，陳珮馨譯. -- 修訂初版-- 臺北市：前衛，2009.10
424面：17×23公分
含索引
譯自：Sketches from Formosa
ISBN 978-957-801-626-2（平裝）

1. 基督教 2. 教牧學 3. 風俗 4. 文集 5. 臺灣

245.207 98014097

素描福爾摩沙：甘爲霖台灣筆記

著　　者　甘爲霖（William Campbell）
校　　註　阮宗興
譯　　者　林弘宣 許雅琦 陳珮馨
責任編輯　周俊男
出 版 者　前衛出版社
10468台北市中山區農安街153號4樓之3
Tel：02-2586-5708　Fax：02-2586-3758
郵撥帳號：05625551
E-mail：a4791@ms15.hinet.net
http://www.avanguard.com.tw
出版總監　林文欽
法律顧問　陽光百合律師事務所
出版日期　2009年10月修訂初版第一刷
2022年11月修訂初版第四刷

總 經 銷　紅螞蟻圖書有限公司
11494台北市內湖區舊宗路二段121巷19號
Tel：02-2795-3656　Fax：02-2795-4100

定　　價　新台幣400元
©Avanguard Publishing House 2009
Printed in Taiwan ISBN 978-957-801-626-2